U0637447

中国社会科学院马克思主义理论学科建设与理论研究工程系列丛书

科学无神论

第二辑

习五一 主编

中国社会科学出版社

图书在版编目(CIP)数据

科学无神论. 第二辑／习五一主编. —北京：中国社会科学出版社，2018.11
(中国社会科学院马克思主义理论学科建设与理论研究工程系列丛书)
ISBN 978 - 7 - 5161 - 9422 - 5

Ⅰ.①科…　Ⅱ.①习…　Ⅲ.①无神论—文集　Ⅳ.①B91 - 53

中国版本图书馆 CIP 数据核字(2016)第 288136 号

出 版 人	赵剑英
责任编辑	刘 艳
责任校对	陈 晨
责任印制	戴 宽

出　　　版	中国社会科学出版社
社　　　址	北京鼓楼西大街甲 158 号
邮　　　编	100720
网　　　址	http://www.csspw.cn
发 行 部	010 - 84083685
门 市 部	010 - 84029450
经　　　销	新华书店及其他书店

印刷装订	北京君升印刷有限公司
版　　　次	2018 年 11 月第 1 版
印　　　次	2018 年 11 月第 1 次印刷

开　　　本	710×1000　1/16
印　　　张	19.25
插　　　页	2
字　　　数	320 千字
定　　　价	88.00 元

凡购买中国社会科学出版社图书,如有质量问题请与本社营销中心联系调换
电话:010 - 84083683
版权所有　侵权必究

目　录

科学无神论与宗教研究

科学无神论的宣传教育

特约文稿

"党员不能信教"原则不可动摇

朱维群

据人民网报道，中央巡视组在向今年第二轮巡视的各省区市、单位反馈意见中，批评一些地方少数党员信仰宗教、参与宗教活动。这是一个很重要的动向，它表明，少数党员背离党的辩证唯物主义世界观转而投向宗教的问题，已经引起中央有关方面的重视，并纳入纪律工作的视野。

共产党员不能信仰宗教，本来是我们党从建立之初就一贯坚持的重要思想原则和组织原则，是没有任何疑义的。但是近年这一原则屡屡遭到质疑和否定，其中一个重要原因，是一些"学者"在故意搅浑水。

一 政治纲领和世界观高度一致是我们党的政治优势

常听到的一个论点是，规定共产党员不能信仰宗教，是将政治信仰与宗教信仰混为一谈，是对信仰认识的专制与僵化。事实上，世界各国政党在政治主张与宗教信仰的关系问题上情况十分复杂，并无普遍适用之规。有的政党只对其成员的政治主张有所规定而不要求世界观一致；有的政党完全建立在相同宗教信仰的基础上，甚至明确打着宗教旗号；也有的政党只着眼于一时选票，既没有长远的政治纲领，也没有完整的组织系统，当然更没有党内世界观的认同。

而中国共产党的一个鲜明特征是，政治纲领和世界观高度一致，党的全部理论、思想和行动都建立在马克思主义的辩证唯物主义世界观基础之上。正是由于拥有科学的世界观，我们党才能领导人民依靠长期、艰苦的探索和奋斗，一步一步夺取革命事业的胜利和实现初步富裕，而不是引领人民把希望寄托于神灵和祈祷，去追求虚幻的天国和来世；才能通过亿万人民的实践不断探索和深化对中国革命和建设的客观规律的认识，而不是乞求于神灵的启示和主观主义的臆想；也才能从世界观上为党保持统一的、严格的组织性和纪律性奠定坚固的基础，而不是把党搞成党员各信各的神灵，为眼前一时利益而聚散的松散团体。

政治纲领和世界观高度一致是我们党的政治优势，也是我们实现全党团结的组织优势。没有这一世界观基础，党的全部思想、理论、组织大厦就要坍塌，我们就不叫"中国共产党"。笔者认为，如果有人把这也叫做"专制和僵化"，那么他离开这个党就是了，而不应一边挖党的墙脚，一边又声称这是为了党好。

二　他国政党的政策不能作为改变中共政策的依据

还有一个常听到的论点是，现在越南共产党、古巴共产党和俄罗斯共产党都允许党员信教了，中国共产党应当学习他们。事实上，以上几个党所处社会的宗教问题的历史和现状都非常复杂，党的政治纲领、指导思想和社会作用与我们党相比都存在相当大差别。经历"共产主义阵营"解体之后，人们早就认识到各国政党有权选择自己的道路，制定自己的各项政策，没有哪一个党的政策天然可以成为其他党必须共同遵循的模式。

时至今日，还有人企图把他国政党的政策拿来作为改变中国共产党政策的依据，使人仿佛看到历史的倒退。我们不否定以上政党依据本国国情制定自己宗教政策的探索，也不排斥借鉴他们的有益经验，但客观地说，中国共产党领导下的社会主义建设事业整体发展并不比他们差，中国执政党宗教政策的整体效果也不比他们差，还需要抛弃我们自己的成功经验去照搬别人那一套吗？更何况别人那里宗教领域混乱、头痛的事并不比我们少。在有些"学者"那里，对越共、古共、俄共等从来都是不屑一顾的，而唯独在"党员可以信教"这一点上，鼓吹、推介不遗余力，这种怪象不应当引起思索吗？

三　把社会道德水准下降归咎于无神论是谬说

还有一种影响较广的认识误区是：宗教信仰缺失导致当前中国社会道德沦丧，有那么多的党员、干部在金钱、美色、权力面前倒下，就是因为缺少宗教道德约束。其实，把社会道德水准下降归咎于无神论，是一种相当古老的谬说。

笔者认为，在某种意义上，中国人的道德规范可以分为世俗道德和宗教道德两类。由于中国传统哲学的人本主义精神作用，世俗道德一直是中国人道德建设的主要支撑，比如中国传统的"忠孝节义""孝悌忠信礼义廉耻"乃至今天倡导的社会主义核心价值观等，都属于世俗道德，中华民族历史上的仁人志士，大多数是在世俗道德熏陶下成长的。宗教道德的作用则是第二位的，而其之所以能够对社会生活起到一定的积极作用，是因为其有益内容同样是从世俗生活中产生并与世俗道德相契合的，只不过加上了神灵的光环。因此，说信教人数不够多导致中国人道德缺失是完全不成立的。

我们党的任务是引领宗教界在社会主义道德建设中发挥积极作用，而不是帮助他们把社会更多的人乃至共产党员变成宗教徒。改革开放以来，中国人总体道德水平是上升了还是下降了，这个问题有待专门分析。而我们在实际生活中看到的是，有些人所谓"世风日下"，与这些年社会信教人数不正常增长、宗教活动过热同时发生；世界范围内宗教团体（如梵蒂冈）道德危机频繁出现，并不比世俗社会少；世界上大量暴力、流血冲突甚至战争发生在相同或不同宗教背景的国家、人群之间，与无神论并无关系。就我们党内产生的腐败分子来说，固然其中有不信仰宗教者，但是也不乏丛福奎、韩桂芝、刘志军、李春城等诸多宗教狂热分子。

一个社会道德的提升是多种因素共同作用的结果，其中包括宗教在一定条件下的道德约束作用，但如果认为宗教越强大，社会道德水平就越高，那么中世纪梵蒂冈影响下的欧洲应当是人类道德的黄金时代了，而文艺复兴则是多余的了；达赖统治下的全民信教、政教合一、封建农奴制的旧西藏应当是理想中的"香巴拉"了，而民主改革则是多余的了。

四　有人想向中国共产党"传教"

顺便指出的是，现在某些极力宣传"党员可以信教"的"学者"，实际上早已皈依基督教，这种宣传已带有向共产党"传教"的性质。希望这样的人有勇气以虔诚基督徒身份同笔者讨论问题，而不要刻意装扮出纯客观、无立场的模样。

在 2014 年 9 月召开的中央民族工作会议上，习近平同志再次指出，党员要坚决执行不信仰宗教、不参加宗教活动的规定，在思想上同宗教信仰划清界限，同时尊重和适当随顺民族风俗习惯，以利于更好地联系信教群众，把他们紧紧团结在党和政府的周围。这再次表明，"党员不能信教"原则在毛泽东、邓小平、江泽民、胡锦涛和习近平等党的主要领导同志有关论述中是一以贯之的。我们党政治上的正确和组织上的巩固，只能建立在辩证唯物主义世界观基础之上，不可能有其他选项。

（原载于《环球时报》2014 年 11 月 14 日）

社会主义核心价值观是
跨民族政治认同的意识形态基础

朱晓明

摘　要　本文从历史经验、国际比较、现实需要三个方面，阐述了马克思主义阶级观点和阶级分析的方法，曾经是跨民族政治认同的意识形态基础；"后冷战时代"国际政治中"变动中的碎片化格局"的深刻教训，是跨民族之间的政治认同没有共同价值观的支持；社会主义核心价值观为重构政治认同的意识形态基础，提供了新的机遇。在民族、宗教工作中，要抓住突出问题，在尊重差异中扩大社会认同，在包容多样中形成思想共识。

关键词　社会主义　价值观　政治认同

在 2014 年 5 月召开的第二次新疆工作座谈会上，习近平总书记强调，要在各族群众中牢固树立正确的祖国观、民族观，弘扬社会主义核心价值体系和社会主义核心价值观，增强各族群众对伟大祖国的认同、对中华民族的认同、对中华文化的认同、对中国特色社会主义道路的认同。

社会主义核心价值观是我国跨民族政治认同的意识形态基础。深入阐发和领会这一重要思想，对于加强治国理政、"治边稳藏"的理论建设，掌握思想理论的制高点和意识形态的话语权，具有重要的现实意义和长远的指导作用。

一　历史经验：马克思主义阶级观点和阶级分析的方法，曾经是跨民族政治认同的意识形态基础

新中国成立以来，毛泽东处理民族问题的成功经验和基本特点是运用阶级分析的方法。毛泽东在谈到甘孜民主改革和平乱问题时指出："民主

改革是必要的，改革的决心是正确的。战争的性质基本上是阶级斗争，而不是民族斗争。战争的那一方面即叛乱的头子认为是民族斗争性质的。他们用'保卫民族和宗教'欺骗了一部分群众，这个战争带有群众性。打是不得已的，现在又要停下来，就是要争取群众，解决这个群众性的问题，把民族和宗教的旗帜从他们手里拿过来。"① 1970 年 12 月，他在与斯诺的谈话中说："什么叫民族啊？包括两部分人。一部分是上层、剥削阶级、少数，这一部分人可以讲话，组织政府，但是不能打仗、耕田、在工厂做工。另一部分百分之九十以上是工人、农民、小资产阶级，没有这些就不能组成民族。"②

这些重要判断对认识民族问题与阶级问题的关系，具有极为重要的理论意义。毛泽东在处理民族问题上，历来是以阶级分而不是以民族分，发动群众，依靠群众，团结多数，孤立少数，打击首恶。

1980 年的第一次西藏工作座谈会，以纠正"民族问题的实质是阶级问题"为突破口，对于结束以阶级斗争为纲，实现工作重点的转移，发挥了重要的历史作用。但在实践中一度又发生了不谈阶级分析的另一种偏差。这不仅在民族关系上造成严重误解，对达赖分裂主义集团的定性也一度模糊。

第三次西藏工作座谈会在改革开放条件下第一次系统地阐明了西藏反分裂斗争的基本观点、基本方针。第四次西藏工作座谈会明确指出，我们同达赖集团和支持他们的国际反华势力的斗争性质，是社会主义初级阶段一定范围内存在的阶级斗争的突出表现。在加强党的建设中，强调要用马克思主义阶级分析的观点和方法认识达赖集团是代表封建农奴主阶级利益的政治集团。第五次西藏工作座谈会的重要理论创新是提出了西藏的主要矛盾和特殊矛盾，指出尤其是拉萨"3·14"事件再次证明，达赖集团是代表旧西藏政教合一的封建农奴主阶级残余势力、受国际敌对势力支持和利用、破坏西藏发展稳定、图谋"西藏独立"的分裂主义政治集团。用马克思主义阶级观点来分析"后达赖时期"的流亡藏独集团，可以说它是农奴主阶级残余势力和西方豢养的政治代理人的混合体。

---

① 中共中央文献研究室编：《毛泽东西藏工作文选》，中国藏学出版社 2001 年版，第 147 页。
② 中共中央办公厅：《毛主席会见美国友好人士斯诺谈话纪要》，1971 年。

在改革开放和市场经济的时代条件下，我们要吸取历史的成功经验和深刻教训。不能重犯"以阶级斗争为纲"的错误，也不能否认事实上仍在一定领域和范围内存在阶级斗争。对达赖集团的斗争，就必须坚持阶级和阶级分析的方法。离开了阶级分析、阶级观点，强化民族因素、宗教因素，就会模糊对与达赖集团分裂活动斗争的性质和实质的认识，就会削弱跨民族政治认同的意识形态基础。

但是，阶级分析的观点现在只适用于在一定范围内仍然存在的阶级斗争，并不适用于社会上大量存在的由于民族、宗教差异形成的纠纷、摩擦、矛盾增多的社会现象。在全社会，还需要能够超越民族差异、宗教差异，能够凝聚人心的共同价值观。

二　国际比较："变动中的碎片化格局"

有学者指出，"后冷战时代"国际政治的特点是"碎片化"。什么是"碎片化"？"碎片化"，英文为 fragmentation，原意为完整的东西破成诸多零块，成为对现代社会传播语境（如微博、微信等）的一种形象化描述，以及对社会转型过程中社会阶层的多元分化的形象化说法。现在，有学者用它来描述"后冷战时代"的国际政治现实。冷战时期，美苏争霸，两大阵营呈现出"板块化"的格局。冷战结束后，以苏联为首的社会主义阵营瓦解，"板块"成为"碎片"。[①] 但是，我们还应该看到，这种"碎片化"，不是原来对峙双方同时成为"碎片"，而是一方成为了"碎片"，另一方，即以美国为首的西方阵营仍然是一个"板块"，北约东扩标志着这个以美国为中心的体现霸权主义政治原则的板块还在趁势扩大自己的地盘。

"碎片化"表现突出的代表性地域主要有两个：一个是阿拉伯世界的"碎片化"（美国新自由主义霸权的边缘地带）；一个是东欧的"碎片化"（苏联解体后其沙文主义霸权的边缘地带）。两个边缘地区"碎片化"的成因虽各有不同，但也有一些规律可循。其国内原因是，迅速资本化的官僚体系一方面分裂成互相竞争的利益团体，另一方面也丧失了对国内人民的意识形态领导权。

面对这种"变动中的碎片化格局"，以美国为代表的"以个人主义经

---

① 殷之光：《全球化背景下的民族问题与新冷战的结构》，共识网，2014 年 4 月 26 日。

济发展为基础的新自由主义"并没有提出解决之道，也"不能承载所必需的共同体想象"。因此，一方面美国作为全球传统意义上的权力中心的地位正在下降，另一方面"碎片化"也是无中心的。由此形成的政治意识形态真空，使包括民粹主义、宗教极端思想等意识形态，以反霸权主义的姿态，重新浮现出来。

这些动向对中国也有影响。随着宗教极端思想的蔓延，选择世俗化发展方向的新疆维吾尔族社会的穆斯林传统形态受到影响，而宗教保守主义是滋生极端思想的温床。在西藏，达赖集团的分裂活动继续受到国际敌对势力的支持，影响西藏和青海、四川、云南、甘肃藏区的稳定。

两个"碎片化"地带出现的深刻教训，是一面镜子。告诉我们，在改革开放和市场经济的条件下，一方面要解决经济社会发展中的贫富差距拉大、利益集团化的问题；另一方面要牢牢掌握意识形态问题的话语权。跨民族之间的政治认同需要一个共同价值观的支持。美国和西方没有提供这样的思想理论武器。

三 现实需要：社会主义核心价值观的提出，为重构政治认同的意识形态基础提供了新的机遇

共同的价值观，是跨民族政治认同的新的意识形态基础。社会主义核心价值观的提出，具有极其重要的意义和作用。如果抛开社会主义核心价值观和价值体系，用"零敲碎打"的方式，头疼医头，脚疼医脚，既不能高屋建瓴，难以占领理论和道德的制高点，也不能提纲挈领，有效地阐明问题的实质，更不能高瞻远瞩，指明未来的前进方向。

党的十八大指出，培育和践行社会主义核心价值观是"我们党凝聚全党全社会价值共识作出的重要论断"。所谓全社会的价值共识，就是"确立反映全国各族人民共同认同的价值观'最大公约数'"[1]。

社会主义核心价值观的提出，为重构社会主义意识形态提供了新的历史机遇。说它是机遇，第一是因为它超越了民族、宗教的差异，提炼出了体现一致性、共同性的"最大公约数"，既是共同的价值观基础，也是正

① 习近平：《青年要自觉践行社会主义核心价值观——在北京大学师生座谈会上的讲话》，2014年5月4日。

确的价值观导向;第二是因为它是由中央提出的,各地各单位、各行各业都要贯彻执行,这就形成了全社会协调、联动的氛围和"气场"。这对于做好新的历史条件下的涉藏工作,做好民族、宗教工作,也是一个难得的机遇,我们要紧紧抓住这个历史机遇。

中央要求,培育和践行社会主义核心价值观,要"坚持联系实际,区分层次和对象,加强分类指导,找准与人们思想的共鸣点、与群众利益的交汇点,做到贴近性、对象化、接地气"。当前,在边疆民族地区,在民族宗教工作中,贯彻和体现社会主义核心价值观的要求,要抓住影响形成全社会共同价值认同的突出问题,明确价值导向。既要"管肚子",也要"管脑子"。"加强社会思潮动态分析,强化社会热点难点问题的正面引导,在尊重差异中扩大社会认同,在包容多样中形成思想共识。"

结合自己的研究,谈两点体会:

第一,关于"民族交往交流交融"。第五次西藏工作座谈会提出了四个"有利于"的"衡量标准",即要把有利于民族平等团结进步、有利于各民族共同繁荣发展、有利于民族交往交流交融、有利于国家统一和社会稳定作为衡量民族工作成效的重要标准。在这四条中,对于其他三条,大家都赞成,对于"有利于民族交往交流交融"这一条,则有一些不同认识和看法。第二次新疆工作座谈会重申:"要加强民族交往交流交融。"实际上,在这"三交"中,对交往交流,也没有不同意见,因为任何一个民族都不是孤立、静止地存在于社会,必然要和其他民族发生联系,有交往、有交流,但是对于"交融"这一提法存在一些分歧和议论。

误解和担心,主要有三点:(1)认为中国历史上没有"民族融合",只有"民族同化",而且是"强制同化"。但这并不符合中国各民族长期交往的历史。(2)把"民族融合"到共产主义社会才能"最终完成",误读为到共产主义社会才能"开始进行"。认为既然民族融合是"只有到共产主义社会才能最终完成的过程",那么现在提出来,就没有必要。(3)担心"民族融合"会使少数民族消失。按照马克思主义经典作家的原意,民族融合的最终实现,将是你中有我,我中有你,共同拥有的人们共同体。

民族之间的相互交流、相互吸收,乃至相互融合是自民族产生以后,从来没有停止过的现象。关于资本主义在民族问题上的两个历史趋势,列宁曾经有过著名的论断。他强调民族的觉醒和民族壁垒的打破,"这两个趋势都是资本主义的世界规律。列宁曾经深刻地指出，无产阶级不能赞同任何巩固民族主义的做法，相反地，它赞同一切帮助消灭民族差别、打破民族壁垒的东西，赞同一切促进各民族之间的联系日益紧密和促使各民族融合的东西。

社会主义民族关系也存在两个发展趋势：一方面是各民族自身的不断发展；另一方面是各民族社会主义一致性的逐渐增加。社会主义民族关系中各民族个性的发展和共性的增多这两个方面的趋势，都是客观存在的趋势。社会主义的根本任务就是在民族平等团结的基础上，使各民族在经济、政治、文化各方面全面发展，实现各民族的共同繁荣。民族团结和民族繁荣，二者不可分离，互相促进。各民族只有充分发展繁荣了，才会逐步走向更为充分的交往交流交融。

第二，关于反对宗教极端思想。反对宗教极端思想既是当前的一项紧迫任务，也是一个长期的斗争。宗教极端主义从极端思想发展到暴力恐怖活动，问题的性质发生了变化。严重的暴恐事件、自焚事件，已经触犯了法律，其性质已经不是民族问题、宗教问题，而是严重的违法犯罪问题。因此，习近平同志指出：暴力恐怖活动，既不是民族问题，也不是宗教问题。这个定性，有利于从政治上、法律上把宗教极端思想与特定的民族、宗教区分开来，以最广泛地团结各民族各宗教爱国力量，形成反对宗教极端思想的最广泛的爱国统一战线。

但是，宗教极端思想所灌输的思想观念、所举的旗帜甚至行事的名义无不打着宗教的旗号。所以，我们既要看到宗教极端思想的违法犯罪活动与宗教的质的区别，也要看到宗教极端思想与宗教"剪不断"的联系。否则，既不能分清是非，也不能使宗教界认清宗教极端思想对宗教自身的危害和宗教界理应承担的责任。越来越多的宗教界爱国人士和信教群众已经从宗教极端思想违法犯罪的铁的事实和血的教训中，认清了宗教极端思想不仅违背了国法国策，也违背了教义教规；不仅损害了国家社会，也损害了宗教自身的利益、秩序和形象；既祸国，也害教。

中央第二次新疆工作座谈会把处理宗教问题的基本原则重新概括为：保护合法，制止非法，遏制极端，抵御渗透，打击犯罪。已经明确地把遏制极端纳入了宗教工作的范围和职责。只有反对宗教极端思想，才能维护正常的宗教秩序，使宗教观念和活动不偏离与社会主义社会相适应的方向。

　　我们必须有与宗教极端思想长期作战的深刻认识和充分准备。美国曾在这方面出现过严重失误。例如：在美苏两强争霸格局下，美国一度把伊斯兰教瓦哈比派和塔利班视为重要伙伴，养痈遗患；长达10年的反恐战争并未取得预期的效果，反而进一步促成了阿拉伯世界的分裂；美国以新自由主义为主导的意识形态也提不出遏制宗教极端思想的理论武器。

　　反对宗教极端思想，必须发挥中国特色社会主义的优越性，高度自觉，坚持不懈。要宽严有度，刚柔并济。一方面，要大力发展经济，改善民生，培育和践行社会主义核心价值观，尊重和保护合法宗教活动；另一方面，要旗帜鲜明地反对宗教极端思想，支持和鼓励宗教界开展宗教思想建设，依法严惩违法犯罪活动。

　　我们要认真学习领会第二次新疆工作座谈会精神，加强意识形态工作，用社会主义核心价值体系构筑西藏和四省藏区各民族共有的精神家园，牢固占领宣传、文化、教育阵地。树立"两观"：祖国观、民族观；提高"三个意识"：国家意识、公民意识、中华民族共同体意识；增强"四个认同"：对伟大祖国的认同、对中华民族的认同、对中华文化的认同、对中国特色社会主义道路的认同。紧密联系涉藏工作实际，加强"治边稳藏"理论建设，加强问题研究、学理研究和学科建设，为促进西藏和四省藏区的社会稳定和长治久安贡献学术界的研究成果和精神力量。

弘扬社会主义核心价值观，
推动科学无神论事业的发展

邓纯东

朱维群主任、各位学者、各位朋友，上午好！

金秋十月，中国社会科学院第二届科学无神论论坛在北京举行。我谨代表中国社科院马克思主义研究院和中国社科院马克思主义理论研究和建设工程办公室，热烈欢迎大家前来参加论坛。

本届论坛以"社会主义核心价值观与科学无神论"为主题，对于我们探索科学无神论在培育和弘扬社会主义核心价值观中的地位和作用，进一步加深对社会主义核心价值观的认识和把握，具有重要的理论和现实意义。

党的十八大提出，要大力加强社会主义核心价值体系建设，"倡导富强、民主、文明、和谐，倡导自由、平等、公正、法治，倡导爱国、敬业、诚信、友善，积极培育和践行社会主义核心价值观"。这二十四个字体现了社会主义核心价值体系的根本性质和基本特征，反映了社会主义核心价值体系的丰富内涵和实践要求，是社会主义核心价值体系的高度凝练和集中表达。

习近平同志指出，培育和弘扬核心价值观，有效整合社会意识，是社会系统得以正常运转、社会秩序得以有效维护的重要途径，也是国家治理体系和治理能力的重要方面。在培育和弘扬社会主义核心价值观的实践中，加强科学无神论的宣传教育工作是非常必要的。我们今天要培育和弘扬社会主义核心价值观，首先就必须让人们树立科学意识与实践意识。只有在现实工作中努力奋斗、真抓实干，不断改造和完善社会，才能让我们的国家富强、民主、文明、和谐，让我们的社会自由、平等、公正、法治，让我们的人民爱国、敬业、诚信、友善。从这个意义上说，社会主义核心价值观必然要建立于科学无神论世界观的基础之上。如果沉迷于对天堂与来世的幻想，寄希望于鬼神的拯救，培育和弘扬社会主义核心价值观也就无从谈起。

然而，我们却很痛心地看到，近年来反科学、反理性的迷信之风又有逐渐抬头之势。有些学者大力鼓吹宗教有神论的好处，污蔑无神论败坏社会风气，甚至公然主张宗教应进入包括学校在内的社会公共领域。有的领导干部带头宣传和信仰宗教，热衷于求神拜佛、风水算命等迷信活动。境外敌对势力也打着宗教旗号对中国虎视眈眈，时刻准备煽风点火，鼓动宗教冲突与民族对立。同时，宗教极端势力兴起并与"藏独""疆独"等分裂势力相勾结，恐怖活动此起彼伏，对我们的国家安定构成了很大威胁。在这种情况下，更有必要大力加强科学无神论的宣传教育工作，荡除愚昧迷信的歪风邪气，培育风清气正的社会环境，为我们中国特色社会主义建设事业的发展营造安定和谐的社会局面。

中国社科院非常重视科学无神论建设工作。经中国社科院院长办公会议批准，2009 年 12 月，马研院组建了"马克思主义无神论研究室"；2010 年 4 月，中国社科院"科学与无神论研究中心"成立。目前，研究室和中心是当代中国唯一的科学无神论专业的研究机构，是开展科学无神论研究和宣传教育的重要基地。2013 年，在中国社科院马克思主义理论研究和建设工程支持下，第一届科学无神论论坛成功举办。在"马工程"的资助下，与会学者的论文汇编成集出版。论坛文集成为继《马克思主义无神论研究》专题文集后，第二个科学无神论学科的专业阵地。今后，我们将根据现实的需要，进一步加大对科学无神论学科的支持力度，大力推动科学无神论研究工作的开展，力争开创科学无神论宣传教育的新局面。

今天到会的都是有志于推动科学无神论事业的专家学者，有的从事相关研究已经多年，具有丰富的学识与深厚的素养。希望大家结合本届论坛主题畅所欲言，对社会主义核心价值观与科学无神论的理论内涵、相互关系以及其他相关问题进行深入的探讨交流，为加强科学无神论学科研究和宣传教育工作、培育和弘扬社会主义核心价值观积极建言献策，共同推动科学无神论事业的发展。

预祝本届论坛取得圆满成功！

社会主义核心价值观与科学无神论

科学无神论者要做践行
社会主义核心价值观的模范

杜继文

　　我们现时是在学习社会主义核心价值观，理解核心价值观，要下大气力，可能需要一个相当长的过程。据我当前的认识，这三组 24 个字表述的主张，可能是适应和满足全国各个民族、各种人群在价值诉求上的最大公约数，最广泛的共识；而唯一的底线是"社会主义"。所以也可以说，是在价值观上凝聚民心，团结一致，以反映和保障社会主义的经济基础和社会发展的历史方向。因此，它并不要求在世界观和人生观上一致，每个人都可以根据自己的世界观和人生观去解读和践行社会主义核心价值观，包括这个民族和那个民族，信神的和不信神的，千差万别，民主自由平等，繁荣和谐。作为共产党员，他的哲学世界观应该是辩证唯物论和历史唯物论；他的认识和践行，当然是立足于他的党的立场、宗旨和任务；我们科学无神论的学者，就要从科学和无神论的视角去把握和践行，而且应该成为模范——因此，我们不能等待学习好、理解好了再去践行，而应该根据我们的学习和理解的所得去践行，在践行中继续学习和深化理解。在这里，仅就我们理应关注的领域，谈一点我的个人体会。

　　第一个问题，近些年有神论泛滥成灾，已经不限于一般性地破坏社会和谐，威胁国家稳定，而是达到了危害每个人的生命安全的程度，特别表现在邪教和宗教极端主义的猖獗上——这显然是对核心价值观三个层面的全面反动。纵观国内对这种险恶现象的舆论反应，大致有三种意见：

　　1. 邪教不是宗教，宗教极端主义不是宗教；要在政策界限上严格划清，打击犯罪，维护宗教信仰自由。

　　2. 邪教不是宗教，宗教极端主义不是宗教，打击犯罪，保护宗教，发展宗教。

3. 邪教是宗教，宗教极端主义是宗教，这就像"罪犯是人"的逻辑一样能够成立，对宗教的赞扬和扶植，应该反省。

在这三种意见中，认为，第 1 种意见是绝对正确的，因为它是从法律意义上为它们定性，必须执行。但这里有个对"宗教信仰自由"的诠释问题——有人把《宪法》的这一规定，解释成只有信教的自由，而没有不信教的自由，或在贯彻实践中，将不信教自由驱逐出去，淡化、边缘化。所以一直到今天，人们听到的都是要我们去"维护"宗教、"尊重"宗教、"善待"宗教；几乎听不到有维护不信教自由的呼声，看不到尊重不信教者权利的文字。由此造成一种假象，似乎只有信仰宗教才会受到法律的保护，不信教反而有违反宪法的嫌疑，以至于"无神论"被视为极左；而受到宗教禁锢的公民享受不到《宪法》赋予的权利，得不到法律的保护——如《义务教育法》之于受宗教控制的儿童权益，《婚姻法》之于受宗教禁锢的妇女权益。这类问题，从"人权"的视角来说，也是严重的，更与核心价值观的任何一个范畴都是悖逆的。可到现在为止，我们仍看不到有改变的迹象。

第 2 种意见是绝对有害的。因为它的前提，是认为邪教之所以邪是因为没有接受"正教"，宗教极端主义之所以"暴恐"，是因为不懂宗教的教义，所以结论是发展宗教，抵制和反对邪教与极端，所谓"正教增，邪教息"——此等言论发自宗教界，可以理解，但出自政界、学界和国家媒体，那就不仅是"无知与偏见"，是非颠倒，而是饮鸩止渴，火上浇油。因为：

第一，这个前提与事实不符。当代邪教，首先出现在自称是宗教国家的美国，其中人民圣殿教和大卫教派震惊全球，"9·11"则是宗教暴恐的首发事件，也发生在标榜"宗教自由"的美国。根据研究，世界三大宗教都有极端主义教派，而今伊斯兰极端主义则滋生在某些伊斯兰国家与地区。

第二，这个前提转移了国家对暴恐行为的防范和打击的正确方向，将视线引导到发展宗教，依靠宗教上；与此相应，是归因到国家对宗教的依法管理上，甚至用恶性事件威胁国家的管理。

第 3 种意见不但能在逻辑上成立，而且更加切合实际。因为凡属宗教，尤其是亚伯拉罕一神教系统，都具有本能的"张力"，"排他"则是宗教的固有属性，其对"异端"和"无神论"的迫害，对"异教"的攻击和非宗教国家的侵犯，从公元前犹太教的耶和华与希腊的宙斯之间的冲突开始，就没有停止过；西方中世纪的宗教裁判所和近 200 年的十字军东征，殖民时期对东方各国实行的基督教文化侵略，包括在中国频频制造流血教案、八国联军血洗北京，犹历历在目；而近 20 多年来的国际新闻，几乎没有一刻不充斥着相关宗教之间与宗派之间互相厮杀的信息。这一切，虽然都有社会经济和政治的原因，但旗号是宗教的，依据的是宗教圣典；旨意是属神的，枉杀无辜和不惧自杀和被杀，是按教义行事的。与此相反的现象，在一些特定国家和地区中，宗教制造出来的社情舆论和文化氛围弥漫在社会各个角落，提供了促使正常的宗教信仰转换为痴迷而疯狂的邪恶的充分条件——本来是丑恶的犯罪，会被理解为神圣的"殉道"；本来应该得到的严厉惩处，死后反而获得神的最高奖赏。——一旦这类荒诞的欺骗和谎言变成圣谕的真理，人生价值的顶级选择也就可想可知了。就此而言，力图把邪教和宗教极端主义从宗教中剥离开来，是罔顾实际的。

迄今为止，在政界、学界和媒体中，有一大批信教者、传教者，崇教者、吃教者，上下鼓吹，南北呼应，也已经形成一种社会舆论氛围，导致宗教占据了道德高地，上升为国家、民族以及个人的精神和灵魂，社会文化的精髓，盘踞了不容触动、不容置疑的特殊化的地位。此风不止，国无宁日。

第二个问题，是宗教的"三性"或"五性"问题。

其中最重要的一性是宗教的长期性，据说可以长期到共产主义也不会消亡。这一定性既缺乏历史依据，也罔顾现实社会世俗化与科学普及对宗教体系的冲击，这一点在欧洲表现得特别明显。可以说，宗教信仰在政治和社会生活领域，已经到了消亡的边缘——基本上变成私人自由选择的事；而宗教节日变成民俗。

纵观世界三大宗教的概貌，它们的地理版图和形态并非从来如此。佛教产生在公元前 6 世纪的印度，现今它在印度本土已基本消失，倒是在斯里兰卡和中国扎下了根；基督教原是穷苦的被压迫者的信仰，一旦被罗马帝掌握，变成国教，它就上升为统治思想，并作为对外扩张的文化工具，最后分裂为三大派系，并互相对立和争斗至今；伊斯兰教产生的年代最晚，到了 7 世纪才开始从阿拉伯半岛兴盛起来，并进入波斯和印度的一部分。自地中海以东，尤其是以阿富汗、巴基斯坦、克什米尔为中心，包括我国新疆地区的中亚（西域）地带，本来都是佛教的天下，后来完全被伊斯兰化。接下去也是分裂，逊尼派和什叶派至今仍然打得不可开交。这种历史现象，说明了三个问题：

第一，任何宗教都不是自古就占据某个特定地区的；

第二，任何一个民族也不是天生就信仰某个宗教的；

第三，宗教内部从来不是一成不变的。

在这三大宗教之外，还有更为久远的宗教：一是犹太教，它的历史与犹太民族的历史可能一样长久，迄今依然限定在犹太人的信仰范围内；另一个古老的宗教是产生于波斯的琐罗亚斯德教（祆教，拜火教），它可能产生于公元前 7 世纪左右，对佛教和基督教都有过影响，一直传到了中国，尼采的名著《察拉斯图拉如是说》指的就是此教的创始人，中国古代音译为"苏鲁支"，鲁迅请徐梵澄翻译的本子就叫《苏鲁支语录》——然而就这么个影响深远的古代宗教，早就消亡了，在中国也是如此。

第三个问题，要特别强调，宗教与民族并非一体。"教族一体"说是个极大的错误。这从三大宗教的历史演变上看得很清楚：首先，民族或部族的形成和发展要远远早于对这三大宗教的接受（譬如希腊和罗马），这个时间差足以驳倒任何"教族一体"谬说。其次，民族是先天稳定性的共同体，民族成分既不容强制更改，也没有自由选择的权利；宗教则是后天附加给民族的信仰体系，或者称为文化形式，但不属于民族的骨肉血脉，是既可以接受也可以遗弃的成分。汉民族就没有固定不变的宗教信仰，甚至否定有神祇的存在，但也不在乎人们造神和膜拜神，更不会问那神灵来自何处，上天的玉皇大帝与地下的狐狼龟蛇，都可以同等地信仰，也可以同等地唾弃。于是汉民族人数增长为世界第一多的民族。而那些捆绑在一个神、一本经、一种信仰上面牢不可变的民族，却往往难以自保。为什么会产生这种现象呢？

原因之一，宗教把国家和民族存在与发展的力量，寄托在神祇的佑助上，而不是人自身上；要求按照经书的预言规划国家和民族的希望，而不是按照人的生存和发展的需要与客观的可能，用人的大脑和双手创造未来。汉民族传统与此相反，"以人为本"源远流长，"天听自我民听"，"神道设教"；神是人的创作，要服从人的需求。而儒、释、道三教，各个都是经书成堆成库，多到可以任人自由选择，随意阐释与发挥。

原因之二，由于宗教的长期捆绑，导致民族丢失了应有的自我更新能力；让传统封闭了对客观环境的认识和对外部世界的交流，扼杀了对新生活的探索和创造。汉文化奠基于百家争鸣，它的主要特色之一是主"新"：所谓"日新""维新""革命"，"生生不息"，程度不同地融入传统观念。因而看重"进步"，不拒绝，而是乐于吸收任何有益的先进的东西，营养自己的肌体。

原因之三，我们的宗教统计有个原则性缺陷，那就是把某些少数民族的人口等同于宗教信仰的人数，即所谓全民信仰。这种非科学的判定，巩固了"教族一体"的观念，并为这种错误的观念提供了合法的依据，客观上对相关民族的文明进步、中华民族的大团结和国家的认同造成障碍。

"教族一体"的危害性，在最近不断发生的暴恐血案中充分显示了出来。暴恐势力利用某些宗教教条，与其所属的民族成分捆绑在一起，既成了民族分裂主义的口实，又因其民族成分的背景，壮大了暴恐的声势。当然，这也引起相关民族和宗教人士的愤怒和担心，因为暴恐败坏了相关宗教的声誉，也败坏了相关民族的声望，所以他们纷纷站出来，控诉和斥责。这其中有一位伊斯兰教的大毛拉居玛·塔伊尔先生，尤其令人感动。我认为他的宗教思想可能是让该教走出保守主义和基要主义的泥潭，是可令民族从宗教捆绑中解放出来的灵药，可以与西方的"宗教改革"相媲美；他把爱自己的民族与爱国主义有机结合，是那么自然与协调，我称他为宗教中的巨人，民族中的英雄，爱国主义的烈士——借此机会，我们对他的死表示哀悼，对他的为人表示敬佩，祝他开创的事业后继有人，成为民族日日新的一个转折点。我们知道，确实由此涌现出一大批民族青年，反对暴恐，拥抱民族和睦，提倡改革，包括实现双语教学。

第四个问题，宪法对宗教信仰自由的规定，是覆盖全体公民的，而不是只适用于信教群众，服务于信教群众；说宗教具有群众性，客观上将信教群众和不信教群众隔离开了。作为一个国家宗教管理的领导干部，向社会提出"善待宗教"的要求很不妥当。宗教不能特殊化，没有法外的任何特权。

第五个问题，西方宗教有门学科叫做宣教学，它能够适应不同的时间、地点和人群，发出不同的声音，与各种话语衔接，而将其宗教观念贯彻于其中。前些年流行的"终极关怀""普世价值"就很是误导了一些时尚学者；而今的"马克思主义宗教观指导""宗教学研究"也占据了宗教研究上的制高点。至于使概念模糊，制造概念歧义，更为常见。最明显的一例是将"宗教"换成"信仰"——没有信仰，人就没精神，文化就没有精髓，而国家就没有灵魂。于是我们的舆论也就紧跟，总要表明我们有信仰，而且比宗教的信仰要科学。这样，要把中国改造成"信仰的中国"就不难了。大家可以看看教育部90万的重点项目《信仰中国》就可以知道，美国启动了近百年的"基督教占领中国运动"，20世纪80年代末在中国香港和欧洲策划的"汉语基督教神学运动"，是如何一刻也没有停止运转的了。最新的一个口号是促使"宗教服务社会"，而且我们的宗教主管部门也在响应。据我所知，这个口号百分之百来自基督教青年会，已知的效果就是办慈善事业，告诉受惠者，这就是终极关怀，就是上帝的恩惠。但更具影响力的，是它让基督教冲破法律的限制，名正言顺地走上了社会，深入到各个阶层。

回到主题，我们从事科学无神论研究和宣传教育者，理应让近些年来非正常性的宗教热冷下来，将宗教宣教和神学建构从我们的大学和科研机构中请出去，捍卫"教育与宗教相分离"立法的尊严，让核心价值观占据舆论的主流，积淀为我们"国俗民风"的底蕴。

科学无神论是社会主义
核心价值观的应有之义*

习五一

摘　要　科学无神论作为马克思主义世界观的出发点和基石，在加强社会主义核心价值体系建设中具有重要作用。本文从国家价值层面的"富强"与"文明"的视角，论述科学无神论是社会主义核心价值观的应有之义。要实现国家的繁荣富强，就要大力推动科教兴国战略。倡导科学精神，包括科学无神论思想，抵制愚昧迷信，是提高中华民族思想素质的重要途径。文明是社会进步的重要标志，是实现中华民族伟大复兴的精神动力。从中国传统的人本主义走向"科学与民主"的现代精神，是历史发展的大趋势。

关键词　科学无神论　社会主义核心价值观　科教兴国战略　人本主义

党的十八大以来，加强社会主义核心价值体系建设，成为当代中国社会的主旋律。科学无神论作为马克思主义世界观的出发点和基石，在加强社会主义核心价值体系建设中具有重要作用。科学无神论是社会主义核心价值观的应有之义。

习近平总书记指出，核心价值观是文化软实力的灵魂、文化软实力建设的重点。这是决定文化性质和方向的最深层次要素。一个国家的文化软实力，从根本上说，取决于其核心价值观的生命力、凝聚力、感召力。历史和现实都表明，构建具有强大感召力的核心价值观，关系社会和谐稳

* 本文系国家社会科学基金项目"马克思主义无神论中国化研究"（14BKS115）的阶段性成果。

定，关系国家长治久安。

社会主义核心价值观的内涵，即"倡导富强、民主、文明、和谐，倡导自由、平等、公正、法治，倡导爱国、敬业、诚信、友善"。这二十四个字分为三个层面，其中，第一个是国家层面：富强、民主、文明、和谐是国家层面的价值目标；第二个是社会层面：自由、平等、公正、法治是社会层面的价值取向；第三个是公民个人层面：爱国、敬业、诚信、友善是公民个人层面的价值准则。

国家层面的价值目标在社会主义核心价值观中居于最高层次，"富强、民主、文明、和谐"，是我国社会主义现代化国家的建设目标，也是从价值目标层面对社会主义核心价值观基本理念的凝练，对其他层次的价值理念具有统领作用。我想从国家层面的价值目标，即"富强"与"文明"的视角，简要论述科学无神论是社会主义核心价值观的应有之义。

一　富强与科教兴国

富强，国富民强，是国家繁荣昌盛、人民幸福安康的物质基础，是中华民族梦寐以求的美好夙愿。实现国富民强的目标就是要大力推动科教兴国战略。记得 2012 年，马克思主义中国化论坛的主题是"纪念邓小平南方谈话 20 周年"。我曾提交过一篇论文，题目是《简论"科学技术是第一生产力"与"科学无神论"》。邓小平说，科学技术是第一生产力。我们要实现现代化，关键是科学技术要能上去，发展科学技术，不抓教育不行。"实现四个现代化，科学技术是关键，基础是教育"的思想，是科教兴国战略的理论基础。跨入 21 世纪以来，中国共产党人大力实施科教兴国战略，推动中国特色的社会主义现代化事业飞速发展。

科教兴国战略就是把科技和教育摆在经济、社会发展的重要位置，提高全民族的科技文化素质，把经济建设转移到依靠科技进步和提高劳动者素质的轨道上来，加速实现国家的繁荣强盛。

从人类社会思想发展史上看，科学本身就是文化的重要灵魂。科学是新文化产生的内在驱动力，也是文化的重要组成部分。在人类历史上，科学技术的每一次重大进步都极大地影响着文化的变革。科学改变了人类的价值观，把人类从蒙昧和落后中解放出来。

近现代科学的发展，成为近现代无神论思想发展的重要动力。在近代欧洲，牛顿力学为近代唯物主义哲学提供了自然科学理论支持。达尔文的学说摧毁了上帝创造万物的粗糙教义。达尔文的进化论动摇了基督教神学的基础——"神创论"，成为科学无神论的思想支柱之一。从某种程度上可以说，近代科学改变了西方文化的面貌。正因为如此，18世纪的启蒙思想家把普及知识包括科学知识作为自己的使命，以推进启蒙运动事业的发展。百科全书派的核心人物狄德罗指出："走向哲学的第一步就是不信神。"随着近现代科学的发展，随着反对封建主义的神权统治，在理性主义与自由主义哲学家的影响下，近现代西方无神论思潮日益显著。因为它汲取近现代自然科学的成果，以科学的精神和科学的方法为武器，对科学发展起着推动作用，所以又被称为"科学无神论"。

马克思主义无神论也属于科学无神论范畴，是科学无神论的高级形式。它继承17—18世纪英国和法国唯物主义，继承19世纪德国费尔巴哈人本主义等人类优秀成果，通过唯物主义历史观和剩余价值论的发现而展示出来。科学无神论作为马克思主义世界观的出发点和基石，由思想文化领域进入科学社会主义运动的实践。

马克思主义指出，宗教的产生、发展和消亡，有其历史的客观必然性。宗教是颠倒的世界观，是颠倒的社会关系的虚幻反映。宗教的本质只能从它产生的社会基础中去寻找。解决宗教问题，必须变革社会关系。因此，马克思主义政党把解决宗教问题列为革命和建设事业的组成部分，反对仅仅依靠单纯的思想教育代替实际的社会变革，更反对脱离党的总路线孤立地"与宗教斗争"。马克思主义政党将宣传科学无神论作为动员群众，觉悟群众，解决有神论造成的许多特殊认识问题的重要任务。"放弃无神论，拒绝科学无神论的研究和宣传，是维护愚昧主义，是愚民政策；相反，企图用行政手段，用法令的形式去解决思想信仰问题，则是布朗基主义。"①

在近代中国，启蒙思想家无不深受西方科学思想的影响。近代中国五四运动倡导"科学与民主"，包括反对迷信鬼神，宣传无神论，这成为中国进入近现代的思想标志之一。在近代中国的学术界，首先使用无神论概念的是著名学者章太炎，它的锋芒直指基督教等一神论。在近代中国救亡图存、文化启蒙的历史背景下，五四运动时期的陈独秀、胡适、蔡元培等

---

① 沈漳：《科学无神论与人民幸福》，《科学与无神论》2006年第6期。

重要思想家，用西方无神论的思想批判灵学，破除封建迷信的思想枷锁；批判基督教等一神论的有神论，开展抵制帝国主义文化侵略的"非基督教运动"。

科学无神论在中国的传播，是中国共产党诞生的重要思想前提。早期的中国共产党领袖李大钊等人，在传播马克思主义的同时，也将传播科学无神论作为自己重要的使命。波澜壮阔的战争与革命，使旧中国的社会结构发生深刻变革。1949年新中国成立，为科学无神论的普及和宗教有神论的衰微奠定了坚实的社会基础。中国共产党人在社会主义建设事业中，将科学无神论宣传教育纳入思想文化建设的整体战略中。

在当代中国实施科教兴国的战略中，社会主义精神文明建设的重要任务之一就是倡导科学精神，包括科学无神论思想，抵制愚昧迷信。科学的发展已经迫使宗教失去许多世袭的精神领地，因此，发展科学事业，推动社会进步，对于科学无神论者来说，是头等大事。科学无神论建设属于科教兴国战略的一部分，局部工作要服从整体大局。应当指出，数、理、化等自然科学本身并不等于哲学领域中的科学无神论。当代宗教神学发展的动力之一，就是极力适应科学的新发现，力图将其纳入神学解释的范畴。当代科学无神论就是针对种种新有神论而言的，它有自己的特殊研究对象、特殊的理论内涵，解决了许多特殊的认识问题，不是其他学科可以取代的。从这种意义上说，科学无神论的研究和宣传教育是提高中华民族思想素质的必要环节。

二　文明与人本主义

文明，众所周知，广义上可以包含物质文明、精神文明、社会文明。社会主义核心价值观中的文明，是相对物质文明的"富强"而言的，是指精神文明、社会文明。文明是社会进步的重要标志，也是社会主义现代化国家的重要特征，是实现中华民族伟大复兴的重要支撑。

作为科学无神论学者，我认为，近现代西方社会的文明发展轨迹就是，从中世纪的"神本主义"不断走向"人本主义"的历程。西方近代文艺复兴运动中的人文主义思想，主张一切以人为本，反对神的权威，把人从中世纪的神学枷锁下解放出来，宣扬个性解放，追求现实人生幸福；追求自由平等，反对等级观念；崇尚理性，反对蒙昧。它在创建西方近现代国家制度时期起着巨大的思想解放作用，是民主宪政和个人自由的基点。

与西方社会不同，中华民族在长达数千年的历史长河中，形成了独特的文化传统。在中华民族历史上，人文主义思想丰富多彩，儒、释、道多元兼容。人文主义传统、重视民生是中国传统思想最值得珍视的思想资源之一。

中国古代先哲提出的"究天人之际"是中国哲学最显著的特征之一。古代汉语中的"天"是个模糊概念：将"天"解释为自然，可以属于无神论范畴；将"天"视为"神"或"上帝"，可以属于有神论范畴；"究天人之际"，作"天人之辩"成为中国哲学思考的重大命题，百花齐放、百家争鸣，其争论从古至今。

中国古代宗教神学比较单薄，直到春秋战国中国传统政治思想形成时期，还没有形成唯一至上神的概念。儒家的创始人孔子以"不语怪力乱神"而著称①。

以人为本是相对于宗教家以神为本而言的，可以称为人本思想。孔子虽然承认天命，但怀疑鬼神。他说："务民之义，敬鬼神而远之，可谓知矣。"② 认为人生最重要的是提高道德觉悟，而不必求助于鬼神。孔子更认为应重视生的问题，而不必考虑死后问题。《论语》记载："季路问事鬼神，子曰：'未能事人，焉能事鬼？'曰：'敢问死！'曰：'未知生，焉知死？'"③ 孔子更不赞成祈祷，《论语》记载："子疾病，子路请祷。子曰：'有诸？'子路对曰：'有之'，《诔》曰：'祷尔于上下神祇。'子曰：'丘之祷久矣。'"④ 孔子对鬼神采取存疑的态度，既不否定，亦不肯定，但认为应该努力解决现实生活中的问题，而不必向鬼神祈祷。孔子的这种思想观点可以说是非常深刻的。

中国许多古代思想家所谓的"天"，其本质是必然意义的天而不是神。正如孟子所说："莫之为而为者，天也，莫之致而至者，命也。"⑤ 这些思想家认为，推动人类社会进步的决定性力量在于历史发展的趋势。

在天人关系中，提出"人为本"的命题的，最早是荀子。他强调"明

---

① 《论语·述而》。
② 《论语·雍也》。
③ 《论语·先进》。
④ 《论语·述而》。
⑤ 《孟子·万章上》。

天人之分"，批判天神崇拜，将人格化的"天"改造为自然的天，提出"制天命而用之"的思想①。

在东西方思想史上，中国古代传统思想与古希腊思想的共鸣之处，即二者都强调人的重要性。古希腊智者普罗泰格拉在《论真理》中说"人是万物的尺度"，而中国古代的儒家也认为，天地之间人最为贵，而人之所以为人的根本原因，就在于人类所特有的道德属性，"有气、有生、有知亦且有义"②。

中国古代明确提出"以人为本"概念的哲学家是管子。在古代，有时"人"与"民"可以互置，人即民，民即人，也可以通称为"人民"，所以在谈到人为本时，也可用于论述君主与人民的关系，相当于"民为本"。管子就是在这个含义下使用的。《管子》说："霸王之所始也，以人为本。本理则国固，本乱则国危。"③ 这句话的大意是：成就霸业的开始，就要以百姓为根本。百姓安居乐业，得到治理则国家稳固；百姓民不聊生，发生动乱则国家趋于危亡。这里所谓霸王，就是指强国之道。管子所说的"以人为本"，是哲学价值论概念，不是哲学本体论概念。

其后，孟子考察决定国家命运的力量，权衡君与民的地位和作用，提出了"民为贵，社稷次之，君为轻"的主张。④ 这句话的意思是：百姓最为重要，代表国家的土神、谷神其次，国君为轻。根据"民贵君轻"的理念，孟子认为，君主实行残暴的统治时，人民有理由起来造反，推翻残暴的君主。从两宋起，《孟子》就成了封建社会各阶层的必读教材，"人为本"，"民为贵"成为中国传统文化中根深蒂固的理念。"民贵君轻"的理念与近现代权利观念有着质的差异，然而，中国古代思想家对于民众重要性的认识，闪烁着真理的光芒！

基于对民众重要性的认识，中国古代思想家强调统治者"为民谋利"的社会责任。统治者应力所能及地改善民众的生存条件，儒家先贤认为"君子不尽利以遗民"⑤：至少能够使民众"养生丧死无憾也"。⑥ 为保障民

---

① 《荀子·天论》。
② 《荀子·王制》。
③ 《管子·霸言》。
④ 《孟子·尽心章句下》。
⑤ 《礼记·坊记》。
⑥ 《孟子·梁惠王上》。

众的基本生存，统治者制定政策时，应不与民争小利。西汉大儒董仲舒认为，"为制度，使诸有大奉禄亦皆不得兼小利，与民争利业，乃天理也"①。意即统治者对利益不应独占，而应让出余利与民分享，有大爵禄者更不应兼营小利，与民争利争业。判断社会制度的重要标准之一，就是国家统治者如何对待民众民生。中国古代思想家将"为民"视为政治目的，具有积极意义。当国家统治者实施政策，努力改善民众生存条件时，民众能够安居乐业，社会将持续和谐发展。

中国传统文化思想中以"人"为贵、以"民"为本的理念具有跨时代生命力，是当代中国精神文明建设的宝贵资源，也是我们建设中国特色的科学无神论理论体系的智慧源泉。正如习近平同志所指出的："将按照时代的新进步，推动中华文明创造性转化和创新性发展，激活其生命力，把跨越时空、超越国度、富有永恒魅力、具有当代价值的文化精神弘扬起来。"

科学无神论以科学和理性支持其真理性，宗教有神论则以虚幻和非理性反映其荒谬性。我们的时代精神是振兴中华民族精神和现代文明。从中国传统的人本主义走向"科学与民主"的现代精神，是历史发展的大趋势。但是，某些文化人论证说，现代中国的种种社会问题，如世风日下，道德沦丧，是"信仰危机"，能够拯救人心、维护社会秩序的最佳途径就是呼唤宗教的复兴。当前，这种高调的"宗教救世说"大多来自西方的一神教。我们应当大声质疑这种文化传教的声音。

在社会主义核心价值体系中，无神论的唯物世界观和积极人生观占有重要的地位。以鬼神存在为基础的世界观不符合客观事实，依据有神论确立的人生观和价值观，损害人的尊严，贬低人的价值，压制人的创造，使信仰者容易受到自命神灵代表者的控制。党的十八届四中全会提出"依法治国"。我们反对宗教信仰向教育领域渗透，是贯彻落实国家教育法的原则——"教育与宗教相分离"，不是对宗教信仰者的敌意。信不信教，应当完全成为公民个人的私事，宗教信仰是公民的权利，应当得到尊重；但是，在中国共产党的理念中，在社会主义国家的决策上，没有上帝和神灵的位置。

① 《春秋繁露·度制》。

参考文献:

1. 任继愈:《任继愈宗教论集》,中国社会科学出版社 2010 年版。
2. 杜继文:《科学与无神论文集》,中国社会科学出版社 2014 年版。
3. 田心铭:《论学习马克思主义》,中国社会科学出版社 2014 年版。
4. 习五一:《科学无神论与宗教研究》,中国社会科学出版社 2012 年版。
5. 习五一主编:《马克思主义无神论研究》,中国社会科学出版社 2013 年版。

社会主义核心价值观与
科学无神论关系的几个问题

龚学增

摘　要　从社会主义核心价值体系到社会主义核心价值观方向一致，都体现了社会主义意识形态的本质要求，体现了社会主义制度在思想和精神层面的质的规定性，体现了科学无神论精神。中华优秀传统文化包含着唯物论无神论思想，需要批判地研究和继承。要在践行社会主义核心价值观实践中正确把握科学无神论宣传教育的定位。在中国共产党内、共青团内、国民教育体系、文化宣传领域，应该鲜明地提出无神论宣传教育，抵御各种有神论的侵蚀。在揭批邪教、迷信活动和伪科学斗争中，应继续充分发挥科学无神论宣传教育的作用。科学无神论宣传教育要严格遵守党的宗教信仰自由政策。

关键词　核心价值观　社会主义　科学无神论　定位

党中央从提出社会主义核心价值体系到提出社会主义核心价值观方向一致，都体现了社会主义意识形态的本质要求，体现了社会主义制度在思想和精神层面的质的规定性，体现了科学无神论精神。本文拟从四个方面对此加以论述。

一　从社会主义核心价值体系到核心价值观

党的十六届六中全会首次提出了社会主义核心价值体系。它包含四个方面的内容，即：马克思主义指导思想，中国特色社会主义共同理想，以爱国主义为核心的民族精神和以改革创新为核心的时代精神，以"八荣八耻"为主要内容的社会主义荣辱观。党的十七大进一步强调，建设社会主义核心价值体系，就要巩固马克思主义指导地位，坚持不懈地用马克思主义中国化最新成果武装全党、教育人民；用中国特色社会主义共同理想凝聚力量；用以爱国主义为核心的民族精神和以改革创新为核心的时代精神鼓舞斗志；用社会主义荣辱观引领风尚，巩固全党全国各族人民团结奋斗的共同思想基础。党的十八大提出，倡导富强、民主、文明、和谐，倡导自由、平等、公正、法治，倡导爱国、敬业、诚信、友善，积极培育和践行社会主义核心价值观。"三个倡导"是社会主义核心价值体系的内核，体现社会主义核心价值体系的根本性质和基本特征，反映社会主义核心价值体系的丰富内涵和实践要求，是社会主义核心价值体系的高度凝练和集中表达。核心价值观与核心价值体系方向一致，都体现了社会主义意识形态的本质要求，体现了社会主义制度在思想和精神层面的质的规定性，凝结着社会主义先进文化的精髓，是中国特色社会主义道路、理论体系和制度的价值表达，是实现中华民族伟大复兴的中国梦的价值引领。

社会主义核心价值观与核心价值体系两者各有侧重，一是社会主义核心价值观更加突出了核心要素，社会主义核心价值体系包括马克思主义指导思想、中国特色社会主义共同理想、民族精神和时代精神、社会主义荣辱观四个方面，是一个系统性、总体性的框架；而社会主义核心价值观强调的"三个倡导"，则更清晰地揭示了这个价值体系的内核，确立了当代中国最基本的价值观念。二是社会主义核心价值观更加注重凝练表达，它倡导的富强、民主、文明、和谐，自由、平等、公正、法治，爱国、敬业、诚信、友善，明确了国家、社会、公民三个层面的价值目标、价值取向、价值准则，是社会主义核心价值体系的凝练表达，符合大众化、通俗化要求，便于阐发、便于传播。三是社会主义核心价值观更加强化了实践导向，它强调的"三个倡导"指向十分明确，每个层面都对人们有更具体的价值导向，是实实在在的要求，规范性和实践性都很强，便于遵循和践行。培育和践行核心价值观，为推进核心价值体系建设进一步明确了切入点和工作着力点，有利于更好地把各项任务落到实处。

培育和践行社会主义核心价值观，要高举中国特色社会主义伟大旗帜，以邓小平理论、"三个代表"重要思想、科学发展观为指导，深入学习贯彻党的十八大精神和习近平同志系列讲话精神，紧紧围绕坚持和发展中国特色社会主义这一主题，紧紧围绕实现中华民族伟大复兴的中国梦这一目标，紧紧围绕"三个倡导"这一基本内容，注重宣传教育、示范引

领、实践养成相统一，注重政策保障、制度规范、法律约束相衔接，使社
会主义核心价值观融入人们的生产生活和精神世界，激励全体人民为夺取
中国特色社会主义新胜利而不懈奋斗。培育和践行社会主义核心价值观要
坚持以人为本，尊重群众主体地位，关注人们利益诉求和价值愿望，促进
人的全面发展；坚持以理想信念为核心，抓住世界观、人生观、价值观这
个总开关，在全社会牢固树立中国特色社会主义共同理想，着力铸牢人们
的精神支柱；坚持联系实际，区分层次和对象，加强分类指导，找准与人
们思想的共鸣点、与群众利益的交汇点，做到贴近性、对象化、接地气；
坚持改革创新，善于运用群众喜闻乐见的方式，搭建群众便于参与的平
台，开辟群众乐于参与的渠道，积极推进理念创新、手段创新和基层工作
创新，增强工作的吸引力和感染力。①

二 社会主义核心价值观和核心价值体系 体现了科学无神论精神

主要表现在以下几个方面：

第一，巩固马克思主义在党和国家生活中特别是思想文化领域中的指
导地位，就要坚持辩证唯物主义和历史唯物主义的世界观和方法论，而不
能诉诸有神论的世界观和方法论。

中国特色社会主义以马克思列宁主义、毛泽东思想、邓小平理论和
"三个代表"重要思想为指导思想。因为马克思列宁主义揭示了人类社会
历史发展的规律，它的基本原理是正确的，具有强大的生命力。之所以如
此，从根本上说，就是因为它有辩证唯物主义和历史唯物主义的哲学作为
其世界观和方法论。马克思主义哲学的起点是确认世界的本质是物质的，
宇宙间的一切都起源于物质，人类同样是物质长期演变进化的结果，人类
社会是物质世界的特殊形式。在物质和精神的关系上，是物质决定精神，
而不是精神决定物质。这就同一切唯心论和有神论所主张的精神性的神灵
决定物质世界的基本观点相对立。在此基础上，马克思主义哲学进一步阐

① 参阅中共中央办公厅《关于培育和践行社会主义核心价值观的意见》（2013 年 12 月）。刘云山：《着力培育和践行社会主义核心价值观》，《求是》2014 年第 2 期。刘奇葆：《在全社会大力培育和践行社会主义核心价值观》，《人民日报》2014 年 3 月 5 日第 6 版。

明了有神论宣扬的"神",其不过是人类幼年时期,因为生产力水平低下,对自然现象的本质和规律知之甚少,在种种灾害的侵袭面前软弱无力,由惧怕和敬畏而产生的幻想的产物。因此,坚持辩证唯物主义和历史唯物主义世界观就必然导致彻底的无神论。科学的发展也证明,在人类生存的物质空间和人类能够探测到的宇宙空间和微观世界里,没有任何超自然的力量在起作用。人们头脑中形成的各种神秘主义的意识,归根结底可以在人们的现实生活中找到原因,现代科学也会逐步地给予令人信服的解释。

中国共产党是当今中国的执政党,其世界观本质上体现了无神论精神。2013 年 12 月,习近平总书记在中央政治局第十一次集体学习时指出,马克思主义哲学深刻揭示了客观世界特别是人类社会发展的一般规律,在当今时代依然有着强大生命力,依然是指导我们共产党人前进的强大思想武器。我们党自成立起就高度重视在思想上建党,其中十分重要的一条就是坚持用马克思主义哲学教育和武装全党。学哲学、用哲学,是我们党的一个好传统。他强调,在革命、建设、改革各个历史时期,我们党运用历史唯物主义,系统、具体、历史地分析中国社会运动及其发展规律,在认识世界和改造世界过程中不断把握规律、积极运用规律,推动党和人民事业取得了一个又一个胜利。历史和现实都表明,只有坚持历史唯物主义,我们才能不断地把对中国特色社会主义规律的认识提高到新的水平,不断开辟当代中国马克思主义发展新境界。他还指出,社会存在决定社会意识。我们党现阶段提出并实施的理论和路线方针政策,之所以正确,就是因为它们都是以我国现时代的社会存在为基础的。党的十八届三中全会对我国全面深化改革作出了总体部署,是从我国现在的社会存在出发的,即从我国现在的社会物质条件的总和出发的,也就是从我国基本国情和发展要求出发的。[①]

第二,中国特色社会主义共同理想,中华民族复兴的中国梦的实现是建立在对客观的社会主义社会发展规律科学认识基础上的,是依靠人的不懈努力实现的。它与有神论宣扬的所谓人死后的彼世"天国"的理想境界,以及这种境界的实现最终由神决定有着本质的区别。

当马克思主义通过对人类社会发展规律,特别是对资本主义社会发展

---

① 《习近平在中共中央政治局第十一次集体学习时强调推动全党学习和掌握历史唯物主义更好认识规律更加能动地推进工作》,新华网,2013 年 12 月 4 日。

规律的揭示，提出人类社会必然会从对资本主义弊病的改造最终实现社会主义和共产主义的美好社会理想时，各种有神论也都在宣扬社会主义和共产主义的理想与神造的美好天堂极乐世界的一致性。当时，法国一些所谓的共产主义者也附和这种观点，宣扬基督教就是共产主义。1843 年，恩格斯在《大陆上社会改革运动的进展》一文中就批判了这个观点，他明确指出，即使《圣经》里有些地方可以作有利于共产主义的解释，但是《圣经》的整个精神是同共产主义截然对立的。1894 年，恩格斯在《论原始基督教的历史》中又一次划清了基督教的理想和社会主义理想的界限，指出，基督教和工人的社会主义都宣传将来会从奴役和贫困中得救：基督教是在死后的彼岸生活中，在天国寻求这种得救，而社会主义则是在现世里，在社会改造中寻求。近代中国一百多年遭受帝国主义侵略的历史伤痕，使中华儿女都把实现中华民族复兴作为自己的追求和梦想。只是在新中国成立后，中国共产党在领导全国各族人民建设社会主义的过程中，经过曲折才找到了实现中华民族伟大复兴理想的道路，即建设中国特色社会主义的正确道路。中国特色社会主义共同理想，就是在中国共产党领导下，走中国特色社会主义道路，通过全国各族人民的共同努力，把我国建设成为富强、民主、文明、和谐的社会主义现代化国家，实现中华民族的伟大复兴。这一理想反映了我国各族人民的根本利益、共同愿望和普遍追求。这条道路的形成是建立在对我国社会主义社会初级阶段的基本国情的分析基础上，通过不断总结社会主义建设的历史经验的基础上形成的，这条道路的实践是依靠全国各族人民包括信仰宗教和持有神论信仰的群众的现实不懈努力实现的。有神论宣扬的美好天堂彼岸世界，可以满足社会上广大信教者的精神需求，但绝不能成为社会主义建设，实现中国特色社会主义理想的精神支柱。

对中国特色社会主义，习近平总书记指出，中国特色社会主义不是从天上掉下来的，是党和人民历尽千辛万苦、付出各种代价取得的根本成就。中国特色社会主义道路是我们独创的，坚持了科学社会主义的基本原则，是一条人间正道。中国梦的本质是国家富强、民族振兴、人民幸福。实现中国梦就必须坚持走中国特色社会主义道路。

第三，以人为本，实事求是，反对天命，破除鬼神迷信的无神论精神是中华民族精神的一部分（见本文第三部分）。

第四，以崇尚科学为荣、以愚昧无知为耻，是社会主义荣辱观的一部分，它正是唯物论无神论的体现。

科学是如实地反映自然界和人类社会发展规律的知识体系，是战胜有神论的武器之一。但是，任何人穷其一生也不可能掌握所有的科学知识，即使一个学识渊博的学者，他所掌握的知识对整个知识的海洋而言，也只是沧海一粟；另外，人类已经掌握的知识和已经认识的世界是有限的，人类探求知识的活动也是永无止境的。因此，科学知识在克服有神论方面的作用是一个不断持续的长期过程。在这个过程中，除了依靠科学知识之外，还需要一种更有效的武器，这就是科学精神。科学精神主要是指人们在长期的科学活动中所形成的价值观念、思维方式和行为准则等的总和。可概括为以下几个方面：继承基础上的创新精神是科学精神的核心内容；实事求是是科学精神的基本要素；辩证的怀疑和批判意识是科学精神的内在要求；科学研究中的协作精神是科学精神的构成要素。简单说，科学精神就是实事求是。实事求是，就是从客观实际出发，寻求事物的客观规律。这是科学精神的本质体现，也是和唯物论无神论相通的。对于每一个人、每一个国家和民族来说，科学精神都是不可缺少的。科学精神的高扬，是一个民族文明和进步的重要标志，是精神文明建设的基石之一。与一般科技知识的普及相比，弘扬科学精神更带根本性和基础性。有了科学精神的武装，人们就会更加自觉地学习科学知识，树立科学观念，掌握科学方法，更加自觉有效地推进科技创新；有了科学精神的武装，才能使人们拥有健康、文明的生活方式，才能保证改革开放和现代化建设事业沿着正确、科学的轨道进行，最大限度地减少我们前进道路上的挫折和损失。

习近平总书记在论及提高国家文化软实力的问题时，强调了要广泛普及科学知识。总之，科学无神论是社会主义核心价值观与核心价值体系的应有之义。

三　进一步研究挖掘弘扬中国传统文化的无神论成分

2014 年 9 月 24 日，习近平总书记在纪念孔子诞辰 2565 周年国际学术研讨会暨国际儒学联合会第五届会员大会开幕会上的讲话中说，中国共产党人是马克思主义者，坚持马克思主义的科学学说，坚持和发展中国特色社会主义，但中国共产党人不是历史虚无主义者，也不是文化虚无主义者。我们从来都认为，马克思主义基本原理必须同中国具体实际紧密结合起来，应该科学对待民族传统文化，科学对待世界各国文化，用人类创造的一切优秀思想文化成果武装自己。在带领中国人民进行革命、建设、改革的长期历史实践中，中国共产党人始终是中国优秀传统文化的忠实继承者和弘扬者，从孔夫子到孙中山，我们都注意汲取其中积极的养分。①

中华优秀传统文化包含着唯物论无神论思想，需要中国共产党人加以批判地继承。早在商周时期，就已经产生了怀疑上帝（天）不公道的思想，人们在探索自然界奥秘的过程中一定程度上排斥了有神论的神秘主义。

春秋时期不少人对巫术迷信持否定的态度，并提出人比神重要的思想。孔子的人本思想，即轻天道、重人道的天人观，轻鬼神、重人事的鬼神观以及轻迷信、重理性的理性精神，成为中国早期无神论的重要组成部分。战国时期，荀子（约公元前313—前238年）认为天不是超自然的，"天"就是自然界。他说："天行有常，不为尧存，不为桀亡。"意思是说，自然界的客观规律不以社会上政治好坏为转移。同样，自然界及其规律的存在也不为人的愿望所决定。他叫人不要安命听天，认为天不能决定人的吉凶祸福。

秦汉时期的无神论，主要反映在《淮南子》一书及杨王孙、司马迁、扬雄、张衡、王充等人的思想中，并逐步形成了理论体系。特别是东汉初的王充（27—约97年）对宗教神学予以了全面批判。他驳斥了天生圣人的神怪传说。这些传说说尧之母与赤龙相感而生尧，刘邦之母也因梦与龙相通而生刘邦，因而尧和刘邦都成为了天子，与一般人不同。他根据万物"因气而生，种类相产"的理论，指出不同类的动物不能交配，这是符合一般常识的观点，是为人所公认的。他指出统治者是故意把他们的祖先说得神奇，以显示其高贵，其实龙不过是兽类，并不如人高贵。他还否定了人死为鬼，鬼有知，能害人的传说。他说人和物在其自然的本质上是相同的，人死后，五脏腐朽，精气散亡，不可能成为鬼。既然无鬼，也就不存在鬼还会害人的道理。

魏晋南北朝时期，范缜是重要的唯物主义哲学家、战斗的唯物主义者。他在南北朝反佛教神学的斗争中，综合和发展了先秦两汉魏晋以来的

---

① 习近平：《在纪念孔子诞辰2565周年学术研讨会暨国际儒学联合会第五届会员大会开幕会上的讲话》，新华网，2014年9月24日。

无神论思想，把唯物主义和无神论推到新的阶段。范缜（约450—515年）在其著名的《神灭论》中，首先批驳了佛教的因果报应说。他认为，万物的生成是它自己的原因，复杂的现象完全是它自己在变化，忽然自己发生了，忽然自己消灭了。对它的发生既不能防止，对它的消灭也无须留恋。要顺从自然的法则，各自满足自己的本性。人的富贵贫贱，只不过是境遇不同，绝不能把社会中的富贵贫贱现象作为因果报应的根据。范缜认为，要彻底驳倒因果报应说，就必须摧毁它最根本的理论基础，即神不灭论。他认为"形神相即"，即人的精神和形体不可分离，它们不是各自独立的。"形存则神存，形谢则神灭"。天地间根本没有脱离形体独立不灭的精神，因此也就无所谓三世因果报应。

隋唐时期，柳宗元（773—819年）是唐代无神论思想的主要代表。他继承了王充的元气自然论的朴素唯物主义传统，并利用了当时天文地理等科学知识丰富了唯物主义和无神论。他针对所谓天有意志能赏善罚恶的观点，明确指出，天地、元气、阴阳，都是客观存在着的自然现象，人们求天、怨天都是不必要的。"功者自功，祸者自祸"，人事的"存亡得丧"和天地等自然物没有赏罚的关系。刘禹锡（772—842年）在他的《天论》中，继承以往的唯物主义、无神论思想，进一步补充了柳宗元的唯心主义思想。刘禹锡对"天"作了唯物主义的解释，认为天是有形体中最大的，人是动物中最突出的。天和人都是"物"，同属有形体的事物。他还认为宇宙万物是一个生长发展的自然过程，从而提出了唯物主义的宇宙发生论。由此产生的事物，各有特性，互有优劣，从而产生无穷无尽的万事万物。他还认为宗教迷信思想的流行，主要是由社会原因造成的，如当时之所以流行佛教的有神论和天命论，就是政治不上轨道、绝灭"人理"的缘故。

宋元时期，张载（1020—1077年）继承了范缜的神灭论，批判了灵魂不灭的有鬼论与报应论。他以唯物主义的气的一元论，对鬼神作出了新的解释，把鬼神当作气的不同运动形态，运行不测的神妙作用，而不是当作一种人格神。他否定了佛教的轮回转世说，指出人死无鬼，哪来转世？在天与人的关系上，张载强调了人的作用，人事"不以天能为能，而以人谋为能"，即天（自然）有天的职能，天之能不能代替人之能。

明朝的王廷相（1474—1544年），坚持唯物主义气的一元论，否定物质之外有主宰者。他认为作为物质的气是宇宙万物的本原，"气，物之原也"。在此基础上，他又批判了宗教神学与各种世俗迷信。他说"元气之上无物"，"有阴阳则天地万物之性理备矣，非元气之外又有物以主宰之也"，明确否定了在物质世界之外还有一种神秘的主宰者，即有意志的天或上帝。他以万物生化自然论批判了神学目的论。指出由气生化的万物，是有生有灭的，而本原的气则是永存的。气生化万物是势之必然，不是神秘的主宰者有目的地造成的。

明清之际，无神论的代表人物一是王夫之，二是熊伯龙。王夫之（1619—1692 年）在汲取前人的成果和批判形形色色主客观唯心主义及神学世界观的基础上，建立了他的唯物主义哲学体系。他认为宇宙空间充满了物质的气，空间是气的存在形式，而物质及其存在的形式都是无限的。从本原来说，宇宙间除了气没有其他东西，由气构成天地万物。天地万物有聚有散，有生有灭，而气是不灭的。王夫之这一唯物主义自然观的反神学意义，在于使神秘的天与上帝在自然中无立足之地，从根本上否定了上帝及其主宰地位。熊伯龙（1617—1669 年）的无神论思想，集中反映在他所编的《无何集》中。首先，他批判了神学目的论与天人感应论。他认为，天地皆是自然物，是没有意志的。"天不故意造作，自成天地大文章"。认为整个宇宙万物及其秩序，是自然形成的。由此，否定了天有意创造万物的目的论，否定天能干预人事。他针对"天人相应，古人皆信之"的谬论指出："以天变为凶，真失实之言。"自然界的变异现象是自然自身的事，并非天谴告。他还通过论证人生死之自然，否定了鬼神论。

晚清至民国年间，龚自珍（1792—1841 年）提出了"天地人所造"的命题，否定天定论。他说："天地，人所造，众人自造，非圣人所造。"这里的天不是有意志地主宰一切的天，而是自然之天。强调众人造天地，重现了人的作用。他认为儒家宣扬天命论的目的是：一方面假借"天之命"，"天之威"，宣扬君父高于一切，以提高君权；另一方面又把"天命"作为人们践履的道德规范，要人服从天命的安排。谭嗣同（1865—1898 年）自然观明确地把气作为天地万物的根本，天就是自然界，"天者气也"，"天无形质，无乎不在"。这就肯定了天的物质性，否定了有意志、主宰一切的天。在此基础上，他对佛、道宗教神学及传统神秘主义进行了批判。他说："中国之佛、老何谓也？乡曲之牛鬼蛇神，一木一石，一藤一井，皆虔而祀之，祷而祈之。"否定这些偶像崇拜，认为这是中国的陋俗。严复（1853—1921 年）接受西方资产阶级的机械唯物论和进化论，包括赫胥黎的天演论、达尔文的生物进化论、斯宾塞尔的社会进化论等，来建立他的世界观，并以此为基础，宣扬无神论，否定上帝创造说与封建神学。他宣传赫胥黎的天演论，强调自然界与人类的自然进化的观点，肯定了整个自然界的进化受规律的支配，排除外来的力量——上帝的干涉。他对达尔文的生物进化论也推崇备至，相信它是唯一正确的理论。在此基础上，他以"物竞天择""适者生存"和"优胜劣汰"的生物学原则，宣传强调人事、人定胜天的思想。章炳麟（1869—1936 年）也接受了达尔文生物进化论，反对神创论。他认为人进化为人的始初，不过是低等动物之类，由此逐渐进化为猿猴，再由猿猴逐渐进化为人。人类进化早晚不同，也就导致部族的差别与文明、粗野的不同。这一过程并无外力的干预，"夫上帝为何者哉？"否认了上帝的创造与主宰。他继承发展了古代唯物主义的自然观，对上帝创造说、天命论及神学目的论等进一步进行剖析。他以天文学的知识，说宇宙除恒星与行星以外，并没有天，一切恒星都是太阳，太阳都有自己的地球（行星），而地球是从太阳中生出来的，宇宙间万物的生成和生存都依赖于太阳，所以古人祭天就以祭日为主。然而太阳并不是人格神，只是物质的实体。1906 年，他又发表了《无神论》一文。首先说明了之所以要批判有神论，是因为神学造成了不平等，要平等，必得破神教，打倒神权。他破神学的重点是基督教兼攻其他。揭露了基督教上帝所谓"无始无终，全知全能，绝对无二，无所不备"的自相矛盾甚多。如"无始无终"，那么上帝创世七日如何解释？上帝全知全能，那么世上为什么存在这么多恶事？如果上帝是"众生之父"，他一定有人格，既有人格，就要有配偶，才能生万物。既有配偶，那上帝就不是独一无二的。如无配偶便能生万物，那上帝就同最低级的单细胞生物没有什么差别。①

四　以社会主义核心价值观把握科学 无神论宣传教育的定位

第一，在中国共产党内、共青团内、国民教育体系、文化宣传领域，应该鲜明地提出无神论宣传教育，抵御各种有神论的侵蚀。

---

① 参阅了王友三教授有关中国无神论思想的相关著述。

中国共产党作为一个有八千多万党员的、全世界最大的工人阶级执政党，它的一举一动，会产生不可估量的社会影响。加强党的思想理论建设的一项重要任务，就是要进一步在党内开展马克思主义的科学世界观，即辩证唯物主义、历史唯物主义和无神论的教育。这对于巩固马克思主义在思想文化领域中的指导地位，保持党的先进性和世界观上的纯洁性，进而提高全民族的思想道德素质和科学文化素质，打牢全党全国人民团结奋斗的共同思想基础，推动社会主义物质文明、政治文明和精神文明的协调发展，具有十分重要的意义。对于共产党人来说，树立马克思主义的科学世界观，这是起码的条件之一。但也需要指出，在当前国内外错综复杂的社会环境中，也有不少共产党员并没有真正解决好自己的世界观问题，有神论、迷信思想对不少共产党员影响很深，一些共产党员信仰了宗教，参加宗教活动，甚至迷信活动和邪教活动。一些腐败分子也企图到有神论中获取救命稻草。共产党员特别是领导干部坚持唯物论无神论还是有神论，面对事情时是"问苍生"还是"问鬼神"，这是一个重大原则问题，已经引起以习近平为总书记的党中央的高度重视，需要认真加以解决。

共青团是共产党的后备军，担负着培养青少年的重要任务，因此共青团员也不应该信仰宗教、参加宗教活动。

我国的国民教育是非宗教的世俗教育。中华人民共和国教育法规定，国家坚持以马克思列宁主义、毛泽东思想和建设有中国特色社会主义理论为指导，遵循宪法确定的基本原则，发展社会主义的教育事业。教育活动必须符合国家和社会公共利益。国家实行教育与宗教相分离。任何组织和个人不得利用宗教进行妨碍国家教育制度的活动。在各类国民教育学校，开展社会主义核心价值观的教育实践活动的重要任务就是教育学生树立科学的世界观和人生观。唯物论无神论的内容理所当然应该进入有关的教学内容之中。

文化宣传领域承担着以社会主义核心价值观引领社会思潮的重要任务，要坚持以理想信念为核心，抓住世界观、人生观、价值观这个总开关，在全社会牢固树立中国特色社会主义共同理想，着力铸牢人们的精神支柱。科学无神论宣传教育应在其中占有一定地位。

第二，在揭批邪教、迷信活动和伪科学斗争中，应继续充分发挥科学无神论宣传教育的作用。在当今中国社会，邪教、迷信活动和伪科学依然是社会的公害。它们扰乱社会治安，破坏社会安定团结，严重危害人民身心健康。揭批它们的歪理邪说，科学无神论可充分发挥积极作用。

第三，科学无神论宣传教育不能违背宗教信仰自由政策。对于公民的正常的宗教信仰和宗教活动，必须加以尊重，不应以无神论的宣传教育加以干预，以免伤害他们的宗教感情。但可按照有关政策，在全社会开展有关自然现象、社会进化和人的生老病死、吉凶祸福的科学文化知识的广泛宣传，这实际上也是科学无神论宣传教育的组成部分。

参考文献：

1. 中共中央宣传部：《习近平总书记系列重要讲话读本》，学习出版社、人民出版社 2014 年版。
2. 王友三：《中国无神论史纲》，上海人民出版社 1982 年版。
3. 龚学增：《马克思主义无神论教育学习问答》，中共中央党校出版社 2004 年版。

论科学无神论在社会主义
核心价值体系中的位置

窦　楠　李士菊

社会主义核心价值体系是一个有多层次性原则，构建层次多样和内涵丰富的有机整体。

《中共中央关于构建社会主义和谐社会若干重大问题的决议》第一次提出了建设社会主义核心价值体系的历史任务，并把社会主义核心价值的内涵提炼为四个方面：马克思主义的指导思想、中国特色社会主义共同理想、以爱国主义为核心的民族精神和以改革创新为核心的时代精神、社会主义荣辱观。党的十七大报告进一步强调了建设社会主义核心价值体系的战略地位和作用。提出："社会主义的核心价值体系是社会主义意识的本质体现，要巩固马克思主义的指导地位，坚持不懈地用马克思主义中国化最新成果武装全党、教育人民，用中国特色社会主义共同理想凝聚力量，用以爱国主义为核心的民族精神和以改革创新为核心的时代精神鼓舞斗志，用社会主义荣辱观引领风尚，巩固全党全国各族人民团结奋斗的共同思想基础。"在社会主义核心价值体系中，马克思主义的指导思想是这个体系的灵魂，中国特色社会主义共同理想是核心价值体系的主题，以爱国主义为核心的民族精神和以改革创新为核心的时代精神是社会主义核心价值体系的精髓，社会主义荣辱观是社会主义价值体系的基础。党的十八大提出，要大力加强社会主义核心价值体系建设，"倡导富强、民主、文明、和谐，倡导自由、平等、公正、法治，倡导爱国、敬业、诚信、友善，积极培育和践行社会主义核心价值观"。核心价值观是社会主义主流意识形态的本质体现，是国家文化软实力的最重要内容，它深刻影响着人们的思想观念和精神状态。科学无神论作为马克思主义的重要组成部分，在社会主义核心价值体系中占有十分重要的地位。

一 科学无神论是社会主义核心价值 体系中的指导思想

社会主义核心价值体系的指导思想是马克思主义，而马克思主义的科学无神论是马克思主义的有机组成部分，它处在指导思想的位置。马克思主义是我们立党立国的根本指导思想，马克思主义为我们提供了正确的世界观、方法论，提供了认识世界和改造世界的强大思想武器。坚持马克思主义的指导地位，关键在于搞清什么是马克思主义（包括科学无神论）、怎样对待马克思主义的问题。因此，如何认识和对待马克思主义，无论是革命、建设还是改革，都是第一位的问题，核心问题。

众所周知，马克思主义是一个科学的思想体系，它由几个部分组成，过去讲马克思主义的三个组成部分（马克思主义哲学、政治经济学、科学社会主义），后来又增加了许多部分（如马克思主义的历史学、社会学、政治学、逻辑学、美学、宗教学、伦理学以及自然科学和军事理论等）。当然，对马克思主义还可以从多个角度来认识和解读，但无论怎样理解，马克思主义都是一个理论体系，有机的整体，而整体中的每个部分都不能被分割、被忽略，更不能被肢解。科学无神论就是马克思主义宗教观的核心，是关于认识宗教问题和宗教现象的立场、观点和方法。对宗教问题的认识只有以此为指导，才能为党和国家制定正确的宗教政策提供坚实的理论基础；只有以此为指导，才能更好地贯彻执行党的宗教理论和宗教信仰自由的政策；也只有以此为指导，才能在坚持和保障社会主义方向的基础上，清醒认识和充分发挥宗教界人士和广大信教群众的爱国热情和在建设社会主义、促进经济社会发展中的作用。

科学无神论属于马克思主义哲学世界观的范畴，是马克思主义的理论基础，对整个社会主义核心价值体系的建设具有统摄和引领作用。

二 无神论是马克思主义的理论前提和逻辑起点

在社会主义核心价值体系中，马克思主义的指导思想是这个体系中的灵魂，而马克思主义理论的前提就是无神论，不承认这一点，就谈不上马克思主义。

　　"对宗教的批判是其他一切批判的前提"，这是马克思主义创立初期马克思在《黑格尔法哲学批判》中的一句名言，这句名言既道出了无神论在马克思主义理论中处于起点位置，也说明了宗教批判并不是马克思主义的主要任务。如前所述，在历史上，宗教批判应当是资产阶级革命要完成的任务，而无产阶级革命的理论起点则是在"对宗教的批判已经基本结束"的前提下开始的。这里的"前提"是指，无产阶级革命是承接了资产阶级革命中对宗教批判的成果——无神论，但又是对这一成果的批判和超越。资产阶级革命在思想战线上的首要任务，就是反对中世纪宗教神学的绝对统治，而无神论就是资产阶级革命的一把利器，不如此，就不能推翻封建专制制度强大的精神支柱——宗教神学。经过几个世纪的批判，资产阶级取得了政治上的胜利，但并没有彻底战胜宗教，所以，在马克思主义理论体系中，虽然对宗教的批判仍然是马克思主义科学无神论的着力点，但它并不占主要的地位。当然这并不是说，无神论不是马克思主义理论中重要的思想，作为"前提"的无神，是马克思主义大厦的基石，忽视它，否定它，整个大厦就有颠覆的危险。"前提"是决定整体的一个原则和方向。田心铭先生提出了在宗教理论和无神论领域中区分马克思主义与非马克思主义、假马克思主义的标准和方法，他说："坚持'无神'思想，未必是马克思主义；不坚持'无神'思想，肯定不是马克思主义；抛弃'无神'思想而自称马克思主义，是假马克思主义；坚持而又超越'无神'思想，才是马克思主义。"[1] 只有马克思主义的科学无神论，才是唯一科学的宗教观。只有坚持无神论这个前提，才能谈得上坚持马克思主义。所以，在社会主义核心价值体系的构建中，对作为其指导思想的马克思主义，也需要从宗教观的角度进行认识、领会和研究。

　　同时，无神论是马克思主义理论体系中的逻辑起点。虽然在马克思和恩格斯的著作中对宗教的批判并不多，但对宗教批判的理论成果无神论却是马克思主义世界观中一切理论的逻辑起点。[2] 在理论体系的构建中，如果不排除神、造物主和一切超自然的神秘力量，就不可能客观地认识世界，也不可能有任何科学真理，更不可能与唯心主义划清界限。这既是一个前提，也是一个基础，更是一个原则，没有"无神"这个前提，就没有

---

① 田心铭：《"无神"是马克思主义一切理论的前提》，《科学与无神论》2013 年第 5 期。
② 参见田心铭《"无神"是马克思主义一切理论的前提》，《科学与无神论》2013 年第 5 期。

马克思主义。所以，从理论结构上说，无神论处于马克思主义理论大厦的底层位置，既是前提又是基石。这一点并不是重复无神论的陈词滥调，而是第一次对无神论采取了严肃的态度，把无神论的宗教观运用到一切知识领域中去了。不能因为资产阶级拥有过无神论而抛弃它，也不能因为我党在处理宗教问题时走过弯路而归罪于无神论，更不能因为有自然科学家信仰宗教而否定无神论，甚至把它妖魔化，否则就等于抛弃了马克思主义的立场和世界观。

三　科学无神论是宗教领域中社会主义主流价值观

马克思主义科学无神论的价值，是社会主义核心价值体系在宗教领域中的表现，它应以特有的方式在社会主义建设中增强自身的吸引力和凝聚力。

价值和价值观是有阶级性的。社会主义核心价值体系以最广大人民群众的根本利益为价值取向，以实现各阶层人民群众的根本利益为出发点和落脚点。无神论的价值观是社会主义核心价值观在宗教领域中的运用，其主体自然是人民群众，包括广大宗教信众。以人为本是科学发展观的核心，也是构建社会主义核心价值体系的核心。代表人民群众的根本利益，促进人的全面发展，是构建社会主义核心价值体系的主线，也是贯穿科学无神论思想的主线。处理宗教问题，必须以保护最广大人民群众的根本利益为出发点，正如习近平主席最近指出的：处理宗教问题的基本原则，就是保护合法、制止非法、遏止极端、抵御渗透、打击犯罪。依法保障信教群众正常宗教需求，尊重信教群众的习俗，稳步拓宽信教群众正确掌握宗教常识的合法渠道。

无神论必须发挥主流价值观的文化意蕴，体现社会所倡导的道德规范。改革开放以后，人们的物质生活水平有很大提高，精神面貌有很大改善，但面对市场经济给社会生活带来的巨大冲击和变化，以及西方各种社会思潮包括宗教思潮的迅速涌入，造成了人们的利益多元化，价值观念多元化，特别是在价值观的评价标准上充满了变数和矛盾。于是，享乐主义、拜金主义泛滥，腐朽的生活方式和骄奢淫逸的鄙俗价值标准开始濡染着大众的心灵。一些邪教组织乘虚而入，一些地方迷信之风盛行，使人们的人生观、价值观出现了不同程度的迷失和扭曲。社会主义核心价值体系的确立和建设，为人们判断是非曲直、确定价值取向提供了基本准则。科学无神论是宗教领域中的价值风向标，因此，科学无神论在引导宗教与社会主义社会相适应的同时，还要着力帮助人们树立与社会主义核心价值观相匹配的价值取向和思想观念，引导人们用正确的观点和立场观察宗教现象和处理宗教问题。用包容的态度看待和处理宗教问题，避免思想认识上的极端性和片面性，使信教和不信教的群众都能合理、合法地表达其利益诉求，以构筑和谐的政教关系和社会秩序。

无神论要为构筑中国特色社会主义的共同理想和信念承担社会责任。胡锦涛同志在党的十七大报告中指出，在新的历史时期，由于"人们思想活动的独立性、选择性、多变性、差异性明显增强，对社会主义先进文化提出了更高的要求"。而构筑全社会共同的理想信念，就成为社会主义先进文化建设的首要任务。因为社会共同理想是整个政治努力的目标，人们对社会理想的认同度，决定着一个社会发展的方向，也决定着社会发展的步伐是否和谐稳健。经过改革开放的伟大实践，中国特色社会主义在各个方面都取得了伟大成就，为中国特色社会主义共同理想奠定了坚实的基础。但是，也应该看到，构筑这一理想信念也面临着严峻的挑战：国际上否定社会主义的思潮泛滥；西方敌对势力企图用宗教信仰取代社会主义的政治信念和主流意识形态，通过"文化入侵"和"意识形态分化"实现"和平演变"的战略图谋。在国内，改革开放过程中出现的各种矛盾交织在一起，错综复杂，某些政策环节上的错位或缺失给一些不法分子留下了空子和可乘之机，成为社会发展的不稳定因素。所以，科学无神论要坚持用马克思主义的立场、观点和方法教育群众，用马克思主义中国化的最新成果教育广大人民群众，不断增强对中国共产党的领导和社会主义制度的信念和信心。同时，科学无神论也要加强自身的理论研究和建设，努力体现时代性，增强理论的说服力、感召力和创造力，并能有效地担负起对形形色色的、与各种宗教相关的社会思潮的统摄、规范和引导作用，在尊重差异、包容多样的前提下，旗帜鲜明地批判有害的错误思潮，如愚昧迷信思潮、伪科学思潮、殖民文化思潮、民族分裂思潮、历史虚无主义思潮、拜金主义思潮、利己主义思潮等，有效地发挥对错误思潮的批判和对宗教的引领功能。

社会主义核心价值观与科学无神论

徐　麟

摘　要　旧中国社会的核心价值观可以概括为"追求富强、公正、文明、和谐，否定自由、民主、平等、法治，倡导爱国、敬业、诚信、友善"，社会主义核心价值观对它有所弃取。相对于西方世界长期的政教合一社会状态，中国的天人合一社会容纳了更多的无神论因素。坚持无神论是党的优秀传统。在全面开创社会主义现代化建设的新局面，实现中华民族伟大复兴的中国梦的今天，应该把对科学无神论的宣传和教育落实在社会主义核心价值观的建设中。

关键词　社会主义核心价值观　科学无神论　宣传　教育

一　社会主义核心价值观的由来

从世界文明的兴衰历史来看，由中华民族构成的东亚族群联合是唯一延续了五千年古文明并且又在向现代文明高级形态发展的社会，进入 21 世纪以来，更显示出全面复兴的征兆。这个文明可以被称作"华夏文明"，它是把儒、释、道三种东方文化传统熔铸在一起的结果，既有欣欣向荣的生命力，又有强大的同化整合力。始终受皇权约束的儒、释、道三家一致认同以天下统一为前提的"三纲"（"君为臣纲、父为子纲、夫为妻纲"①）、"五常"（有三说：（1）"即五典，谓父义、母慈、兄友、弟恭、子孝"②；（2）即古人所谓君臣、父子、兄弟、夫妇、朋友五种人伦关系，

---

① 《礼纬·含文嘉》。
② 《尚书·泰誓下》。

简称"五伦"①；（3）即"仁、义、礼、智、信五常之道"②。第三说最有分量）和"大同"（涵盖了"天下为公""讲信修睦""老有所终，壮有所用，幼有所长""谋闭而不兴，盗窃乱贼而不作""外户而不闭"等理想状态）。"三纲"意味着现代意义上的专制、不平等、无自由和人治，但其中所包含的"忠君"即现代意义上的"爱国"③ 有它的可取之处，"五常"则包含了现代意义上的和谐、友善、公正和诚信，"大同"进一步要求全体社会成员以自己现代意义上的爱国④和敬业达成全社会的富强和文明。由这三者构成了中国长期大一统皇权社会牢不可破的核心价值观。弥漫于全社会的"天人合一"世界观和人生观为这个核心价值观提供了坚强的支撑。存在决定意识。孕育了华夏文明的中原是华夏的中心，其四周都是难以逾越的高山荒原和大海，在这个中心地带，温暖的气候和充足的水源保证了农业生产的顺畅和建立在这个基础上的社会的基本稳定。正是这种特殊的自然地理环境造就了人口的兴旺，而恰当调节人际关系则成了我们的祖先维持社会和谐的重点。中华民族十分厚重的独特的伦理道德体系就是这样逐渐形成的。两千年来，中国大部分时间都处在统一的中央集权的社会状态。特别是元朝以来，无论外敌如何入侵，甚至在前两个世纪帝国主义诸国一再企图瓜分中国，使中国人亡国灭种，也没能撼动中国一直维持的"大一统"局面。中国社会上层建筑的这个特点是古往今来世界上任何国家都无法比拟的。从马克思主义的立场和观点出发加以综合考虑，我们可以把极少数人剥削压迫绝大多数人的旧中国社会的核心价值观概括为"追求富强、公正、文明、和谐，否定自由、民主、平等、法治，倡导爱国、敬业、诚信、友善"。这里绝没有美化封建地主阶级和官僚资产阶级统治权的意味。历史上每一个时代主导全社会的精神都是统治阶级的精神，其中被我们称作"优秀传统文化"精华和倡行"人吃人"的糟粕混杂在一起。应该承认，同中共相比，旧中国历代统治者在"追求富强、公正、文明、和谐""倡导爱国、敬业、诚信、友善"方面不遑多让。而由其脱离人民的阶级本性所决定的否定大多数人的"自由""民主"和"平

---

① 《孟子·滕文公上》："使契为司徒，教以人伦：父子有亲，君臣有义，夫妇有别，长幼有序，朋友有信。"

② 《春秋繁露·贤良对策》。

③ 拥护政府。

④ 眷恋故乡。

等"，同时在实质上否定"法治"，使他们尽管能够在人民群众还不觉悟的时候维持统治，一旦人民群众觉醒，他们就只有垮台一途。

从清朝中叶开始，随着西方文化先是和平友好地渗透，后是暴力强制地侵入，挑战专制和人治的自由、民主、平等、法治思想逐渐在中国上层社会得到传播，马克思主义作为后起之秀为源于资本主义生产方式的自由、民主、平等、法治思想做了新的阐释，巴黎公社、俄国十月革命和数十个国家的共产党人所领导的推翻旧政权建立新政权的胜利斗争赋予它们以"人民当家作主"的实践意义。在中国，国民党和共产党都曾为争取整个国家实现自由、民主、平等、法治做过充分的努力，但由于两党都坚持中央集权即现代意义上的"专制"，就都在某个时段某种程度上主动放弃了"自由、民主、平等、法治"的话语权。就中共而言，由于在执政之后仍然"以阶级斗争为纲"，其理论必然导致以"人治"方式而非"法治"方式剥夺一部分国民的"自由、民主、平等"权利的实践后果，在经历了严重摧残人权的十年"文革"之后，中共中央果断宣布放弃"以阶级斗争为纲"，才重新把"自由、民主、平等、法治"的话语权握在自己手里，使它们成为全党重新认识社会主义的重要窗口。

2002 年，党的十六大提出："要在本世纪头 20 年，集中力量，全面建设惠及十几亿人口的更高水平的小康社会，使经济更加发展、民主更加健全、科教更加进步、文化更加繁荣、社会更加和谐、人民生活更加殷实。"2004 年 9 月，十六届四中全会要求全党"不断提高构建社会主义和谐社会的能力"。2006 年 10 月，党的十六届六中全会 85 年来第一次把构建社会主义和谐社会的题中应有之义——"建设社会主义核心价值体系"作为全党面临的重大命题和战略任务。2007 年 10 月，党的十七大进一步指出："社会主义核心价值体系是社会主义意识形态的本质体现。"2011 年 10 月，党的十七届六中全会强调，提炼和概括出简明扼要、便于传播践行的社会主义核心价值观，对于建设社会主义核心价值体系具有重要意义。2012 年 11 月，党的十八大报告提出，要大力加强社会主义核心价值体系建设，"倡导富强、民主、文明、和谐，倡导自由、平等、公正、法治，倡导爱国、敬业、诚信、友善，积极培育和践行社会主义核心价值观"。2013 年 12 月，中共中央办公厅印发《关于培育和践行社会主义核心价值观的意见》，肯定以"三个倡导"为基本内容的社会主义核心价值观与中国特色社会主义发展要求相契合，与中华优秀传统文化和人类文明优秀成果相承接，是我们党凝聚全党全社会价值共识作出的重要论断。

在 2014 年 9 月 12 日至 13 日举行的培育和践行社会主义核心价值观工作经验交流会上，中共中央政治局常委、中央书记处书记刘云山指出，价值观自信是保持民族精神独立性的重要支撑，自信才有执着的坚守和自觉的践行。我们的价值观自信来自马克思主义的正确指引，来自中华优秀传统文化的丰厚滋养，来自中国特色社会主义的成功实践，来自对人类文明优秀成果的吸收借鉴。五千年厚重历史文化是我们民族的根和魂，要坚持不忘本、固本培元，深入阐发中华文化的历史渊源、独特创造和思想精髓，大力弘扬党带领人民创造的革命文化和革命传统，更好地用优秀历史文化涵养社会主义核心价值观。他还指出，推进核心价值观建设，贵在增强自觉、重在落地生根、难在持久深入。要把核心价值观贯穿到国民教育、精神文明建设、党的建设之中，融入到经济社会发展实践之中，渗透到人们日常生产生活之中，打牢培育核心价值观的社会基础。要在落细、落小、落实上下功夫，坚持接地气、贴民心，坚持常态化、长期抓，以积土成山的精神推动核心价值观建设。各级党委要切实负起责任，各条战线要积极行动起来，特别是领导干部、公众人物要增强弘扬正气的责任担当，推动形成核心价值观建设的强大合力。

中共中央政治局委员、中宣部部长刘奇葆在总结讲话时强调培育和践行社会主义核心价值观一要在工作内容、领域、载体上抓好贯穿结合融入，把优良家风、校训、企业精神和乡贤文化的培育传承抓起来，连同相关法制的建设全方位进行宣传教育；二要在工作对象上抓好贯穿结合融入，着力抓好党员干部、公众人物、青少年、先进模范等重点人群。[1] 在笔者看来，清朝曾经通行的利用民间贸易集会宣讲皇帝圣谕的做法值得借鉴，毕竟改革开放以来由基层党组织召集的群众性学习活动已经很少见了。

二　科学无神论的源流和改革开放以来党中央对它的重视

关于科学无神论，任继愈先生有如下经典论述：

---

[1] 《培育和践行社会主义核心价值观工作经验交流会在京召开刘云山出席并讲话》，新华网，2014 年 9 月 13 日。

　　恩格斯曾把18世纪法国那种彻底的无神论思潮称为"法兰西精神的最高成就"，因为它把一个非常朴素、非常简单，也非常伟大的真理昭示给人们：过去数千年间一直被认为是全知全能的神，原来并不存在，也没有什么救世主。要认识世界以获得行动的自由，要摆脱苦难去争取自己的幸福，只有依靠自己。这个朴素而简单的真理是在近代科学发展的基础上产生的，所以我们称其为科学无神论。

　　科学无神论告诉人们，主宰个人吉凶祸福、国家前途命运的，不是神，也没有神。这是诞生近代意义的国家的重要基础。国家元首不再需要神的加冕，而是要由选举产生。从这个意义上说，科学无神论乃是近代国家立国的思想基础。

　　马克思主义把科学无神论提高到新的水平，更加深刻地说明了有神论产生的根源和条件，指明了共产党人应该如何对待有神论信仰者的基本原则。遵照马克思主义的基本原则，中国共产党人一面真诚地尊重宗教信仰者的信仰，在革命、建设和改革中与宗教组织结成广泛的统一战线，共同为民族解放、国家富强、人民幸福而英勇斗争；一面广泛而深入地向广大人民群众宣传科学无神论，唤起千百万人民群众自己起来解放自己，创造自己的美好未来。这种广泛深入的宣传教育工作，是革命、建设和改革取得成功的重要思想条件，也是纯洁民族精神，提高公民素质，促进人的全面发展的重要思想条件。[1]

无神论一词源于古希腊，最初指的是世界西方对以有神论为前提的宗教所持的否定态度，但在那里把自己称作"无神论者"的人直到18世纪才出现。相对于西方世界长期的政教合一社会状态，中国的天人合一社会容纳了更多的无神论因素。儒道两家的主要代表人物孔子和老子，在他们成体系的思想学说中都有无神论或神不可知论，就连承认"天堂"（西方极乐世界）、"地狱"都存在的佛教，也以"无神"作为自己的标榜。

无神论根植于人的劳动和实践，是人类文明和思考的产物，是辩证唯物主义、历史唯物主义思想的世界观基础，是科学社会主义、共产主义信

念的逻辑前提，是中国共产党人的精神底色。尽管在马克思主义里面没有独立的无神论学说体系，但它的全部认识论基础就是无神论的世界观。中国共产党坚持这个世界观，领导全国人民取得了新民主主义革命和社会主义革命的伟大胜利，在长期的中国特色社会主义建设中仍然坚持着这个世界观。从 1978 年底到 1987 年，党的"社会主义初级阶段"理论萌芽。中发〔1982〕19 号文件《关于我国社会主义时期宗教问题的基本观点和基本政策》把新中国成立以来党坚持无神论世界观的历史经验概括为"用马克思主义哲学批判唯心论（包括有神论），向人民群众特别是广大青少年进行辩证唯物论和历史唯物论的科学世界观（包括无神论）的教育"。1999 年 7—8 月，中央发出《关于在党员、干部中深入开展马克思主义唯物论和无神论教育的通知》，《马克思、恩格斯、列宁、斯大林、毛泽东、邓小平、江泽民论唯物论和无神论》（中央文献出版社）等一系列辅导材料先后问世。2004 年 5 月，中共中央宣传部发布《关于进一步加强马克思主义无神论研究和宣传教育工作的通知》，强调切实抓好共产党员领导干部的无神论教育。针对大批党内外知识分子特别是在读高等学校学生正式皈依宗教特别是基督新教的现象，中央连续发布文件要求高教系统坚决抵制宗教渗透，在校园里确立马克思主义无神论的主导地位。2010 年中国社会科学院科学与无神论研究中心和该院马克思主义研究院下属的马克思主义无神论研究室同时设立。党的十八大以来，习近平总书记的一系列重要讲话突出了马克思主义意识形态包括其中的无神论因素对于党的指导作用，对党员干部队伍受有神论腐蚀表示深恶痛绝。笔者把党的这个优秀传统概括为：

1. 党在自己的群众工作中一贯坚持马克思主义无神论世界观；

2. 党历来把中高级干部当作马克思主义无神论教育的重点对象；

3. 党历来重视知识分子群体的世界观倾向，要求他们摆脱唯心论（包括有神论）的束缚，特别强调用马克思主义无神论教育占领高等院校的意识形态阵地；

4. 党历来强调自己的党员在世界观上必须坚持无神论，向周围群众宣传马克思主义无神论是党员应尽的义务。

在全面开创社会主义现代化建设的新局面、实现中华民族伟大复兴的中国梦的今天，这个优秀传统应该发扬光大。

三 把对科学无神论的宣传和教育落实在
社会主义核心价值观的建设中

2004 年，在中宣部《关于进一步加强马克思主义无神论研究和宣传教育工作的通知》发布之后，任继愈先生强调："在共产党的宣传教育工作中，要把马克思主义的宣传教育和科学无神论的宣传教育结合起来。""要用各种生动的形式，向群众普及无神论的知识和原理。这样的宣传教育，对于一般群众是必要的，对于共青团员、共产党员和党、团的领导干部更是必要的。"① 正是从那年开始，"建设社会主义核心价值体系"被正式提上党中央的议事日程。尽管 24 字社会主义核心价值观没有挑明无神论世界观而为广大宗教信徒和其他有神论者排除了培育和践行它的障碍，但我们比照宪法②就可以看出，社会主义核心价值观的世界观基础绝对是无神论，严谨地说是科学无神论；建设社会主义核心价值观则是马克思主义宣传教育的重点内容和预设结果。《宪法》第二十四条要求"国家通过普及理想教育、道德教育、文化教育、纪律和法制教育，通过在城乡不同范围的群众中制定和执行各种守则、公约，加强社会主义精神文明的建设"，推进社会主义核心价值观的建设和科学无神论的宣传教育正是它的题中应有之义。中央的最新部署是"各级党委要切实负起责任，各条战线要积极行动起来，特别是领导干部、公众人物要增强弘扬正气的责任担当，推动形成核心价值观建设的强大合力"，尽管过去关于科学无神论的宣传教育也有类似的指示，但在新形势下，以社会主义核心价值观的建设带动科学无神论的宣传教育，或以科学无神论的宣传教育推进社会主义核心价值观的建设，应该是更切合实际的提法。就此而言，在日常的工作和实践中，我们作为马克思主义者和无神论者是责无旁贷的。

---

① 任继愈：《科学无神论给人真理和智慧》，《人民日报》2004 年 7 月 8 日第 9 版。

② 《宪法》第二十四条："国家提倡爱祖国、爱人民、爱劳动、爱科学、爱社会主义的公德，在人民中进行爱国主义、集体主义和国际主义、共产主义的教育，进行辩证唯物主义和历史唯物主义的教育，反对资本主义的、封建主义的和其他的腐朽思想。"

科学无神论与社会主义文化建设

杨俊峰

摘　要　科学无神论的宣传教育对于当前的社会主义文化建设而言具有独特而不可替代的意义。首先，科学无神论作为马克思主义世界观的出发点和基石，在加强社会主义核心价值体系建设中具有重要作用。其次，科学无神论在公民道德建设中的地位不容忽视。最后，无神论是中国传统文化的重要倾向，我们今天要弘扬传统文化，就必须重视其无神论倾向性。

关键词　科学无神论　社会主义核心价值观　道德建设　传统文化

科学无神论思想是人类社会文明与思考的结晶，也是推动文化与科学不断发展的重要力量。党的十七届六中全会作出了推动社会主义文化大发展大繁荣的重要决议，十八大提出要兴起社会主义文化建设新高潮，发挥文化引领风尚、教育人民、服务社会、推动发展的作用。文化建设问题在社会主义现代化建设中的地位和作用日益凸显，而科学无神论的宣传教育对当前的社会主义文化建设而言具有独特而不可替代的意义，值得深入研究。

进入 21 世纪以来，各类文化思潮风起云涌，"国学热""宗教热"等令人目不暇接。这既反映了人民的精神文化需要随着物质生活水平的提高在不断增长，同时文化热中的各种思潮也良莠不齐，鱼龙混杂，令人心忧。在占卜、巫术等迷信现象改头换面，打着"文化"的幌子死灰复燃之际，科学无神论思想在社会上却并未受到应有的重视，其宣传与教育反而有日益退出思想文化舞台的趋势。各类宗教有神论思潮假借提升道德、重建信仰的理由，不断加强和扩大传播的力度与范围，信教者的人数在近年来急剧攀升。与之相反，作为人类理性智慧结晶的科学无神论思想，却被认为无法解决终极关怀问题，难以为道德与信仰提供合理的根基，因而被很多人冷落和鄙弃。在学术界，宗教有神论思潮更是以"文化神学"为名堂而皇之地登堂入室，大有侵占学术机构乃至大学讲坛之势。在这种情况下，从学术研究层面探讨科学无神论的文化意义与理想价值，辨析其与各类迷信及有神论思潮的优劣得失，重新确立其在文化发展中的地位与现实生活中的作用，便显得尤为迫切，亟待进行。

一　科学无神论是社会主义核心价值体系的思想前提

党的十八大提出，要大力加强社会主义核心价值体系建设，"倡导富强、民主、文明、和谐，倡导自由、平等、公正、法治，倡导爱国、敬业、诚信、友善，积极培育和践行社会主义核心价值观"。这十二个词是社会主义核心价值体系的内核，体现社会主义核心价值体系的根本性质和基本特征，反映社会主义核心价值体系的丰富内涵和实践要求，是社会主义核心价值体系的高度凝练和集中表达。习近平同志指出，要把培育和弘扬社会主义核心价值观作为凝魂聚气、强基固本的基础工程。培育和弘扬核心价值观，有效整合社会意识，是社会系统得以正常运转、社会秩序得以有效维护的重要途径，也是国家治理体系和治理能力的重要方面。科学无神论作为马克思主义世界观的出发点和基石，在加强社会主义核心价值体系建设中具有重要作用。在培育和弘扬社会主义核心价值观的实践中，加强科学无神论的宣传教育工作是非常必要的。

首先，科学无神论是社会主义核心价值观的哲学基础。众所周知，我们的社会主义社会产生于中国共产党人领导全国人民进行革命和建设、不断改造社会现实的实践，而共产党人之所以能够完成这种历史使命，是因为注重现实实践，而不寄希望于鬼神与救世主的无神论世界观。我们今天要培育和弘扬社会主义核心价值观，首先就必须让人们树立科学意识与实践意识。只有在现实工作中努力奋斗、真抓实干，不断改造和完善社会现实，才能让我们的国家富强、民主、文明、和谐，让我们的社会自由、平等、公正、法治，让我们的人民爱国、敬业、诚信、友善。从这个意义上说，社会主义核心价值观必然要建立在无神论世界观的基础之上。如果沉迷于对天堂与来世的幻想，寄希望于鬼神的拯救，培育和弘扬社会主义核心价值观也就根本无从谈起。

其次，科学无神论的宣传教育有助于推动社会主义核心价值观的弘扬。总的来说，作为社会主义核心价值观的思想基础，科学无神论的宣传与教育有助于培育健康文明的社会风尚，塑造积极向上的精神风貌，推动人们不断加深对社会主义核心价值体系的认同感，从而使其逐渐深入社会生活的方方面面，真正发挥移风易俗的重要社会作用。

在社会主义核心价值体系的十二词中，科学无神论与文明、自由的关系尤为密切。文明指社会发展到较高阶段表现出来的状态，包括物质文明与精神文明。在文明的诸要素中，科学技术占有突出地位，是推动整个社会文明发展的基础性力量，而科学无神论与现代科学之间又具有天然的联系。从历史上看，科学无神论既是近现代科学发展的重要成果，同时又极大地促进了科学技术与人类思想的发展进步。当人们不再满足于上帝的安排与支配，转而以自身的知识与能力去探求客观世界的规律之时，科学便从宗教的束缚之下解脱出来，获得长足的发展。现代科学产生于无神论思潮的兴起。如果没有以人文主义为根本特色的文艺复兴运动，人类仍将处于中世纪黑暗的宗教愚昧之中，根本不可能产生近现代自然科学；如果没有包括自然神论与泛神论在内的近代无神论思潮兴起，自然科学与社会科学也不可能在欧洲获得突飞猛进的发展。科学无神论使人们摆脱了各种宗教的禁忌与束缚，大胆地探求自然与社会的客观规律，这是科学技术发展的思想前提。可以说，科学无神论的宣传和教育，是形成崇尚科学文明的社会风气的必要条件。

科学无神论同样是实现人类自由的前提与保障。从宏观意义上说，科学无神论对现代科学发展的促进，极大地提高了人类改造自然与社会的能力，推动了人类自由发展的进程。从个人意义上说，自由意味着在不损害别人自由的前提下，自主地决定和支配自身的行为方式与所有物。这种意义上的自由是近现代社会发展的产物，与科学无神论密不可分。只有在摆脱了对神灵的敬畏与崇拜的情况下，人才能意识到自身的尊严、价值与权利，才能真正产生争取自由的观念。现代国家一般都奉行政教分离的理念，将宗教信仰看作个人的私事，强调保护宗教信仰自由。这也是科学无神论精神的推动与促进的结果。只有在科学无神论的基础上，才能摆脱宗教神权的束缚，平等地看待一切宗教，从而允许人们自由地选择信仰宗教或不信仰宗教，信仰这种宗教还是信仰那种宗教。

二 科学无神论在公民道德建设中具有重要意义

近年来，随着社会的加速转型，各类社会问题层出不穷，特别是道德意识的堕落导致的唯利是图之风，严重干扰了正常的社会秩序。从毒奶粉、地沟油，到假药假酒，再到豆腐渣工程、贪官巨蠹，种种无良事件都对每一个社会成员的日常生活构成了直接威胁。"道德血液"的贫乏，显示了精神信念的缺失。针对当前社会诚信缺失、道德水平缺失的问题，很多人鼓吹用宗教道德进行填充与弥补，这是一种饮鸩止渴的做法。只有加强科学无神论的宣传与教育，在科学无神论的基础之上，才能真正提高社会道德水平。

尽管宗教有神论通过神灵信仰、鬼神威吓能够在某种程度上规范和约束人们的行为，但宗教道德并不等同于世俗道德，宗教宣扬的善也并不一定符合世俗社会标准。众所周知，宗教道德首先面对的是人神关系，以对神的崇拜与服从的形式出现。日常的人与人之间关系的处理，始终服从于神灵信仰的需要。当神灵信仰的要求与世俗行为规范一致时，宗教的确可以强化对行为规范的自觉，从而似乎起到了促进道德水平的作用。但宗教行为规范必然以神灵信仰为前提与基础，与世俗道德从来就不完全一致，并且会凌驾和超越于世俗道德之上，肆无忌惮地违背和破坏世俗道德标准。特别是在排他性较强的一神教中，对于不同宗教与信仰者甚至会采取非常极端的灭绝行为。历史上宗教冲突的血腥与残酷为我们提供了极为显著的例证，甚至在现代世界，不同宗教间的冲突仍不鲜见。如果单纯从特定宗教的角度出发，某些极端行为可能并不违背其教义，甚至是受到鼓励和赞扬的。可以说，宗教起到控制人们行为的作用，但这种控制却并不总是积极的和正面的。看不到宗教对世俗道德的破坏作用，只强调宗教道德的优越性，无疑非常片面与盲目。

同时，宗教道德基于信仰甚至迷信，并不是一种理性的道德意识，缺乏科学理性的判断与调节，容易导致极端与愚昧。宗教道德往往是一种较为低级的他律道德。信教者对某些道德行为规范的遵守和践行，一般出于对神灵的敬畏和对彼岸世界的希冀，而并非真正产生于本心的自主选择与权衡。从义务论的角度看，他律道德由于并不是真正意义上的主体自愿，甚至不能被称为道德行为。因为宗教道德的出发点与依据都是非理性的神灵信仰，在面对现实世界纷繁复杂的社会状况时往往并不能审时度势地作出权衡、抉择与取舍，从而陷入僵化和极端。例如，基督教所宣扬的羔羊式的"爱"与"忍让"精神，曾长期被封建统治者利用，成为愚弄被统治阶级、维持其专制统治得心应手的工具。对社会主义公民道德建设而言，绝不能依靠这种非理性的道德观，而必须诉诸科学无神论基础之上的、理性的道德意识与道德行为。

通过无神论宣传，使人们摆脱对来世的空想与对鬼神的畏惧，从而更加重视和珍惜现实生活，在此基础上不断完善自身的道德品质。历史上真正的无神论者都是道德品质高尚的人，这充分证明，道德建设完全不必依赖于鬼神信仰。事实上，只有在无神论基础之上的道德建设才是坚实和可靠的，才能真正有利于我们当前的社会主义现代化建设。

三 无神论是中国传统文化的重要倾向

我们要建设社会主义文化，必须批判地继承中国传统文化的精华。习近平同志指出："中国优秀传统文化的丰富哲学思想、人文精神、教化思想、道德理念等，可以为人们认识和改造世界提供有益启迪，可以为治国理政提供有益启示，也可以为道德建设提供有益启发。对传统文化中适合于调理社会关系和鼓励人们向上向善的内容，我们要结合时代条件加以继承和发扬，赋予其新的含义。"以儒家为主流的中国传统文化具有明显的人文主义特征。尽管我们不能说传统文化就是无神论，但传统文化的确具有无神论的倾向，表现出一种不断向无神论发展与趋近的特征。正确认知和把握传统文化的这一特征，有助于推进我们当前科学无神论的研究、宣传与教育工作。

众所周知，以儒学为主流的中国传统文化，其基本倾向之一就是重人远神，具有鲜明的人文主义特色。在春秋早期，重人远神的观念就已得到当时一些先进思想家的认同，提出了"天道远，人道迩""夫民，神之主也"等观点。儒家思想自孔子始对神灵存在问题即持一种不可知论的立场。从《论语》的记载来看，孔子"不语怪力乱神"，教导学生"未能事人，焉能事鬼"，"未知生，焉知死"，"务民之义，敬鬼神而远之"。他拒绝对神灵存在问题表态，而主张对待祭祀的对象采取"如在"的态度。所谓"如在"，即要求祭祀者将祭祀对象——鬼神当作是存在的，至于事实上存在与否则不作回答。这种态度实际说明，在孔子的思想中神灵存在与否并不重要，是一个完全没必要去刻意关注和探求的问题。他虽然没有对神灵存在问题做过细致的理论思辨和明确否定，但对神灵的回避和漠视则是一贯的。在某种程度上，孔子甚至认为注重鬼神会妨碍其儒学理想的实现，因而主张应有意地远离鬼神之事。这种自觉回避鬼神问题的明确姿态，显然已经超越了不可知论，朝严格意义上的无神论又迈进了一步。

祭祀本来是一种向神灵祈福的仪式。儒家重祭祀，但儒家所强调祭祀与其说是祈福，不如说更是出于道德关怀。首先，仁是孔子思想的核心价值，孝则是为仁之本，而祭祀则是孝的内在要求。孔子所理解的孝包括三方面："生事之以礼，死葬之以礼，祭之以礼。"贯彻仁孝的原则，就必须注重祭祀。因此，孔子才说："人而不仁如礼何！人而不仁如乐何！"祭祀礼仪都以仁为精神实质，是仁的外在体现。其次，祭祀是道德教化的手段。所谓"慎终追远，民德归厚矣"，就是说要通过注重祭祀，教化民众。"君子笃于亲，则民兴于仁"，祭祀所体现出的是浓厚的亲情，以此熏陶和影响民众的品德和行为，使之归于淳厚。另外，孔子明确反对向神灵祈福的行为。据载，子路在孔子患重病时曾主张向神灵祈祷，而孔子以"丘之祷久矣"而予以拒绝。在这里，他所谓的"祷"是指自己的道德实践。"丘之祷久矣"，言下之意，实际上是主张以道德实践取代祭祀祈福的行为。孔子赋予祭祀活动较为彻底的道德性理解，弱化消解了其原有的祈福意蕴，祭祀对象的存在意义在这里自然也就变得无足轻重了。在这个意义上，他也才得以严格强调祭祀的等级性。"非其鬼而祭之，谄也"，祭祀活动必须遵循道德原则，也仅仅如此才具有意义。

可以说，儒学思想主张并不求助于神灵为其提供合法性，就此而言客观上已然具有了无神论的品格。从此之后，重人远神成为传统文化的重要特征。即便是本来主张出世的宗教，如佛教、道教，也在发展过程中逐渐具有了入世性特色。

当然，传统文化也不是铁板一块，也是良莠混杂的，长期的历史发展也使其附着了不少迷信糟粕。占卜、算命、风水等神秘文化历来是传统文化的组成部分，但也历来处于边缘地位。《周易》本是占卜之书，但孔子并不注重其占卜作用，而特别强调其中的义理。作为儒家经典的《周易》是哲理之书，而不再是占卜之书。后世治《周易》者分为义理与象数两派，后者逐渐从儒家中分离出来，成为术数之学。术数之学历来被儒家认为是"小道",而不屑于谈论。从事星象占卜之类术数的人,也往往被认为是不务正业。司马迁就曾说:"文史星历,近乎卜祝之间,固主上所戏弄、倡优畜之,流俗之所轻也。"由此可见一斑。我们继承发扬传统文化,就必须要取其精华、去其糟粕,吸收其主流的人文主义精神,摒弃风水、算命、求神拜佛等封建迷信因素。

参考文献:

1. 牙含章、王友三主编:《中国无神论史》,中国社会科学出版社 2011年版。
2. 吕大吉:《西方宗教学说史》,中国社会科学出版社 1994 年版。

科学无神论理论研究

宗教研究怎样才能做到实事求是？

田心铭

摘　要　在宗教研究中坚持实事求是，必须从宗教有神论在社会生活中存在而神在世界上不存在这个矛盾着的基本事实出发。离开世上无神的基本事实去看宗教现象，拒绝评说宗教有神论的真伪实虚，离开了马克思主义的立场、观点、方法，不能达到客观研究宗教的历史事实。宗教研究应该求出其固有的规律而不能臆造规律。宗教必须同社会相适应是从历史实际中求得的客观规律，积极引导宗教与社会主义社会相适应是对这一规律的自觉运用。社会好则宗教好是一种主观臆造的联系，偏离了实事求是的科学精神。

关键词　宗教研究　实事求是　客观实际　规律

习近平同志在纪念毛泽东诞辰120周年座谈会上强调："新形势下，我们要坚持和运用好毛泽东思想活的灵魂。"毛泽东思想活的灵魂包括实事求是、群众路线、独立自主三个基本方面。在宗教研究中如何坚持毛泽东思想活的灵魂，可以分别从这三个方面深入研究。本文就其中第一个方面，即怎样才能做到实事求是做一些讨论。

毛泽东对实事求是的含义做了经典性论述。他说，"实事"就是客观存在着的一切事物，"是"就是客观事物的内部联系，即规律性，"求"就是我们去研究。我们要从国内外、省内外、县内外、区内外的实际情况出发，从其中引出其固有的而不是臆造的规律性，即找出周围事物的内部联系，作为我们行动的向导。可见，坚持实事求是，第一是要从实际出发，即从"客观存在着的一切事物"出发；第二是要求找出客观事物固有的规律，按客观规律办事。

在宗教研究中如何才能做到从客观实际出发、按客观规律办事呢？以下讨论这两个问题。

一　宗教研究应该从什么实际出发？

马克思主义坚持唯物主义，就是要求按照现实世界在人们面前所呈现的本来面貌反映它，抛弃一切同事实不相符合的唯心主义怪想，并且以真正严肃的态度把这个世界观彻底地运用到包括社会历史在内的一切领域。这种态度，列宁称之为"考察的客观性"。他将其列为16条"辩证法的要素"的第一条。需要特别注意的是，客观事物是复杂的、充满矛盾的。认识要符合实际，就必须全面地反映事物的各个方面，而不能只反映事物的个别部分或个别方面。所以列宁的表述是："（1）考察的客观性（不是实例，不是枝节之论，而是自在之物本身）。"他接下来又写下了辩证法要素的第二条："（2）这个事物对其他事物的多种多样的关系的全部总和。"①这可以看作是对第一条中表述的客观性和全面性要求的进一步展开。后来列宁更详细地阐述了这个思想，他说，"要真正地认识事物，就必须把握住、研究清楚它的一切方面、一切联系和'中介'"。虽然我们不能完全做到这一点，但是，要求全面性，可以防止犯错误和防止僵化。②列宁在论述统计学和社会学时还深入阐述了如何掌握"事实"的问题。他说，必须掌握与所研究的问题有关的全部事实，而不是抽取个别的事实。如果"从事实的整体上、从它们的联系中去掌握事实"，那么事实就是顽强的东西，是绝对确凿的证据。"如果事实是零碎的和随意挑出来的，那么它们就只能是一种儿戏，或者连儿戏也不如。"③毛泽东在《矛盾论》中也把反对主观性和反对片面性联系起来。他说，主观性就是不知道客观地看问题，也就是不知道用唯物的观点去看问题。片面性就是不知道全面地看问题，只了解矛盾的一方面，不了解另一方面；只看见局部，看不见全体；只看见树木，看不见森林。片面性也是主观性。因为一切客观事物本来是互相联系的，人们不去如实地反映这些情况，而只是片面地去看它们，不认识事物的互相联系，那就是主观主义。

---

① 《列宁专题文集·论辩证唯物主义和历史唯物主义》，人民出版社2009年版，第139页。
② 同上书，第314页。
③ 《列宁全集》第28卷，人民出版社1990年版，第364页。

可见，实事求是中的"实事"，不是片面的事实，而是事物的整体，是"客观存在着的一切事物"。只有从全面的而不是片面的事实出发，才能做到实事求是。从对立统一的观点看，全面性，就是要看到互相矛盾着的两个方面。列宁写道："辩证的东西＝'在对立面的统一中把握对立面'。"①

宗教研究所面对的，也是充满矛盾的事实。这里存在着多种矛盾，每一种矛盾都有既相互对立又相互联系的两个方面。笔者认为，在宗教研究中坚持马克思主义的立场、观点、方法，从全面的事实出发，最重要的是，必须看到宗教有神论在社会生活中存在和神在世界上根本不存在这两个方面的基本事实。忽视或否认其中的某一个方面，都会背离实事求是的科学精神。

人类所面对的这个世界，归根结底是物质而不是意识，但是统一的物质世界中包含着意识现象。即使是虚幻的意识，也是对物质的一种反映。它们作为物质运动的特殊形式，又成为我们认识物质世界时所必须面对的一种事实。宗教研究所面对的，就是根本没有什么神而又确实存在着虚幻的有神论观念的现实世界。神不存在，但是有神论存在，或者说，物质世界中没有神，但是社会意识领域有"神"。这是一对矛盾，双方相互对立，在一定条件下共存于一个统一体中。只有从这个矛盾着的基本事实出发，才能求出宗教产生、发展和消亡的规律，作为我们正确认识和处理各种宗教问题的向导，才能做到实事求是。这里需要看到两个方面。

第一，只看见物质世界中无神，看不见意识领域有神，社会生活中有宗教，是片面的、主观的。

有神论和宗教的存在，是历史和现实中显而易见的人所共知的事实，因而严格说来，完全无视或否认这一事实的情形未必存在。但是，由于不理解宗教有神论必然产生、必然长期存在的根源，因而不能从宗教存在的客观实际出发正确对待宗教的情形，是确实存在的。18 世纪的启蒙学者把宗教看作是骗子捏造的无稽之谈，企图用纯粹说教的方法消除宗教，某些无政府主义者主张用激进的强制的手段取缔宗教，要向宗教宣战、对上帝开战，都是无视宗教必然长期存在的事实。这是因为他们不懂得宗教存在有其复杂的深刻的根源和历史的必然性，所以把宗教看成了可以离开具体

① 《列宁全集》第 55 卷，人民出版社 1990 年版，第 83 页。

社会历史条件主观地人为地制造或消灭的现象。这不能不说是一种只看见世上无神而无视社会意识中有神的脱离了客观实际的空想。马克思主义主张只有经过社会本身长期的变革和发展才能创造条件使宗教走向消亡，则是建立在全面地认识世上无神和社会意识中有神这一矛盾的基础之上的。

第二，只强调宗教有神论存在的必然性和长期性，无视世上无神这一基本事实，也不能从客观实际出发正确地认识和处理宗教问题。

离开无神论的基本立场去谈论宗教和宗教研究，是当前国内学界一个值得关注的问题。有论者宣称，他所倡导的以马克思主义宗教观为指导的"中国宗教学""只是客观研究宗教的历史事实"的"描述性学科"，"必须保持客观、中立、科学的研究立场，形成宗教学悬置宗教信仰的研究特色"，宗教学不评说宗教及其神学的真伪、实虚问题，不做价值判断，只做描写。这里就提出一个问题：离开世上无神的基本事实去看宗教现象，拒绝评说宗教及其神学的真伪、实虚，究竟能不能达到"客观研究宗教的历史事实"？这样的宗教学，能够说是"以马克思主义宗教观为指导"的科学吗？

人类认识作为对客观存在的反映，根据其是否与对象相符合，都有真理和谬误之分。以精神客体为对象的反思性认识同样是如此。作为反思性认识对象的精神客体，无论多么复杂，追根溯源，最终都是来自对物质客体的反映。因此，区分一种反思性认识是真理还是谬误，不仅要看它同自己所反映的精神客体的关系，而且需要追溯到精神客体与它所反映的客观物质对象之间的关系，才能判明它是否与客观实际相符合。对宗教这一社会现象的研究，就其主体而言，研究者有不同的立场，某些人所标榜的"悬置宗教信仰"的"中立"的立场未必真的存在；就其结果而言，不同的观点有真理和谬误之别。只有既正确反映了现象又揭示出其本质的理论，才是与宗教的客观实际相符合的称得上"科学"的宗教理论。有神论观念是构成一切宗教的核心因素。如果离开有神论是否合乎客观实际这一根本问题，拒绝对其真伪、实虚的评价去"描述"宗教，至多只能反映它的某些现象，积累和梳理一些资料，而不能不掩盖和歪曲宗教的本质、规律及其作用，不可能真正做到实事求是。

恩格斯说，一切宗教都不过是支配着人们日常生活的外部力量在人们头脑中的幻想的反映。"幻想的反映"这一论断揭示了宗教有神论的虚妄不实，把它同如实反映客观实际的科学真理区分开来了。而有的论者把自己对宗教的理解概括为："宗教是人类以超然信仰来克服或升华其有限自我的价值体系、社会形态和实践行为。"在"超然信仰"这一"描述性"的概括中，宗教对神的"信仰"是否与客观实际相符合的问题被取消了、"悬置"了。这就掩盖了宗教有神论作为"幻想的反映"的实质，将其同基于客观实际和科学认识的真理性的信仰混同在一起，抹杀了真理与谬误的界限，抹杀了不同信仰的本质区别，不能不导致在对待宗教问题上的错误主张。

党的十八大提出："对马克思主义的信仰，对社会主义和共产主义的信念，是共产党人的政治灵魂，是共产党人经受住任何考验的精神支柱。"这一振聋发聩的誓言宣示了中国共产党人坚持马克思主义的科学世界观、追求共产主义远大理想的自觉和自信。以科学社会主义为核心的马克思主义思想体系，是以辩证唯物主义和历史唯物主义为自己的哲学世界观为基础的。在世界观的层面，马克思主义的信仰与一切宗教信仰是根本对立的。坚定马克思主义的信仰，同时就意味着摒弃一切唯心主义的世界观和宗教信仰。党中央强调指出："我们中国共产党人是无神论者，不信仰任何宗教。""我们保护宗教信仰自由，并不是要提倡信教，也不是要人为扩大宗教影响。"但是，有的论者却以贯彻执行党的十八大精神的名义谈论当前中国"信仰缺失"，称"宗教作为灵性信仰，应该成为我们重建精神家园的重要构成"，"理应将中国的宗教视为普通百姓安身立命的一种正常方式，视为中国人精神生活有机而鲜明的构成之一"，中华民族的振兴"需要信仰的指导和支持"。这显然是在提倡信教。在论者看来，既然要"悬置宗教信仰"，不去管信仰对象的真伪、实虚，那么不论信仰什么，同样都是"信仰"，于是党中央对马克思主义信仰重要性的强调被论者当成了宣扬宗教信仰的借口。宗教信仰自由是宪法赋予每个公民的权利，某些论者热衷于用宗教的"灵性信仰""重建精神家园"也是他自己的自由。但是，谁也无权用宗教信仰偷换十八大报告中的"对马克思主义的信仰"，以贯彻十八大精神的名义提倡宗教，人为地扩大宗教的影响。

离开不同信仰的具体内容及其实质去讲信仰的作用和重要性，谈论"信仰缺失""信仰的指导和支持"，是一种非科学的抽象。不同的信仰有共性，因而都可以称之为"信仰"并讨论其间的共性，但是对它们的认识和评价不能笼统地谈论，也不能从抽象的"信仰"概念出发去推演，而必须做具体的分析。这就是马克思所说的"从抽象上升到具体的方法"，即"思维用来掌握具体、把它当作一个精神上的具体再现出来的方式"。马克思说，这"显然是科学上正确的方法"。在这条道路上，"抽象的规定在思维行程中导致具体的再现"。毛泽东说："有没有人性这种东西？当然有的。但是只有具体的人性，没有抽象的人性。"邓小平说："人道主义有各式各样，我们应当进行马克思主义的分析"，"不能抽象地讲人的价值和人道主义"，"离开了这些具体情况和具体任务而谈人，这就不是现实的人，就不是马克思主义的态度"。对于人、人性、人道主义、人的价值等，都应该深入研究和讨论，不能避而不谈，或当成禁区，但是都必须从抽象上升到具体，否则就是非科学的抽象。毛泽东、邓小平观察这些问题的马克思主义的方法对于研究信仰问题也是适用的。对信仰的研究，也必须从抽象上升到具体，区分开具体的不同的信仰。不同信仰的作用是各不相同的，并非都是积极的，并不都是应该赞扬、鼓励的。宗教极端主义的信仰就是一个明显的反面例证。

由上述可见，只讲宗教有神论存在而不顾神并不存在的事实，不是真正地从实际出发。避开有神论是否符合客观实际去讨论宗教问题，不能科学地认识和正确地对待宗教。

二 宗教研究应该求出其固有的
规律而不能臆造规律

宗教的产生、发展和消亡有其自身的规律。坚持实事求是，必须求出事物固有的规律。只有揭示了客观规律的科学理论，才能正确地指导实践。怎样以实事求是的态度认识并遵循宗教发展的客观规律？这里仅就两个问题作一些讨论。

第一，关于宗教的长期性。

宗教具有长期性，不仅过去长期存在，将来也会长期存在，这是其固有的一条规律。这是因为，宗教根源存在的长期性决定了宗教存在的长期性。只要人们还受到异己的自然力量和社会力量的支配，不能掌握自己的命运，这些异己力量就会在人们头脑中反映为幻想的神的形式。马克思在《资本论》中论述商品拜物教时说："只有当实际日常社会的关系，在人们面前表现为人与人之间和人与自然之间极明白而合理的关系的时候，现实世界的宗教反映才会消失。"只有当社会生活过程"处于人的意识有计划的控制之下的时候，它才会把自己的神秘的纱幕揭掉"。但是，这需要有一定的社会物质基础或一系列物质生存条件，而这些条件本身又是长期的、痛苦的发展史的自然产物。当代世界仍然是商品生产者的社会，当代中国正在大力发展社会主义市场经济。无论世界或中国的发展都远未达到宗教消亡所必需的社会历史条件。因此，我们必须深刻理解并自觉遵循宗教所具有的长期性规律，尊重信教群众的宗教信仰、宗教感情，重视发挥他们在建设中国特色社会主义中的积极作用，正确引导宗教，管理好宗教事务。任何强制性地消灭宗教的企图都是违背客观规律的，是完全错误的。

另外，宗教存在的长期性并不是宗教的永恒性。马克思主义经典作家关于宗教长期性的论述，总是内在地包含着宗教将走向消亡的结论。恩格斯说，当社会通过占有和有计划地使用全部生产资料而使自己和一切社会成员摆脱奴役状态的时候，当谋事在人，成事也在人的时候，现在还在宗教中反映出来的最后的异己力量才会消失，因而宗教反映本身也就随着消失。理由很简单，因为那时再没有什么东西可以反映了。这番话是针对杜林禁止宗教的主张讲的，侧重点是指出宗教的长期性，同时也明确表达了宗教必将消失的思想。宗教必将消失是宗教长期性的题中应有之义，是这条规律的内在构成部分。离开宗教终将消亡去讲宗教的长期性，就把它永恒化了，是对宗教长期性规律的片面性解读。这也是主观性的一种表现。有些人把宗教看作永恒存在的社会现象，因而反对任何对无神论的研究和宣传。用行政的力量去发展宗教，或为了追求商业利益替宗教搭台唱戏，扩大其影响，或以"马克思主义宗教观"的名义夸大宗教的积极作用和社会需求，为它做宣传，都同误解或曲解宗教的长期性、把宗教永恒化不无关系。

第二，关于宗教同社会的关系。

宗教本身也是社会之中的一种现象，并非处于社会之外。这里所说的宗教同社会的关系，是指它同以经济为基础、以政治为集中表现的整个社会的关系，或同社会其他因素之间的关系。规律就是事物的本质关系。宗教同社会的关系问题，是关于宗教规律的重要问题。

"通观我国和世界的宗教历史，可以发现一条共同的规律，就是宗教都要适应其所处的社会和时代才能存在和延续。"这条宗教必须同社会相适应的规律，是从中国和世界的历史实际中求得的。这一规律是由宗教在社会中所固有的位置决定的。宗教作为一种由社会存在特别是社会物质生产方式决定的社会意识形态，有其相对的独立性，但是不能独立地存在和发展。它由经济基础决定，受政治的强烈影响，又反作用于经济和政治，同时与社会意识的其他形式相互影响。这就是宗教在社会中的位置。马克思对宗教适应社会的关系做过历史的阐述。他在论述商品生产者的社会即把产品当作商品来生产的社会时说："对于这种社会来说，崇拜抽象人的基督教，特别是资产阶级发展阶段的基督教，如新教、自然神教等，是最适当的宗教形式。"他同时指出，在商品生产者的社会之前，人们的社会关系是很狭隘的，"这种实际的狭隘性，观念地反映在古代的自然宗教和民间宗教中"。恩格斯也曾通过对基督教史的考察指出，古代基督教的历史"足以证明它是适应时势的宗教"，而"在中世纪，随着封建制度的发展，基督教成为一种同它相适应的、具有相应的封建等级制的宗教"。

党中央把"积极引导宗教与社会主义社会相适应"确立为宗教工作的一个基本方针，就是从客观实际出发引出其固有的规律，作为我们行动的向导。这是对客观规律的自觉运用。宗教不去适应社会，或社会不引导宗教同自己相适应，都是背离客观规律的，不能不导致这样或那样的矛盾和社会问题，影响社会的稳定和发展。处于社会主义中国的宗教，只有同社会主义社会相适应才能存在和延续；而引导宗教同社会主义社会相适应，对于构建社会主义和谐社会，团结全国人民的力量共同建设中国特色社会主义，是十分有益和必不可少的。

在宗教与社会的相互作用中，归根结底是社会决定宗教，而不是宗教决定社会。因此，只能是宗教适应社会改变自己，而不能有意或无意地企图让社会去适应宗教。虽然只要存在宗教就会产生影响，但是不能人为地扩大宗教的影响，故意用宗教去改变社会，影响人们的生活。有人宣扬，"没有信仰、宗教的文化乃是一种空洞、虚弱、失魂的文化"，"使我们的社会缺少潜在的精神力量"，"成了制约当前中国可持续发展的关键问题之一"。这既是用宗教信仰取代对马克思主义的信仰，把它说成是社会主义社会发展的精神动力，又颠倒了宗教与社会之间的关系，把人为地扩大对宗教的信仰当成了决定社会发展的关键性因素。

　　社会决定宗教、宗教必须同社会相适应的规律，回答的是社会与宗教之间谁决定谁、谁适应谁的关系问题，不能主观随意地加以引申或扩展。例如，不能由此得出社会的性质决定宗教的性质，好社会产生好宗教之类的结论。有论者认为，马克思在《黑格尔法哲学批判》导言中的论述，只是因为当时的德国是"颠倒的世界"，才批评宗教是"一种颠倒的世界意识"。当代中国的社会存在与欧洲 19 世纪资本主义社会截然不同，所以对当今中国的宗教只能从积极的角度去认识和评价。"社会存在是什么样的，那么社会的宗教反映就会是什么样的。有些人指责我们今天中国社会的宗教，却不谈或回避今天中国的社会现实。"论者的意思很清楚：因为今天中国的宗教是对今天的中国社会的反映，所以谁"指责"今天中国的宗教，谁就是在暗中指责今天的中国社会。毫无疑问，对于不同社会历史条件下的宗教所起的作用，必须做具体的历史的分析，不能一概而论。与社会主义社会相适应的宗教，其作用同适应于资本主义社会的宗教相比有明显的不同。但是，宗教是"幻想的反映"，是颠倒的世界观，这是一切宗教有神论的共同的本质。一种意识形态如果不具有这样的本质，它就不是宗教。当恩格斯指出宗教是支配着人们的日常生活的外部力量在人们头脑中的"幻想的反映"时，他指的是"一切宗教"。马克思分析拜物教时所说的"宗教世界的幻境"，是同所有的商品生产社会相关联的，他说："劳动产品一旦作为商品来生产，就带上拜物教性质。"马克思在《黑格尔法哲学批判》导言中说："宗教是人的本质在幻想中的实现。"马克思和恩格斯在《德意志意识形态》中说："宗教一开始就是超验性的意识，这种意识是从现实的力量中产生的。"这些论述都是对所有的宗教而言的，是普遍适用的。它们同后来恩格斯在《反杜林论》中关于"一切宗教"都是幻想的反映的重要论断是完全一致的。把马克思主义关于宗教的本质的基本原理解读为仅仅是针对一时一地的个别性结论，不能不说是对它的贬损。"幻想的反映"意味着主观与客观相分离、认识与实际相脱离，难免误导人们的行为，这在任何社会中都不能不说是一种消极的作用。科学地评价宗教在社会主义社会中的作用，应该全面地认识它的积极作用和消极作用，不应该掩盖其作为幻想的反映、颠倒了的世界观的本质，讳言其消极作用，甚至若明若暗地把对宗教有神论的消极作用的批评说成是"指责"当今的社会主义社会。

一切社会意识都是对社会存在的反映。但是，正如列宁所指出的："这并不是简单的、直接的、完整的反映，而是一系列的抽象过程。""不是简单的、直接的、照镜子那样死板的行为，而是复杂的、二重化的、曲折的、有可能使幻想脱离生活的行为；不仅如此，它还有可能使抽象概念、观念向幻想（最后＝上帝）转变（而且是不知不觉的、人所意识不到的转变）。"对于社会物质生活条件如何决定宗教的演变，宗教意识形态如何以曲折的形式反映社会存在的问题，马克思主义经典作家在许多著作中，如恩格斯在《反杜林论》《路德维希·费尔巴哈和德国古典哲学的终结》中做过深入的分析。如果从宗教这种社会意识中可以直接看到社会的好或坏，就像在镜像中可以直观镜外的景物一样，那么把马克思主义运用于具体对象，就比解一个简单的一次方程更容易了。从社会存在决定社会意识推导出社会好则宗教好、批评宗教的消极作用就是指责好社会的结论，是对马克思主义基本原理的曲解。这种曲解，是由研究者主张"悬置宗教信仰"，不问有神论、无神论是否合乎客观实际的立场决定的。离开宗教是"幻想的反映"这一实质，是不可能正确揭示出宗教与社会之间的本质联系的。既然宗教是支配着人们日常生活的外部力量在人们头脑中的幻想的反映，那么这种支配力量越强，就越是为宗教的产生和发展提供了条件，而人们越是自觉地掌握了自己的命运，宗教的影响力就越弱小。人们能不能掌握自己的命运，是社会是否进步的表征之一。因此，最好的社会并不是为"好宗教"的发展提供了条件，恰恰相反，是为宗教走向消亡创造了前提。

由此看来，社会好则宗教好的逻辑不能成立，这是一种主观臆造的联系，不符合宗教与社会关系的客观实际，偏离了实事求是的科学精神。

参考文献：

1. 马克思：《资本论》第 1 卷第 1 章《商品》，《马克思恩格斯文集》第 5 卷，人民出版社 2009 年版。

2. 《列宁全集》第 55 卷，人民出版社 1990 年版。

3. 卓新平：《正确认识宗教　善待宗教研究》，《马克思主义研究》2014

年第 7 期。

4. 杜继文:《不宜用个人认识中的"宗教"和从事的"宗教研究"强加于
   人》,《马克思主义研究》2014 年第 7 期。

5. 田心铭:《马克思主义的宗教研究必须坚持无神论立场》,《马克思主义
   研究》2014 年第 3 期。

政治信仰和宗教信仰关系研究

加润国

近年来，随着党的宗教信仰自由政策全面落实，宗教在我国社会生活中的影响扩大，一些地方特别是民族地区共产党员信仰宗教、参加宗教活动现象增多。有的学者提出，政治信仰和宗教信仰可以并行不悖，应该允许宗教信徒中的先进分子入党、允许共产党员信仰宗教，引起党内外、社会各界的关注和争论。为此，本人对该问题进行了专题研究，形成如下几点基本认识。

一 "政治信仰"和"宗教信仰"虽然都是"信仰"，但这两个"信仰"的含义是不同的，一个是本义，一个是转义

"信仰"作为术语来自拉丁文 fides，相对于"知识"（哲学和科学）而言，指自愿把某些尚未或不能得到理性或经验证明的观点当作真理，特别是与对宗教神学的信奉有关。在《新约》中，使徒保罗用 fides 表达对主耶稣基督的言行持信奉态度，从而使该术语进入西方哲学并逐渐通行。中世纪以来，如何协调"信仰"与"知识"的矛盾，一直是西方哲学的重要课题，信仰主义者认为信仰高于理性和经验知识，而理性主义者则认为只有得到理性或经验证明的知识才是真理。在马列著作中，"信仰"一词主要是指对宗教、鬼神的迷信，偶尔也用来泛指对某种哲学、理论、理念、民主、国家、政府、权威、政治制度和意识形态等的迷信，总的倾向是崇尚科学（知识）、反对信仰（迷信）。列宁曾用"信仰主义"代替"僧侣主义"以规避沙皇俄国的书报检查，认为"信仰主义是一种以信仰代替知识或一般地赋予信仰以一定意义的学说"，"僧侣

主义则是一种认为信仰高于科学或者同科学平分秋色，或者总是给信仰让出一席之地的学说"。

近代以来，信仰一词随着西学东渐传入中国，除了特指对某种宗教教义的信奉外，还被用来指称对某种知识性思想体系或"主义"的彻底信服，如革命者所谓的"砍头不要紧，只要主义真"。在长期的革命和建设实践中，中国共产党人逐渐把自己对马克思主义或共产主义的信服和信念也称为"信仰"。因此，我国权威的百科词典《辞海》把信仰解释为："对某种宗教或主义极度信服或尊重，并以之为行动的准则。"冷战结束后，世界社会主义陷入低潮，马克思主义在我国意识形态领域的指导地位受到冲击，而宗教的社会影响却持续扩大，使中国共产党人的信仰意识受到刺激，党的领导人对"马克思主义信仰"一词的使用逐渐增多，直到进入党的十八大报告，成为表达"坚定理想信念，坚守共产党人精神追求"的标准语汇。党的十八大报告强调："对马克思主义的信仰，对社会主义和共产主义的信念，是共产党人的政治灵魂，是共产党人经受住任何考验的精神支柱。"

在我们党的思想理论语汇中，与"马克思主义信仰"密切相关的还有"理想信念"和"世界观、人生观、价值观"及"政治信仰"等。用得最多的是"理想信念"，它侧重于社会实践层面，特指"对社会主义和共产主义的信念"。用得较多的是"世界观、人生观、价值观"，它侧重于知识性的思想体系，特指对辩证唯物主义和历史唯物主义的信奉，"是共产党人经受住任何考验的精神支柱"。偶尔使用的还有"政治信仰"，它侧重于社会主义和共产主义的社会理想，"是共产党人的政治灵魂"。

马克思主义信仰、政治信仰和宗教信仰虽然都用了"信仰"一词，但具体内涵是不同的。宗教信仰中的"信仰"是本义，即对缺乏理性或经验证明的超自然观念的信奉，其典型表述为德尔图良的名言"荒谬故我信"和安瑟尔谟的格言"我相信是为了理解"，而共产党人所谓对马克思主义或共产主义的信仰则是转义，是对经过理性或经验证明的科学知识的坚定信奉，因为马克思主义是关于无产阶级和人类解放的科学。二者中，一个是非理性的幻想和迷信，一个是理性的知识和科学。字面上相同的"信仰"，实质上隐藏着理性与非理性、科学与迷信的矛盾对立。

二 "政治信仰"和"宗教信仰"属于不同领域，但它们的关系既非并行不悖，也非截然对立，而是十分复杂的

宗教信仰是一种世界观，相信世界上存在着某种支配人们日常生活的超自然、超人间力量而加以崇拜。政治信仰则是一种政治观，是关于社会生活中如何生产和分配财富的政治立场、政治观点和政治行动。不同阶级、阶层的人都可能信教，甚至信同一种宗教，因此政治观不同甚至对立的人可能有相近甚至相同的世界观，而世界观相近甚至相同的人也可能有不同甚至对立的政治观。但是，世界观往往不是孤立存在的，而是与人生观、价值观紧密相连的。世界观不仅包括自然观，而且包括历史观，而历史观是与人生观、价值观、政治观密不可分的。另外，政治观也往往不是孤立存在的，而是与经济观、文化观密切相关的。政治是经济的集中表现，而文化的本质是维护一定的政治经济利益，这种维护上升为哲学，就会成为一定的世界观、人生观、价值观，从而使世界观和政治观相联系，甚至相统一。

政治观主要是由经济地位和阶级立场决定的，而世界观则是由文化传统和思想认识决定的。某些思想家、理论家会把世界观和政治观贯通起来，形成统一的思想体系；而没有经过足够理论学习的人，其世界观和政治观则往往是不贯通或缺乏内在统一性的，所以不同的世界观和政治观在一些人身上可以随意组合。比如，一个大地主、大资本家或站在大地主、大资本家立场上的政治家、知识分子，既可以信仰某种传统宗教也可以信仰某种外来宗教，还可以信仰某种唯心主义或唯物主义甚至彻底无神论的思想体系，一个工人、农民或站在工人阶级、农民阶级立场上的政治家、知识分子也一样。对于他们来说，信仰某种宗教同坚持符合或维护本阶级本阶层根本利益的政治立场、政治观点和政治行动，既可能相统一，也可能有矛盾，还可能没太大关系。

从历史上看，宗教既可以维护某种政治制度，也可以破坏某种政治制度。既可以宣扬"君权神授""秩序天定"，为统治阶级的政治经济利益服务；也可以宣扬"天命无常""替天行道"，为被统治阶级的政治经济利益服务；还可能被帝国主义、分裂主义、恐怖主义和邪教组织利用，成

为文化侵略、分裂国家、恐怖袭击、残害生命和骗财骗色的工具。在特定社会中，不同宗教组织的政治地位和政治立场是不同的。一般来说，传统宗教往往是维护既有政治秩序的，而新创宗教或外来宗教则往往会破坏或冲击既有政治秩序。但是，经过磨合与调整，无论旧有宗教还是外来宗教都可以适应新的政治制度和社会文化。

由中华民族特别是中国工人阶级的先进分子组成的中国共产党不同于任何资产阶级政党。我们党是马克思主义执政党，拥有反映广大劳动人民根本利益的独特意识形态，具有内在统一的科学世界观、人生观、价值观和政治观，其哲学基础是辩证唯物主义和历史唯物主义，其逻辑前提和理论基石是彻底否定一切超自然观念的科学无神论，正如在《国际歌》中所唱的："从来就没有什么救世主，也不靠神仙皇帝！要创造人类的幸福，全靠我们自己！"共产党员只有信仰马克思主义，才能树立科学世界观、人生观、价值观，拥有坚定的理想信念，自觉践行党的宗旨，才不会在宗教神学或资产阶级思想中迷失自我。

对于宗教信徒来说，只要其宗教信仰和政治经济利益受到尊重和维护，他们既可以跟着共产党走社会主义道路，也可以跟着资产阶级政党走资本主义道路，所以我们党要团结争取宗教界人士，结成爱国民主统一战线，引导他们走社会主义道路。同时，国内外反共反社会主义势力也会看到宗教信仰与马克思主义信仰的矛盾，利用宗教在部分群众中的影响来破坏党的领导和社会主义制度，以达到他们颠覆和演变社会主义的目的。因此，我们党要重视对宗教界人士的政治教育，认真做信教群众的工作，团结带领他们与不信教群众一起走社会主义道路。

三 坚持"政治上团结合作、信仰上互相尊重"的原则，妥善处理党的科学信仰和政治信仰与宗教信仰的关系问题

马克思主义是关于无产阶级和人类解放的科学，社会主义、共产主义是在这一科学指导下进行的伟大事业。我们党对马克思主义的信仰、对社会主义和共产主义的信念，是对科学思想的理性信仰和对美好未来的崇高理想，与宗教以鬼神观念为核心的非理性信仰和超自然幻想截然不同。马克思主义哲学建立在自然科学和社会科学的可靠知识上，是科学的世界观

和方法论，是彻底的无神论，而宗教则是"一种颠倒的世界意识"，"是支配着人们日常生活的外部力量在人们头脑中的幻想的反映"，"是人民的鸦片"，是建立在非理性的信仰基础上的唯心论和有神论。共产党员作为马克思主义政党的成员，是人民群众中有共产主义觉悟的先进战士，应该是马克思主义者，而不应该是宗教徒。

共产党员不但不能信仰宗教，而且要宣传无神论，帮助人民树立科学的世界观。无神论是马克思主义理论大厦的基石，没有无神论就没有马克思主义。马克思在《哥达纲领批判》中指出："工人党本来应当乘此机会说出自己的看法：资产阶级的'信仰自由'不过是容忍各种各样的宗教信仰自由而已，工人党则力求把信仰从宗教的妖术中解放出来。但是他们不愿越过'资产阶级的'水平。"恩格斯指出："在欧洲各工人政党中无神论已经成为不言而喻的事⋯⋯如果不是这样，那么最简单的做法莫过于设法在工人中广泛传播上一世纪卓越的法国唯物主义文献。"列宁进一步指出："我们的党是争取工人阶级解放的觉悟的先进战士的联盟。这样的联盟不能够而且也不应该对信仰宗教这种不觉悟、无知和蒙昧的表现置之不理。""我们的党纲完全是建立在科学的而且是唯物主义的世界观上的。因此，要说明我们的党纲，就必须同时说明产生宗教迷雾的真正历史根源和经济根源。我们的宣传也必须包括对无神论的宣传。""无产阶级专政应当坚持不懈地使劳动群众从宗教偏见中解放出来，为此就要进行宣传和提高群众的觉悟。""《在马克思主义的旗帜下》杂志要成为战斗唯物主义的刊物，就必须用许多篇幅来进行无神论的宣传。"

无产阶级革命导师的上述主张，已经被我们党中国化，成为毛泽东思想和中国特色社会主义理论体系的重要内容。毛泽东指出："我们是信奉科学的，不相信神学。""要用唯物论代替唯心论，用无神论代替有神论。""共产党员可以和某些唯心论者甚至宗教徒建立在政治行动上的反帝反封建的统一战线，但是决不能赞同他们的唯心论或宗教教义。"邓小平指出："我们建国以来历来实行宗教信仰自由。当然，我们也进行无神论的宣传。"江泽民指出："共产党人是无神论者，共产党人的世界观应该是马克思主义的世界观。共产党员不但不能信仰宗教，而且必须要向人民群众宣传无神论、宣传科学的世界观。"

但是，这绝不意味着我们可以不尊重宗教徒的宗教信仰，放弃在政治上团结教育他们的责任。列宁指出："在我们看来，被压迫阶级为创立人间的天堂而进行的这种真正的革命斗争的一致，要比无产者对虚幻的天堂的看法上的一致更为重要。""我们永远要宣传科学的世界观……但是这决不是说，应当把宗教问题提到它所不应有的首要地位……而分散真正革命斗争的、经济斗争的和政治斗争的力量。""同宗教偏见作斗争，必须特别慎重；在这场斗争中伤害宗教感情，会带来许多害处。应当通过宣传、通过教育来进行斗争。斗争过激会引起群众的愤恨；这样进行斗争会加深群众因宗教信仰而造成的分裂，而我们的力量在于团结。"总之，既要坚持宣传无神论和科学世界观，又要尊重群众的宗教信仰和宗教感情，团结他们与不信教群众共同奋斗。对此，我们党同样进行了中国化。

早在新民主主义革命时期，我们党就同宗教界人士建立了爱国民主统一战线。新中国成立后，特别是改革开放以来，党同宗教界的统一战线进一步巩固。江泽民指出："这是我们党把马克思主义的宗教理论同我国宗教问题的实际相结合得到的一条重要经验。概括来说，我们处理同宗教界朋友之间关系的原则是政治上团结合作，思想信仰上互相尊重。这一点是永远不会变的。"对于中国公民来说，不论其是否信仰宗教，我们党都可以团结带领他们走社会主义道路，让他们在建设中国特色社会主义的伟大事业中发挥作用。对于既有社会主义、共产主义理想又有马克思主义科学世界观的先进分子，经考查合格的可以吸收入党，以发挥工人阶级先锋队的作用。对于虽然有社会主义、共产主义理想却仍保留宗教信仰的积极分子，经过培养可以让其进入爱国宗教组织，发挥他们在引导信教群众方面的积极作用。

列宁无神论宣传教育思想
的当代价值

黄艳红

摘　要　列宁的无神论思想是马克思列宁主义的一个组成部分，是马克思主义无神论思想的继承和发展。列宁的无神论思想是在同当时形形色色的歪曲和庸俗化马克思主义无神论思想的机会主义的斗争以及对俄国革命和苏联社会主义建设的现实中形成的。这一思想既包括对宗教的本质、产生和存在的根源、宗教组织的社会影响等的批判，同时也阐明了在社会主义条件下无产阶级政党对待宗教问题的态度和政策。尤其是，列宁明确提出通过无神论的宣传教育来与宗教迷雾作斗争，并系统地指出如何开展这项工作。列宁关于无神论宣传教育的思想对我国具有重要现实意义，主要包括：首先，要充分重视无神论宣传教育的地位和意义；其次，要结合唯物论的宣传和科学知识的普及、结合现实生活并吸收多种思想资源进行；最后，要建设好无神论宣传教育的宣传平台。

关键词　列宁　无神论思想　无神论宣传教育

　　近年来，随着大学生信教现象日趋受到关注，关于加强无神论宣传教育的呼声也开始变大。然而，对于开展无神论宣传教育的意义、如何定位这项工作，以及如何进行这项工作，尚未见到多少系统的观点和切实可行的办法。我们不妨回头去看看马克思主义经典作家列宁的有关思想和观点。

　　至于为何要去寻找列宁的思想，这就涉及我们如何看待马克思主义的当代价值和意义。有人提出[①]，马克思主义的当代意义至少体现在三个方

---

① 程恩富：《马克思主义的当代意义》，《人民日报》2013年3月19日。

面：一是深刻察析当代资本主义世界的科学方法；二是正确引领当代社会主义发展的科学指南；三是有效推进社会科学创新的科学基础。在这里，我们至少可以在第二种意义上从列宁的精神遗产中发掘出引导我国目前开展科学无神论宣传教育的行动指南。

其实，早在 20 世纪八九十年代，就有不少学者对列宁的无神论思想尤其是无神论宣传教育的思想进行过梳理①②，探讨过对我国无神论宣传教育的意义③，还引发了一些讨论和思考④。进入 21 世纪之后，我国无神论宣传教育的需要更为迫切，但却甚少有人对列宁无神论思想尤其是无神论宣传教育思想进行梳理分析，以及探讨对我国现阶段开展无神论宣传教育工作的现实意义。本文从现实出发，努力通过对列宁无神论思想的梳理，希望为我国目前开展这项工作提供一些思考和建议。

一 列宁关于无神论的思想及其与马克思主义的关系

列宁无神论思想的基本内容，继承了马恩思想，尤其强调辩证唯物论和无神论之间的关系。其在理论和实践方面，尤其是在同形形色色的歪曲和庸俗化马克思主义无神论思想的机会主义进行不妥协的斗争方面，发展出比较系统的无神论思想。

马克思主义无神论主要体现在它用历史唯物主义观点指出宗教的本质及其社会作用，揭示现代宗教的社会根源和阶级本质，尤为重要的是，马克思主义无神论的一个重要特征是，把反对现代宗教的斗争同无产阶级反对资本统治的斗争紧密联系起来，并把它作为革命斗争的一部分。无神论的宣传教育同样也是为了无产阶级革命和建设总任务的需要。列宁继承了这一思想。

列宁的无神论思想是马克思列宁主义的一个有机组成部分，是建立在辩证唯物主义和历史唯物主义基础上的。列宁不仅继承了马克思主义无神

---

① 贾东海：《列宁的无神论思想遗产与苏联的无神论教育》，《西北民族学院学报》（哲学社会科学版）1988 年第 2 期。

② 俞良早：《列宁关于坚持无神论和宣传无神论的思想》，《社会科学》1999 年第 10 期。

③ 刘仲康：《对无神论教育的一些思考》，《新疆社会经济》1992 年第 1 期。

④ 谷苞：《对近来有关无神论的一些议论的看法》，《新疆社会经济》1991 年第 1 期。

论思想，而且将马克思主义的基本原理用于处理本国革命和社会主义建设时期各种具体问题，尤其对当时出现和流行的各种歪曲马克思主义的思想进行批评，对各种疑问进行解答，发展出具体而丰富的无神论思想。

列宁的无神论思想集中体现在《社会主义和宗教》（1905 年）、《论工人政党对宗教的态度》（1909 年）和《论战斗唯物主义的意义》（1922 年）这几篇文章中。主要内容包括：

1. 无神论与唯物主义和马克思主义

唯物主义哲学是无神论的理论基础，无神论思想则是唯物主义哲学的逻辑结论。历史上的无神论一般都是从唯物主义出发的，而唯心主义则常常为有神论提供哲学上的论证。事实上，列宁经常将唯物主义和无神论放在一起，而将唯心主义和有神论等同，在《唯物主义与经验批判主义》中，他曾尖锐地指出："哲学唯心主义不过是隐蔽起来的、修饰过的鬼神之说。"[①] 他还说道："也许，杜林想当一个唯物主义者和无神论者的诚意并不亚于我们那些想当马克思主义者的马赫主义者，可是他没有能够把那种确实可以使唯心主义和有神论的荒诞事情失去任何立足之地的哲学观点贯彻到底。"[②] 另外，他在纪念狄慈根的文章中指出，"哲学中的唯心主义是在或多或少巧妙地维护僧侣主义，僧侣主义则是一种认为信仰高于科学或者同科学平分秋色，或者总是给信仰让出一席之地的学说"[③]。

无神论是马克思主义世界观的一个方面。列宁是这样来说明无神论和马克思主义的关系的。他说，"马克思和恩格斯曾多次声明，马克思主义的哲学基础是辩证唯物主义，它完全继承了法国 18 世纪和德国 19 世纪上半叶费尔巴哈的唯物主义历史传统，即绝对无神论的、坚决反对一切宗教的唯物主义的历史传统"[④]。

列宁认为，同宗教作斗争是唯物主义的起码原则，也是马克思主义的起码原则。但是马克思主义不是停留在起码原则上的唯物主义，它要更进一步，"它认为必须善于同宗教作斗争，为此应当用唯物主义观点来说明群众中的信仰和宗教的根源"[⑤]。因此，"同宗教作斗争不应该局限于抽象

---

① 《列宁专题文集：论辩证唯物主义和历史唯物主义》，人民出版社 2009 年版，第 83 页。
② 同上书，第 77 页。
③ 同上书，第 240 页。
④ 《列宁专题文集：论无产阶级政党》，人民出版社 2009 年版，第 171 页。
⑤ 同上书，第 174 页。

的思想宣传，不能把它归结为这样的宣传；而应该把这一斗争同目的在于消灭产生宗教的社会根源的阶级运动的具体实践联系起来"。①

2. 用历史唯物主义和辩证唯物主义对宗教进行说明、批判和斗争

（1）用历史唯物主义说明宗教的各种社会根源，尤其是结合当时俄国的社会状况

在《社会主义和宗教》一文中，列宁一开始就指出，"宗教是一生为他人干活而又深受穷困和孤独之苦的人民群众所普遍遭受的种种精神压迫之一"②，并且这种压迫是社会内部经济压迫的产物和反映。列宁继承了马克思的说法——"宗教是人民的鸦片"，他还继续解释说，"宗教是一种精神上的劣质酒，资本的奴隶饮了这种酒就毁坏了自己做人的形象，不再要求多少过一点人样的生活"③。他还进一步指出，"马克思主义始终认为现代所有的宗教和教会、各式各样的宗教团体，都是资产阶级反动派用来捍卫剥削制度、麻醉工人阶级的机构"④。

针对有人认为人民群众信仰宗教是因为愚昧无知从而提出"打倒宗教，无神论万岁，传播无神论观点是我们的主要任务"的观点，列宁指出："这是一种肤浅的、资产阶级狭隘的文化主义观点。这种观点不够深刻，不是用唯物主义的观点而是用唯心主义的观点来说明宗教的根源。"⑤他认为，要说明宗教的根源，"在现代资本主义国家里，这种根源主要是社会的根源"。因此，他认为，要团结人民群众自觉地反对宗教的社会根源，反对任何形式的资本统治，否则，"无论什么启蒙书籍也不能使这些群众不信仰宗教"⑥。

（2）实行政教分离，宣布宗教成为私人的事情

列宁明确提出，"应当宣布宗教是私人的事情"，同时他也认为这句话的意义必须要正确说明，那就是："就国家而言，我们要求宗教是私人的事情，但是就我们的党而言，我们无论如何也不能认为宗教是私人的事情。国家不应当同宗教发生关系，宗教团体不应当同国家政权发生联系。"

① 《列宁专题文集：论无产阶级政党》，人民出版社 2009 年版，第 174 页。
② 《列宁专题文集：论辩证唯物主义和历史唯物主义》，人民出版社 2009 年版，第 219 页。
③ 同上书，第 220 页。
④ 《列宁专题文集：论无产阶级政党》，人民出版社 2009 年版，第 172 页。
⑤ 同上书，第 175 页。
⑥ 同上。

对于"私人的事情",列宁进行了进一步的说明:"任何人都有充分自由信仰任何宗教,或者不承认任何宗教,就是说,像通常任何一个社会主义者那样做一个无神论者。在公民中间,完全不允许因为宗教信仰而产生权利不一样的现象。"① 正是基于此前他对宗教的社会根源的分析,所以列宁还指出:"社会主义吸引科学来驱散宗教的迷雾,把工人阶级团结起来为美好的人间生活作真正的斗争,从而使他们摆脱对死后生活的迷信。"②

（3）用思想武器同宗教迷雾作斗争

列宁明确指出,宗教对于国家来说是私人的事情,但对于社会主义无产阶级政党来说,宗教并不是私人的事情。所以他认为:"我们要求教会与国家完全分离,以便用纯粹的思想武器,而且仅仅是思想武器,用我们的书刊、我们的言论来跟宗教迷雾进行斗争。"③ 并且,建立自己的组织的目的之一,就是"要同一些利用宗教愚弄工人的行为"进行斗争。

但是,列宁也指出,这种斗争并不是向宗教宣战。他提到:"恩格斯同时也多次谴责那些想比社会民主党人'更左'或'更革命'的人,谴责他们企图在工人政党的纲领里规定直接承认无神论,即向宗教宣战。1874年,恩格斯谈到当时侨居伦敦的公社布朗基派流亡者发表的著名宣言时,认为他们大声疾呼向宗教宣战是一种愚蠢的举动,指出这样宣战是提高人们对宗教的兴趣、妨碍宗教真正消亡的最好手段。"④

针对一些对马克思主义在宗教问题上的观点和态度的误解,列宁坚决地作了进一步的分析。例如,有人可能认为,"马克思主义荒谬地自相矛盾和摇摆不定:一方面主张'彻底的'无神论,另一方面又'宽容'宗教,这是多么混乱的思想;一方面主张同上帝进行最最革命的战争,另一方面怯懦地想'迁就'信教的工人",但是,列宁认为,马克思主义对待宗教的策略是十分严谨的,"其实都是从辩证唯物主义中得出来的直接的和必然的结论"⑤。

3. 无神论的宣传教育

列宁十分重视无神论的宣传教育工作,提出了许多重要的看法和做

---

① 《列宁专题文集:论辩证唯物主义和历史唯物主义》,人民出版社 2009 年版,第 220 页。
② 同上。
③ 同上书,第 221 页。
④ 《列宁专题文集:论无产阶级政党》,人民出版社 2009 年版,第 172 页。
⑤ 同上书,第 174 页。

法，见第二部分。

二 列宁关于无神论宣传教育的思想

总的来说，列宁关于无神论宣传教育的思想可以分为两大方面：

1. 坚持无神论宣传教育的意义——"要不倦地进行无神论的宣传和斗争"

基于无神论与唯物主义和马克思主义的关系，列宁无论是在民主革命时期还是社会主义建设时期，都始终坚持无神论的宣传。

党的纲领，是党制定正确的路线方针政策的思想基础。列宁十分重视党纲的思想基础，并要求对全党进行教育，早在 1905 年，他就指出："我们的党纲完全是建立在科学的而且是唯物主义的世界观上的。因此，要说明我们的党纲，就必须说明产生宗教迷雾的真正的历史根源和经济根源。我们的宣传也必须包括对无神论的宣传，出版有关的科学书刊现在应当成为我们党的工作之一。"[①] 同时他要求当时遵从恩格斯的建议，翻译和大量发行 18 世纪法国的启蒙著作和无神论著作。

列宁认为，无产阶级政党"是争取工人阶级解放的觉悟的先进战士的联盟。这样的联盟不能够而且不应当对信仰宗教这种不觉悟、无知和蒙昧的表现置之不理"[②]。既然党纲的思想基础是唯物主义世界观，那么就必须要求全体党员都具有坚定不移的科学世界观，这种科学世界观就是马克思主义。所以，他指出："无产阶级政党要求国家把宗教宣布为私人的事情，但决不认为同人民的鸦片作斗争，同宗教迷信等等作斗争的问题是'私人的事情'。"[③]

所以，1922 年，他提出《在马克思主义旗帜下》这一党的理论刊物"应该是一个战斗的无神论的刊物"，他认为至少有些国家机关是主管这个工作的，但是这个工作做得非常软弱无力。因此，"为了弥补有关国家机关工作的不足，为了改进和活跃这一工作，这个要办成战斗唯物主义刊物的杂志必须不倦地进行无神论的宣传和斗争"[④]。

---

① 《列宁专题文集：论辩证唯物主义和历史唯物主义》，人民出版社 2009 年版，第 222 页。
② 同上书，第 221 页。
③ 《列宁专题文集：论无产阶级政党》，人民出版社 2009 年版，第 179 页。
④ 《列宁专题文集：论辩证唯物主义和历史唯物主义》，人民出版社 2009 年版，第 324 页。

这样，列宁就将无神论的宣传与党的纲领的宣传和马克思主义的宣传密切联系起来，并使之成为后两者的重要内容。

2. 如何进行无神论的宣传教育——要善于进行无神论的宣传教育

列宁不仅阐明了无神论宣传教育的重要性和必要性，对如何进行宣传教育工作更是作出了全面系统的论述。

（1）宣传的原则和策略

作为无产阶级政党，既要理解无神论宣传教育的重要性和意义，同时也要建立宣传的原则和讲究宣传策略，否则就可能会产生适得其反的效果。列宁就认为，无神论的宣传应当服从无产阶级革命和建设的需要。他指出，"被压迫阶级为创立人间的天堂而进行的这种真正革命斗争的一致，要比无产者对虚幻的天堂的看法上的一致更为重要"，因此，"我们在我们的党纲中没有宣布而且也不应当宣布我们的无神论"①。但是，"我们永远要宣传科学的世界观，我们必须要跟某些'基督教徒'的不彻底性进行斗争"。而且，面对一些资产阶级煽起宗教仇视以分散无产阶级力量的企图，列宁指出，"我们无论如何要沉着地、持久地、耐心地宣传无产阶级的团结和科学的世界观"②。

列宁认为，"社会民主党宣传无神论，必须服从社会民主党的基本任务：发展被剥削群众反对剥削者的阶级斗争"③。他随即指出④，很多没有深入思考辩证唯物主义原理的人可能不明白，"为什么进行思想宣传，宣扬某种思想，同维持了数千年之久的这一文化和进步的敌人（即宗教）作斗争，要服从阶级斗争，即服从在经济政治方面实现一定的实际目标的斗争呢？"他认为，需要辩证地来看待这一问题，在理论上宣传无神论，破除群众的宗教信仰，这些与群众的阶级斗争之间并不存在绝对的界限。他还举例说，马克思主义者不会在工人罢工运动中把工人分为无神论者和基督教徒，而且认为在那种情况下宣传无神论就是多余的和有害的，因为"阶级斗争能把信基督教的工人吸引到社会民主党和无神论这方面来，而且比枯燥地宣传无神论还要有效一百倍"。所以他总结道："马克思主义者

---

① 《列宁专题文集：论辩证唯物主义和历史唯物主义》，人民出版社 2009 年版，第 222—223 页。
② 同上书，第 223 页。
③ 《列宁专题文集：论无产阶级政党》，人民出版社 2009 年版，第 175 页。
④ 同上书，第 175—176 页。

应当是唯物主义者，即宗教的敌人，但是他们应当是辩证唯物主义者，就是说，他们不应当抽象地对待反宗教斗争问题，他们进行这一斗争不应当立足于抽象的、纯粹理论的、始终不变的宣传，而应当具体地、立足于当前实际上所进行的、对广大群众教育最大最有效的阶级斗争。"

（2）宣传材料和宣传阵地

列宁对无神论宣传工作的考虑是十分细致和周到的，对宣传材料的选择和宣传阵地的开辟也十分重视。比如，他强调指出，《在马克思主义旗帜下》必须用许多篇幅来进行无神论的宣传，评介有关著作，而且，"特别重要的是要利用那些有许多具体事实和对比来说明现代资产阶级的利益、阶级组织同宗教团体、宗教宣传组织之间的关系的书籍和小册子"。他对该杂志寄予厚望，希望其"能为我国读者登载一些评介无神论书籍的文章，说明哪些著作在哪一方面适合哪些读者，并指出我国已出版哪些书籍，还应该出版哪些书籍"。

列宁多次反对枯燥和教条地宣传无神论，而提倡生动的有效的无神论宣传。所以，在宣传材料的选择上，他特别注意吸收各种有价值的无神论宣传资料，要求《在马克思主义旗帜下》"要密切注意用各种文字出版的一切有关文献，把这方面一切多少有些价值的东西翻译出来，或者至少摘要介绍"。列宁还多次提到："恩格斯早就嘱咐过现代无产阶级的领导者，要把18世纪末战斗的无神论的文献翻译出来，在人民中间广泛传播。"列宁认为到那时还没有做这件事，人们还用各种理由如认为18世纪无神论的文献已经过时等来进行辩解，针对这种现象，列宁非常尖锐地指出，"这种不是掩盖学究气就是掩盖对马克思主义一窍不通的冒充博学的诡辩"。

当然，列宁也注意到18世纪的无神论著作中有不少不科学和幼稚的地方，但是，列宁仍然认为，出版者可以对这些作品加以删节和附以短跋，指出人类从18世纪以来对宗教的科学批判所取得的进步。相较而言，列宁认为，18世纪老无神论者的那些泼辣生动的政论，"在唤醒人们的宗教迷梦方面，往往要比那些文字枯燥无味，几乎完全没有选择适当的事实加以说明，而仅仅是转述马克思主义的文章要合适千百倍"①。

（3）宣传方式

关于宣传方式，列宁十分尖锐地指出，"一个马克思主义者如果以为，

---

① 《列宁专题文集：论辩证唯物主义和历史唯物主义》，人民出版社2009年版，第325页。

被整个现代社会置于愚昧无知和囿于偏见这种境地的亿万人民群众（特别是农民和手工业者）只有通过纯粹马克思主义的教育这条直路，才能摆脱愚昧状态，那就是最大的而且是最坏的错误"。所以，"应该向他们提供各种无神论的宣传材料，告诉他们实际生活各个方面的事实，用各种办法接近他们，以引起他们的兴趣，唤醒他们的宗教迷蒙，用种种方法从各方面使他们振作起来"①。

三　现实意义

在梳理列宁的无神论思想尤其是关于无神论宣传教育的论述后，我们不难发现，这对于我们当前加强和改善无神论的宣传教育工作，推进党的意识形态工作，具有非常重要的现实意义。

1. 充分重视无神论宣传教育的地位和意义

无神论是马克思主义世界观的组成部分，对人民群众进行无神论的宣传和教育也是坚持马克思主义的一项根本要求。正如列宁所指出的，我们的党纲是建立在唯物主义世界观的基础上的，我们的世界观是以马克思主义为基础，而马克思主义的哲学基础是无神论的。因此，我们应当牢记列宁的这一教诲，充分重视无神论宣传教育的重要性，尤其还要意识到这项工作在当前的紧迫性，将无神论的宣传教育与马克思主义的普及教育，与党的纲领路线方针政策的宣传贯彻，与我国当前国家发展战略——"科教兴国"战略等，紧密且有机地结合起来，促进社会健康全面发展。

具体来说，首先，这就决定了无产阶级政党在思想理论战线上的重要任务之一，就是要对广大人民群众进行唯物论和无神论的宣传教育，提高人民群众的觉悟，使他们从有神论信仰的精神压迫下解放出来。其次，必须要求全体党员都具有坚定的马克思主义的科学世界观。再次，无神论的宣传教育工作属于党的意识形态工作的一个重要部分，需要服从社会主义建设的任务。最后，要根据时代的变化和要求确定党对有神论的态度和政策。

习近平的"8·19"讲话中提出，"意识形态工作是党的一项极端重要的工作"，要求共产党员坚定马克思主义和共产主义信仰，要求做好思想

---

① 《列宁专题文集：论辩证唯物主义和历史唯物主义》，人民出版社 2009 年版，第 325 页。

宣传工作。马克思主义无神论作为其中一个重要的组成部分，以往的思想宣传工作中对其重视不够，应该予以加强。

2. 开展无神论宣传教育的策略和方式

（1）结合唯物论和科学的宣传

无神论的宣传必须要宣传科学的世界观，即马克思主义的辩证唯物主义和历史唯物主义。列宁就是坚持用马克思主义的科学世界观为指导，深刻分析宗教的本质和根源，提出无产阶级政党对待宗教的态度和策略。所以，列宁将宣传科学世界观作为无神论宣传的重要任务。所以，我们的科学无神论的宣传不能离开马克思主义科学世界观的宣传工作。

列宁还论述了马克思主义哲学与自然科学的关系，他认为马克思主义哲学家要同自然科学家结成联盟，同时自然科学家也应该成为辩证唯物主义者。自然科学是无神论的天然盟友，自然科学的进展为无神论提供了大量的证据。而目前，我国很少有自然科学家主动关注无神论的发展，甚至有个别科学家陷入有神论的泥潭；很多高校的科学史通识课中缺乏无神论的立场，对宗教的作用却有不适当的拔高和溢美之词，甚至有的高校自然科学类专业的学院还邀请一些神学家来讲授涉及智能设计论的内容。另外，我们的马克思主义哲学家甚少关心自然科学的进展，也就无法从自然科学发展中提出的哲学问题的回答中丰富马克思主义无神论思想。

就目前的有关调查来看，相当一部分大学生存在有神论的思想，对科学和宗教等有神论的关系存在模糊认识，且不少信教大学生都是自然科学类专业的，甚至比人文社会科学类专业的学生比例更高。这不能不说明，我们目前的科学教育中没有做好无神论思想的宣传教育工作。

（2）结合现实

正如列宁所指出的，无神论的宣传教育应当是生动的，而不是将马克思主义关于无神论的论述作为教条来背诵。无神论的宣传教育工作不应当是抽象的，而应当是十分具体的，结合生产生活中的各种现实问题，运用马克思主义无神论对其进行分析和批判。

在我们的学校教育中，无神论的宣传教育不仅要结合各门学科知识，还应当关注不同时期的学生在学习和生活中遇到的困惑和疑问。比如，对于大学生来说，他们面对世界、人生和社会开始有自己的各种思考和疑问，例如：世界到底是怎样的？我们如何来把握世界？人的命运究竟由谁来主宰？什么样的人才能成功，如何才能成功？等等。另外，他们还会面临人际关系的处理，学习和生活中的各种具体问题，例如：为什么有的同学比我更受欢迎？我怎样才能在同学中脱颖而出？学习成绩有多重要？应当靠什么才能获得优秀的成绩？星座、血型等对我的性格、行为方式和未来有多大影响？等等。对这些问题的解答无疑都能够体现无神论的思想。比如，很多报道中都提到，临近考试之际，很多学生都去烧香拜佛。无神论的宣传教育活动就可以此为例，来分析为什么他们去烧香拜佛，这种活动能对他们的学习带来什么影响，等等。

（3）吸收多种思想资源

列宁多次（1905 年和 1922 年）提出，要将 18 世纪的无神论的著作翻译出版，并且他还非常关注同时代的人写的有关无神论的著作。到目前为止，我国关于 18 世纪无神论的著作的翻译和研究仍十分稀少。当代西方新无神论思潮兴起，也出版了大量著作。这些著作的内容很多都是非常生动和具体的，适合一般的读者阅读。我们在这方面的翻译和介绍工作还非常有限。而与此十分不对称的是，大量神学著作和宗教宣传著作被译介到国内，很多年轻人尤其是大学生已经受到了影响。

因此，我们的无神论宣传教育工作不能仅限于在思想政治理论课教材中增加数十个字，来论述马克思主义关于宗教和无神论思想的基本观点，而应当在不同的课堂教学或讲座等中增加有关著作和思想的介绍。试想，如果一大批生动有趣尤其是结合现代科学知识和现代社会生活的无神论著作出版，并受到年轻学子的欢迎和追捧，我们可能就不用那么担心有神论思想在大学生中泛滥和大学生信教问题了。

3. 建设好自己的宣传平台

列宁曾提出，社会民主党的理论刊物《在马克思主义旗帜下》应当成为战斗的唯物主义刊物和战斗的无神论的刊物。而到目前为止，我们党的理论刊物中还没有一份战斗的无神论的刊物，在党的理论刊物中也很少发表无神论宣传教育的文章。学术界关于宗教研究的刊物已多达数十种，以无神论研究和宣传为主的刊物只有一种，即《科学与无神论》。列宁当时要求《在马克思主义旗帜下》必须用很多篇幅来进行无神论的宣传，以纠正国家在这方面工作中的缺点。习近平多次在讲话中提出要做好思想宣传工作，那么在党的思想宣传工作或刊物中也应当增加无神论宣传的篇幅，弥补多年来这项工作的缺失。

此外，列宁还提出要出版大量无神论的著作。我国目前出版的无神论著作寥寥无几，而宣扬各种有神论的书籍却琳琅满目。显然，这种情况亟须改变。

现在，网络成为非常重要的信息传播平台。网络传教已经成为一种常见的方式，且各种有神论充斥着互联网，包括很多门户网站。无神论的宣传教育也应当借助网络平台进行，目前仅有极少的个人网站在做科学无神论方面的宣传工作，这显然是十分不够的。无论是党的思想宣传工作网站还是国家科普网站，都应当增加科学无神论的内容，而专门的科学无神论宣传网站，也有待建立和扩大。

从道德的起源看核心
价值观的科学无神论基础

李春秋　徐国旺

摘　要　社会主义核心价值观是"兴国之魂"。道德在核心价值观中占有重要地位。核心价值观中的三个层面都蕴含着道德的元素。马克思主义根据社会存在决定社会意识的原理，认为道德由社会物质生活条件所决定，绝非人心所固有，亦非"神的启示"，也不是人的感觉欲望的产物。应该大力加强道德建设，夯实社会主义核心价值观的科学无神论基础。

关键词　道德起源　核心价值观　无神论基础

2014 年 5 月 4 日，习近平总书记在北京大学师生座谈会上的讲话中指出："人类社会发展的历史表明，对一个民族、一个国家来说，最持久、最深层的力量是全社会共同认同的核心价值观。核心价值观，承载着一个民族、一个国家的精神追求，体现着一个社会判断是非曲直的价值标准。"习总书记高度肯定价值观的核心地位和作用。

道德是社会的基石，是人际和谐的基础，也是社会主义核心价值观的主要内容之一。习近平总书记在北京大学师生座谈会上的讲话中指出："核心价值观，其实就是一种德，既是个人的德，也是一种大德，就是国家的德、社会的德。国无德不兴，人无德不立。"在人类发展史上，始终存在唯物论与唯心论、无神论与有神论的对立斗争。在改革开放发展社会主义市场经济的历史条件下，我国广大干部群众坚持马克思主义世界观、人生观和价值观，坚持科学无神论。然而近些年来，我国社会生活中封建迷信沉渣泛起，求神拜佛之风颇为盛行，各种邪教兴风作浪，"老虎""苍蝇""臭虫"不信马列信风水，如此等等，严重阻碍社会主义核心价值观的培育和践行。为此，运用马克思主义世界观方法论，在历史与现实的结合上，从分析道德的起源入手，提出加强无神论教育的路径，将是件很有意义的事情。

一　道德在社会主义核心价值观中的地位

党的十八大报告提出："倡导富强、民主、文明、和谐，倡导自由、平等、公正、法治，倡导爱国、敬业、诚信、友善，积极培育和践行社会主义核心价值观。"这"三个倡导"，概括了社会主义核心价值观的基本内容。其中，国家层面的"富强、民主、文明、和谐"，是我国社会主义现代化建设的目标，可以说是从国家层面对社会主义核心价值观基本理念的凝练；"自由、平等、公正、法治"，是对社会主义社会的基本要求，也可以说是从社会层面对社会主义核心价值观基本理念的凝练；"爱国、敬业、诚信、友善"，是每个公民都必须遵守的道德准则，是从个人行为层面上对社会主义核心价值观基本理念的凝练。这三个层面各有侧重而相互联系、相互贯通，实现了国家、社会、个人三者在价值目标上的有机结合，兼顾了三者的价值选择和追求。

道德价值在社会主义核心价值观中有着重要地位。

首先，从核心价值观的内容看。在国家层面中，富强、民主是国家发展的最高目标，文明包含物质文明和精神文明，和谐是中华传统文化的基本理念，是人们的道德理想。在社会层面中，自由、平等、公正，具有深刻的道德价值，法治与德治相辅相成，是维护社会安定的两大手段。在个人（公民）层面中，爱国、敬业、诚信、友善，是公民基本道德规范，涵盖社会生活各个领域。

其次，从核心价值观的培育看。国无德不兴，人无德不立。道德存在于社会生活各个领域中，特别是家庭生活、职业生活、社会公共生活，与此相联系的是家庭美德、职业美德、社会公德。社会主义核心价值观的培育和践行，与人们社会生活的三大领域以及相应的道德规范关系最为紧密，最能发挥作用。

最后，从个体价值观的形成看。社会主义核心价值观是社会的行为规范，对个人行为具有约束作用，而把这种外在的要求变成人们内在的品质，成为行为习惯，一靠个人修养，二靠社会的教育特别是道德教育，是自我教育和外在教育的有机结合。通过教育使社会成员提高对价值观的认识，培养感情，坚定信念，锻炼意志，形成习惯。核心价值观的内化过程，不仅是认识的提高，更重要的是在行为习惯上持续表现，真正成为个体的自信、自觉。

二 马克思主义为社会主义核心价值观和科学无神论提供重要的理论依据

道德的起源何在，道德是由什么决定的？在中外道德哲学发展史上，历来存在唯物论与唯心论、无神论与有神论的不同观点主张。马克思主义道德哲学依据辩证唯物主义和历史唯物主义的世界观和方法论，科学地解释道德的起源问题，为社会主义核心价值观和科学无神论提供了重要的理论依据。

（一）关于道德起源的若干观点

道德同其他社会意识形态一样，有其产生形成和演变的过程及其规律性。不同的道德哲学学派和道德哲学家，由于其所处的历史条件不同、世界观不同，对道德起源的看法和结论也就不同。

一是主观唯心主义的"天赋道德论"。这种理论认为，道德是人与生俱来、先天存在的，是人内心活动或主观意识的产物。例如，中国先秦时期的思想家孟子认为，仁、义、礼、智四种道德是人生来就有的。他说："恻隐之心，仁之端也；羞恶之心，义之端也；辞让之心，礼之端也；是非之心，智之端也。人之有是四端也，犹其有四体也。"① 这些"善端"如果保持、扩充，就可以发展成为仁、义、礼、智四种美德。由此，孟子断言："仁义礼智，非由外铄我也，我固有之也。"② 即认为仁、义、礼、智根源于人内心，生而有之。德国哲学家康德认为，人是一种理性动物，道德起源于人类固有的"纯粹理性"，依靠它可以判断什么是善与恶，人们善良的道德行为根源于"人的灵魂"。这种"天赋道德论"，从抽象的人性出发，离开人的社会性和社会实践去寻找道德的起源，必然得出错误结论。

---

① 《孟子·公孙丑上》。
② 《孟子·告子上》。

　　二是宗教神学或主观唯心主义的"神启论"。基督教派、天主教认为，上帝创造万物，人的美德是上帝给予的。古希腊的柏拉图在《理想国》中提出，神把"善的理念"放到人的灵魂中，形成不同等级的道德。《旧约》中的摩西十诫的教规德目，被说成是上帝启示摩西而制订的。德国客观唯心主义哲学家黑格尔，把道德说成是"绝对精神"的产物，认为伦理是"绝对精神"发展的最高阶段。中国的孔子提出"天生德于予"①。汉朝董仲舒说："道之大原出于天，天不变，道亦不变。"②认为封建伦理纲常是帝王从"天"那里承受下来的，是永恒不变的。董仲舒认为，人的道德的好坏，是和天相通并交互起着感应作用。董仲舒的这种"天人感应"说，成为他的道德起源论的理论依据。

　　三是旧唯物主义的"感性欲望论"或"人性论"道德起源论。他们认为，道德是人的生理本能、感觉需要的产物，是感觉需要的满足；人的本性是趋利避害，趋乐避苦，道德是由人的苦乐感觉决定的。法国唯物主义哲学家霍尔巴赫、德国哲学家费尔巴哈等持这种观点。

（二）马克思主义者运用辩证唯物主义和历史唯物主义观点考察道德起源问题，作出科学的解释

　　马克思主义批驳了"天赋道德论"，指出道德是一种社会意识，是社会存在在人的观点上的反映，而不是先于经验的主观意识的产物。马克思主义批驳了道德的"神启论"，指出，人的关于神的观念或宗教信仰是社会关系的产物，是人的社会关系的虚幻反映。也就是说，在神或宗教观念出现之前已经有了道德规范的最初形式，或者说，在原始社会早期就存在着没有神或任何宗教意义的道德规范和戒律的雏形。道德随着社会关系的发展而不断演变发展。马克思主义正确评价了旧唯物主义者的道德起源论，认为它摆脱了有神论、先验论的唯心主义束缚，从人的感觉经验去寻找道德起源，具有合理因素。但他们离开人的社会性和历史发展，只从人的生理和心理机能去寻求道德的根源，最终陷入了历史唯心主义，与宗教神学殊途同归。人类道德是怎样产生的，根源何在？

　　马克思主义根据社会存在决定社会意识这一唯物史观的基本原理，从

---

　　① 《论语·述而》。
　　② 《汉书·董仲舒传》。

人类的社会关系中，从人类赖以获取物质资料的生产、交换、分配关系中去寻找道德的起源。

其一，人类的生产活动是道德意识产生的前提条件。马克思主义辩证唯物主义认为，包括道德意识在内的社会意识，不仅是物质世界长期发展的产物，更重要的是社会发展的产物。人类意识（包括道德意识）的产生与人类的劳动实践紧密联系。劳动是"人猿相区别"的决定性因素。人类在社会性的劳动交往中，作为思维器官的大脑日趋完善，作为思维物质外壳的语言也在劳动者中产生、发展，人的意识的内容随着劳动的发展而不断丰富。因此，"意识一开始就是社会的产物，而且只要人们还存在着，它就仍然是这种产物"。人类的意识是客观存在的反映。人类的道德意识就是人类在劳动和交换中形成的道德关系（在一定意义上也是一种利益关系）的反映。由此可见，人类的生产劳动为道德意识（观念）的产生提供了条件。随着生产实践和社会关系的发展，人类从无道德生活过渡到道德生活，道德从萌芽状态发展到真正意义上的道德。

其二，人类社会分工的出现和发展，是道德从萌芽到形成的关键。在人类社会早期，生产力水平低下，社会分工未充分发展，人们的个人利益尚未从整体中分离出来，人们的意识（包括道德意识）也没有形成独立的意识形态。随着生产力的发展，社会分工（主要是体力劳动和脑力劳动的分工）的发展和生产交换的频繁出现，才逐步形成独立的社会意识。马克思和恩格斯说："分工只是从物质劳动和精神劳动分离的时候起才真正成为分工。从这时候起意识才能真正地想象：它是和现存实践的意识不同的某种东西；它不用想象某种现实的东西就能现实地想象某种东西。从这时候起，意识才能摆脱世界而去构造'纯粹的'理论、神学、哲学、道德等等。"也就是说，社会分工导致道德从一般意识和社会关系中分化出来，从简单的风俗习惯发展成为调节人们行为的准则、规范。真正意义上的道德应运而生。

其三，私有制的产生，阶级的出现是道德形成的基础。在原始社会末期，随着生产力的发展，特别是物质劳动和精神劳动的分离，私有制产生，阶级出现，各个阶级从自己的利益出发，处理各种利益关系，经过思想家的概括总结，从而形成了反映一定阶级的经济地位、社会地位和利益的伦理道德意识。奴隶社会是人类历史上第一个阶级社会。具有独立社会意识形式的真正意义上的道德，以及以道德为研究对象的伦理学，是在奴隶社会建立的。在阶级社会，各个阶级的道德体系以及各个社会的主流伦理意识体系，统统打上阶级的烙印。

由上所述，道德既不是人生而有之，也不是什么"神的启示"或人的"感觉欲望"产物，而是社会物质生活条件长期发展的结果，是社会存在的反映。

三 加强道德建设，夯实社会主义核心价值观的科学无神论基础

加强道德建设，事关民族凝聚力、向心力，事关社会主义事业的发展，事关中华民族伟大复兴的中国梦的实现。习近平总书记在山东视察时强调：必须加强全社会的思想道德建设，"引导人们向往和追求讲道德、尊道德、守道德的生活，形成向上的力量、向善的力量"。最近，习总书记在主持展开文艺工作座谈会上又强调："广大文艺工作者要高举社会主义核心价值观的旗帜，要通过文艺作品传递真善美，传递向上向善的价值观。"这是对文艺工作者的要求，也是对广大哲学社会科学工作者的要求。

第一，运用马克思主义的世界观、方法论，从理论上分清无神论和有神论是非界限。习近平总书记号召我们，努力把马克思主义哲学作为自己的看家本领。唯物主义哲学认为，世界统一于物质，世界上形形色色的事物和现象，都是物质的不同形式。意识、精神是物质的属性和机能，是物质发展的产物。与哲学基本问题的观点相一致，历史唯物主义认为，社会存在决定社会意识。无神论与有神论都是社会意识。有神论以不同方式承认超自然、超社会力量的存在，认为神（或上帝）是世界的主宰，神支配和决定着人类命运；无神论以不同的方式肯定物质世界的客观性和规律性，否定超物质世界的神的存在和万能。人类社会实践和历史发展证明，有神论是虚幻的，不对的。当今社会现状迫切要求我们，必须毫不动摇地坚持马克思主义哲学世界观，划清无神论与有神论的是非界限，把马克思主义哲学作为判别价值观正确与否的理论依据。

第二，家庭、学校和社会三者结合起来，构筑科学无神论的牢固阵地。在人类思想发展史上，在社会生活中存在的有神论宗教观作为一种社会意识，也是社会存在的反映。不过，它不是正确反映，而是虚幻的歪曲的反映。宗教有神论对社会、对个人的消极作用是显而易见的，它不利于

人们对社会、对人生的真实理解，不利于人们找到摆脱苦难、获得人生幸福的根本途径。近些年来，一些人（特别是青少年）或者去寺庙祈求神灵的"启示""保佑"，或者在教堂里虔诚地"向上帝忏悔"，乃至削发为僧。这种现象的出现、蔓延，原因十分复杂。事实说明，一个人如果误入宗教迷途，往往会丧失意志，相信"天命"而缺乏激情，相信"天命"而无所作为。因此，大力加强无神论的宣传教育，把我们的干部群众特别是青少年教育成为唯物主义无神论者，就成为家庭、学校、社会刻不容缓的艰巨而长期的使命和责任。

第三，共产党员必须高举马克思主义科学无神论大旗，真正成为科学的无神论者。在中国，党的指导思想是马克思列宁主义、毛泽东思想和中国特色社会主义理论体系，以马克思主义的辩证唯物主义和历史唯物主义为理论基础。共产党人是无神论者，中国是社会主义国家，因此，我们绝不能把封建价值观、资本主义价值观、各种宗教价值观作为自己的价值选择、精神支柱。坚定科学理想信念，要突出党员干部特别是领导干部的教育，要求党员特别是领导干部率先垂范，以身作则，用自己的科学无神论言行和高尚人格带动越来越多的中国人坚持科学无神论。

高士其的无神论思想与高尚品格

于祺明

摘　要　高士其是中国著名科学家、科普作家和社会活动家，中国科普事业的先驱和奠基人。他从 23 岁开始到 83 岁辞世，一直瘫痪在轮椅上，但却以惊人的意志力，坚持思考和写作，一生高风亮节，铸就了辉煌的生命奇迹。热爱科学、造福人民、不信鬼神、勤奋敬业、坚忍不拔是他源源不竭的生活动力与高尚品格的集中写照。

关键词　科学　无神论　爱国　敬业　为公

一

高士其，原名高仕锜，1905 年生于福建省福州市鳌峰坊。1918 年考入北平清华留美预备学校，在校学习期间，获得英语、国语、化学、博物各科优等奖章。五四运动时期，还是少年的他，写过标语，印过传单，并走上街头，摇旗呐喊，由此"反帝""反封建""科学""民主"等思想在他年少的心里留下了深刻印记。1925 年夏，高士其考入美国威斯康辛大学，1927 年毕业，获学士学位。后来转入芝加哥大学医学研究院攻读细菌学。他学习刻苦、认真，为研究"食物毒细菌"，曾吞食过减毒的"食物毒细菌"。1928 年，一次实验时，放置脑炎病毒的瓶子破裂，高士其不幸被病毒感染，从此留下了终生不治的残疾。但他还是坚持读完了医学研究院的博士课程。

1930 年，高士其为了增加阅历，特意从纽约乘船向东，绕道欧亚航线回国，一路上经过十几个国家，所见所闻大大开阔了他的眼界。1931 年回国后，经一位留美同学介绍，应聘到南京中央医院工作，担任检验科主任。后来目睹旧医院的腐败黑暗而愤然辞职。之后来到上海，在李公朴、陶行知、艾思奇的影响下，开始进行科学文艺创作。陈望道创刊、主编的《太白》杂志上的新鲜栏目"科学小品"引起了高士其的关注。从1935年起他拿起笔来为艾思奇主编的《读书生活》半月刊撰写科学小品，接连发表了《细菌的衣食住行》《我们的抗敌英雄》及《虎烈拉》（霍乱）三篇文章，并把自己的原名高仕錤改成了高士其。当被问起改名的动机时，他解释道：用意是"扔掉'人'旁不做官，去掉'金'旁不要钱"。文章一发表，就很受读者欢迎和文化界的重视，不少报刊都前来约稿。这时他写字已经很费劲了，手不灵活，有些发抖，一笔一画写得很慢，一天下来也就写几百到千把字。但他不顾这些困难，长期坚持写作。从1935年到1937年8月（离开上海）的两年多时间里，他完成了近百篇科学小品，这是他的科学小品创作最旺盛的时期。其中包括代表作之一的《菌儿自传》和脍炙人口的《人生七期》《人身三流》《细胞的不死精神》《病的面面观》《霍乱先生访问记》《伤寒先生的傀儡戏》《寄给肺结核病贫苦大众的一封信》《听打花鼓的姑娘谈蚊子》等，这些作品很快被结集为《我们的抗敌英雄》《细菌与人》《抗战与防疫》等科学小品集出版。

后来，他在回顾当时的写作情况时说，他写科学小品的目的，是以抗日救亡为主题，在向读者普及科学知识的同时，还要唤起民众团结一心，保卫祖国，保卫民族。他的科学小品将科学性与战斗性结合起来，给国民党反动派和日本侵略者以有力的揭露和嘲讽，犹如锋利的匕首，直击敌人的要害。高士其的科学小品融科学、文学与政论为一体，内容丰富、题材多样，夹叙夹议、深入浅出、通俗易懂、引人入胜、耐人寻味，语言生动、形象、清新。

抗日战争爆发后，高士其在艾思奇的影响下，决心奔赴延安参加抗日救亡斗争。高士其是第一位投身红色根据地的留美科学家，在上海时已崭露头角，成为受欢迎的科学小品作家。他于1937年11月25日辗转到达延安后，受到了毛泽东、周恩来、朱德、陈云等领导人的热烈欢迎和照顾，被安排在陕北公学担任教员。1938年2月，高士奇与董纯才、陈康白、李世俊等20多位科学界青年聚会，发起成立了延安第一个科学技术团体"边区国防科学社"。经过近一年的革命生活的艰苦磨炼，高士其郑重提出了入党申请，并于1939年1月加入中国共产党。毛主席亲自向他表示祝贺与勉励。

　　鉴于高士其的病情逐渐加重，在党组织的安排下，他于 1939 年 4 月不得已离开延安。途经西安、重庆、昆明、河内、海防，去香港治疗。在重庆停留的 3 个月期间，他受到了周恩来副主席的悉心关照，他曾与叶剑英、吴玉章等同志在一个党小组里过组织生活，从这几位革命领导人身上获益颇多，也结下了深厚的情谊。

　　在香港，高士其病稍微好一点，就支撑着身体开始写作。这时由于他写字更加困难，改由他口述，护士记录。新完成的科学小品，发表在《大公报》上。1941 年 12 月，太平洋战争爆发。此后不到半个月的时间里，九龙与香港相继被日军占领。在地下党组织的护送下，高士其辗转到了广西桂林。病情有所好转后，他请求组织给他安排工作。根据他的特长和身体状况，他担任了东南盟军服务处技术顾问兼食品研究所所长，利用当地的普通植物原料研制食品，供应前线。这期间，他曾与著名诗人柳亚子探讨过一些诗歌创作问题，并发表文章。他还进行了一种名为"科学字母"的拼音法研究和逻辑学研究。

　　不久，日本帝国主义的飞机开始轰炸桂林，在撤退的混乱中，外出求援的护士谢燕辉因心脏病发作突然离开了人世，高士其无人照顾，再次陷入了困境。幸好经常去看望高士其的青年作家马宁救了急。后来党组织派马宁夫妇用一条小船，把高士其从桂林送到昭平县，安置在依山傍水的黄姚小镇。此时高士其又得到从上海撤退到广西的革命同志周行先一家的照料，一边养病，一边写作和研究，生活较为安定和平静。

　　1945 年抗战胜利后，高士其从黄姚来到广州。路上坎坷颇多，在"八步"小镇，等船就用了两个月时间。高士其很有感触，写下了一系列抒发情感和针砭时弊的诗篇，如《别了，黄姚》《光明还没有完全来到》《我们还在彷徨》《电子》《黑暗与光明》《我的质问》《我的原子也在爆炸》等。这段时间还发生了一系列政治事件，如重庆的校场口事件，叶挺、王若飞等的空难，使他受到了很大触动，有感而发，写下了《给流血的朋友》《悼四烈士》等诗篇。在广州期间，他完成了科学长诗《天的进行曲》的创作，这首诗共有 41 节，288 行。这是一篇充满革命信念和激情、富有哲理、具有重大影响的诗作，是他早期科学诗创作的代表作之一。

　　1946 年 5 月，高士其从广州回到阔别 10 年的上海，不久又病倒了。邓颖超同志特地去看望过他，并表达了当时在上海的周恩来同志的亲切慰问。就在这一年7月，高士其的好友李公朴、清华校友闻一多相继在昆明被国民党特务杀害，这使他极其悲痛、义愤填膺。他的师长、故交陶行知先生也在那时去世了。上海党组织在静安寺举行了规模空前的公祭李、闻、陶三位先生的大会，因为高士其行动不便，又正在病中，就没有通知他。他偶然得知后，再三请求护士的女友带他去参加公祭大会，会后奋笔疾书，写出了《七月的腥风吹不熄人民的怒火》的悲壮诗篇。不久，高士其也被列入了国民党特务的黑名单。党组织获悉后，立即护送他离开上海，先是去苏州，然后又从苏州经上海转移到台北。

1949年1月，北平即将解放，高士其被从台湾护送到香港。5月从香港经天津抵达北平。1949年9月21日，他参加了中国人民政治协商会议第一届全体大会。1950年，参加了全国科学代表大会。新中国成立后，高士其历任中央人民政府文化部科学普及局顾问，中华全国科学技术普及协会顾问，中国科学技术协会常委、顾问，中国科普创作协会名誉会长，中国科普创作研究所名誉所长等职，并担任过中国微生物学会理事，中国作家协会理事、顾问，中国文联全国委员会委员，中国残疾人福利基金会理事，中国人民保卫儿童委员会委员，第一届至第六届全国人民代表大会代表。他为繁荣我国的科普创作特别是科学文艺创作，组建和壮大科普队伍，倡导科普理论研究，做出了重大贡献。

他经常参加全国科普界和文学艺术界的活动，访问、视察，深入新生活，坐着轮椅走遍了祖国各地，获得了丰富的创作素材。从新中国成立后到"文革"前的17年间，高士其创作了约75万字的科学小品、论文和诗篇，出版了多部科普诗文专集。即使在十年动乱、令人压抑的日子里，他也没有丧失斗志。1973年，高士其挥笔写出了寓意深远的科学长诗《生命进行曲》，表达了他对"四人帮"倒行逆施的无比愤慨，以大无畏的气概，高呼"哪里有压迫哪里就有反抗""哪里有迫害哪里就有反迫害"，给人们带来了巨大的鼓舞和力量。1976年，粉碎"四人帮"以后，高士其一连3天坐着轮椅上街游行，与人民一起欢庆胜利。

高士其一生满怀热情、坚忍不拔，为科学、真理献身，为造福人民劳作。正如他自己所说的："热情和困难成正比的时候，困难就消失了。"他是中国知识分子的脊梁，是中国知识分子的榜样，在中国人民和亿万青少年中产生了强烈的影响和震撼力。高士其逝世后，被中共中央组织部确认为"中华民族英雄"，国际小行星命名委员会也将3704号行星用他的名字命名。高士其表达过这样的奋斗追求："用生命的火焰点燃人们思想的灯，共同照耀人类探索自然、改造自然的伟大途径。""启蒙愚昧，觉悟思想，让科学成为整个人类社会共同拥有的财富。"这也正是他一生所笃实践行的坚定信念。

二

如今，在"研究"宗教的学者当中有一种说法：只有信仰宗教才能使人品德高尚，否则会出现"信仰危机"、社会道德滑坡。以此观之，出生在半封建半殖民地社会，成长于新旧社会交替时期的高士其先生，既有上述的高尚品格，自当是虔诚的宗教信徒了。那么，事实是怎样的呢？

实际上，高士其不仅是科学家、科普作家，在哲学和文化方面也有很深的造诣，可以说是"文、理、哲三者并重"。高士其出身于书香世家，从小熟读儒家经典，在 4 岁左右就能背诵《大学》《中庸》。他对儒、释、道文化都颇有心得，对西方哲学和宗教也感兴趣。他对哲学的探索是在寻求精神的出路。1939 年曾在香港的《青年知识》杂志上发表过《自然辩证法大纲》和《什么是自然古典哲学》两篇重要的哲学论文。

正是通过自己的努力求索和艰苦实践，将中国传统文化和西方哲学尤其是马克思主义哲学思想融会贯通，高士其扎实地确立了"启蒙愚昧，觉悟思想，让科学成为整个人类社会共同拥有的财富"这样的牢固信念，成为一名头脑清醒的无神论者。

高士其是不相信世间有鬼神的。他在以第一人称描述细菌的科普小品中写道：

> 因为冥冥之中，他们看不见我，所以又疑云疑雨地叫道：
> "有鬼，有鬼！有狐精，有妖怪！"
> 其实，哪里来的这些魔物，他们所指的，就是指我，而我却不是鬼，也不是狐精，也不是妖怪。我是真真正正，活活现现，明明白白的一种生物，一种最小最小的生物。

高士其也不相信有什么上帝，请看：

是人类开始的那一天，亚当和夏娃手携手，赤足露身，在爱点河畔的爱点园中，唱着歌儿，随处嬉游，满园树木花草，香气袭人。亚当指着天空一阵飞鸟，又指着草原上一群牛羊，对夏娃说：看哪！这都是上帝赐给我们的食物呀。于是两口儿一齐跪伏在地上大声祷告，感谢上帝的恩惠。

这是犹太人的宗教传说。直到如今，在人类的半意识中，犹都以为天生万物皆供人类的食用，驱使，玩弄而已。

……

这些渺渺茫茫无稽之谈都含有一种自大性的表现，自以为人类是天之骄子，地球上的主人翁。

自达尔文的《物种原始》出版，就给这种自大的观念，迎头一个痛击。他用种种科学的事实，说明了人类的祖宗是猴儿，猴儿的祖宗又是阿米巴（变形虫），一切的动物都是远亲近戚。

高士其在《天的进行曲》中，指出了"耶和华创造天地"之说等的荒唐：

人类对于天的认识也在变化和
发展，
有盘古氏开天辟地的传说，
有"旧约"上的耶和华创造
天地的故事，
有希腊神话的天，
有"封神榜"的天和"西游记"
的天，
有这些荒唐无稽的观念。

高士其也提到了"上帝设计论"：

在那时，
人类的脑海里，
宇宙这浩大无比的工程
上帝自然是他的工程师

上帝的一切作品，

都是十分完美而无缺点……

高士其直截了当地批评牛顿关于"上帝第一推动"的错误：

但是牛顿只看出了运动的一方面，

看不出运动的另一方面，

于是他把推动物体运动的第一个动力归功于上帝。

换句话说，牛顿不知道运动的矛盾性，

他不知道万有引力有它的对头，

一切物体有它们的吸引力量，

也有它们的聚散力量，

物质在密集同时也在分散，

它们不但互相吸引，

而同时也互相排斥。

高士其一针见血地指出：

由于怕鬼怕天怕黑暗而入于神学的思想，神学不足信，乃代以玄学，玄学不足信，乃代以科学发达起来……

这在神学时代，一切就都委诸鬼神，以为莫明其妙的病，都是前生的报应。在玄学时代，一切都归之于沉闷的幻想，以为得了不知原因的疫病，是永远没有救药的。

在高士其看来，宗教也可能成为"侵略的工具"：

科学落伍的中国，从前似乎也曾发明了火药。这在我们不过是拿来作鞭炮之类的玩艺。一到了白种人的手里，就变成了大炮和炸弹。甚而至于宗教、教育、医院之类的事业，一一都可以作成侵略的工具。

高士其对儒教、基督教、佛教都有深刻了解，但却没有陷入神学的藩篱，比某些自诩为研究宗教的专家高明多了。在《菌儿自传》一书的第十九章"生物学者的抵抗观"中，他的科学思想表达得十分戏谑、风趣、明确而有力：

太平洋的水如今也不太平了。水面上已有些火药和血腥的臭味了。东海的毒龙率领虾兵蟹将爬上岸来侵蚀大陆上的生物了。

中国的守土之神见了，非常的着意，就飘到山东曲阜求教于孔子。孔子刚从东京吃饱了"御料理"回来，摆着一副庄严的面孔，却迟迟没有开口。倒是聪明的子贡抢着说：

"夫子向来一贯的政策是先安内而后攘外。现在家没有齐，国没有治好，哪里有这一分精力去御外侮呢？"

守土之神听了，唯唯而退。

这时候，毒龙爬到了潘阳。

守土之神见了又着急了。他想：东方的圣人是没有能力的了。于是就飞去巴勒斯坦祷告犹太人的上帝。那时上帝的代言人耶稣在旁，轻声低语地说："敌人打你右边的嘴巴不妨转过身子请他再打你左边的嘴巴，敌人看你这样的柔顺也自然会摸你一下，不再打你了。"

守土之神默然而退。

这时候毒龙正爬到了榆关。

守土之神大着急了。他想：上帝也不中用了。赶忙地跨过了喜马拉雅山，进了舍卫国，恭敬地请教释迦牟尼佛。佛说："善哉善哉，这是中国的大劫数，这是累世累代积下的冤孽。中国的善男子，善女人，发'阿褥多罗三藐三菩提心'，去超度这毒龙吧！无我无他便无争了。"

守土之神，没有话说，合掌而退。

这时候，毒龙的爪已抓住了平津，中国的民众在呻吟！

守土之神慌了，只得去敲科学之门。

科学的圣人，达尔文、巴斯德、卡尔等正在试验室里开圆桌会议，讨论科学战争的问题。

……

达尔文掀着白须笑道：

"这事情也太平凡了。

"地球上大大小小的生物，自'阿米巴'到人，哪一个没有对头没有冤家？哪一刻不受着那对头的威胁那冤家的压迫？只有不断地努力抗争，才能保持着生命。退却是死亡的咒语，退无可退，还是落入敌人之手，或跌进背后的深渊里去永远不得翻身了。

"抵抗，是求生唯一的道路，这是哪一个生物细胞都晓得的。中国这一个大细胞为何反而糊涂起来？"

这时候，恰巧卡尔先生也进来了。他说：

"你们的谈话，我在隔房都已听个明白了。这里虽不是我发言的地方，然而我忍不住，只好扼要地让我说几句吧。

"孔门的话，是为封建主义张本。

"耶门的话，是替资本主义撑持门面。

"佛门的话，是被帝国主义利用了。

"这三大宗教家，都抱着一片救人的婆心。然而他们所救的只是'个人'，在重重压迫之下而寻求安慰的'个人'，与整个的民族无干，没有替全人类的利害冲突打一个总算盘。

"在呻吟挣扎中的中国民众，只有联合全世界被压迫者和被侵略者，统一抗敌战线，把毒龙赶回大海！"

高士其清楚地看到，科学与神学是势不两立的，他指出：

当中世纪的黑暗宗教统治，把科学沦为神学的婢女时，思维也随之被禁锢在神学的领地。然而科学的真理是不能禁锢的，即便是在那样恶劣的历史条件下，思维也总是悄悄地向着科学靠拢，并孕育出近代科学的萌芽。当文艺复兴的伟大风暴席卷欧洲之际，近代科学就以雷霆万钧之势打破了神学的枷锁，思维也随之获得解放和发展而继续发挥它的固有作用力推动科学沿着历史的轨道不断前进。

所以，他才会高度评价开创了人类近代科学革命伟大开端的天文学家哥白尼，欢呼他的"日心说"理论——

给黑暗的中世纪教堂以严重的打击。

……

推翻了神学的宝座，
树起了现代自然科学的真理。

他在《尼古劳斯·哥白尼》一诗中，赞誉哥白尼向封建的神权挑战，形容他的不朽名作《天体运动论》——

象一颗炸弹，
落到教堂的圆顶上。

这比起至今还有学者提出的"哥白尼是怀着对上帝的虔诚去从事科学研究的"说法，那要精准得多了吧。

青岛遗传学座谈会与
对待科学研究的科学态度

李志英

摘　要　青岛遗传学座谈会是 1956 年召开的一次学术会议。它的召开与遗传学界学术研究中严重的一边倒有关，也反映了整个自然科学界的不正常状况。为了发展新中国的科技，为了向科学进军，毛泽东提出学术研究要"百家争鸣"，时任中宣部部长的陆定一和中宣部具体负责科学工作的于光远专门讲话阐述了这个方针。这个方针对科学研究的发展产生了良好影响，更重要的是中国共产党通过处理遗传学界的问题，正确地探索了对待科学研究的科学态度。这个态度的确立实质上是中国共产党实事求是思想路线的反映，同时也是思想解放的结果。

关键词　青岛遗传学座谈会　百家争鸣　独立思考

青岛遗传学座谈会是 1956 年 8 月有众多著名学者参加的一次遗传学学术研讨会。但是这次会议并非一次普通的学术会议，它在中共中央宣传部的直接关心和指导下召开，又得到了毛泽东的充分肯定，被学界称为"贯彻双百方针的一个典型"，对后来的科学研究的发展和思想解放有深远的影响。但是，到目前为止，学界对于这次会议的研究很少，只有田广渠的《青岛遗传学座谈会的前前后后》[①]、李佩珊、孟庆哲、黄青禾、黄舜娥的《青岛遗传学座谈会的历史背景和基本经验》[②] 两篇文章。两文均详细记述了会议的过程和基本情况，李佩珊等人的文章从科学与政治的关系、对待

---

① 田广渠：《青岛遗传学座谈会的前前后后》，《中国海洋大学报》（网络版）第 1941 期第 3 版。
② 李佩珊、孟庆哲、黄青禾、黄舜娥：《青岛遗传学座谈会的历史背景和基本经验》，《自然辩证法通讯》1985 年第 4 期。

外国科学技术的态度等方面总结了会议的成功经验。另外，李佩珊等人编纂了《百家争鸣——发展科学的必由之路——1956 年 8 月青岛遗传学座谈会纪实》一书，是青岛遗传学座谈会的史料汇编。任元彪、曾建、周永平等人编纂了《遗传学与百家争鸣——青岛遗传学座谈会追踪调查》一书，书中收录了 46 位参加过青岛遗传学座谈会的科学家对会议的回忆，以及1986 年纪念青岛遗传学座谈会的发言，是一部关于青岛遗传学座谈会的追记性文献汇编。上述文章和文献对进一步深入研究青岛遗传学会议具有重要意义。但是，会议反映的思想路线问题和对待科学研究的科学态度问题并未深入开掘，尚需进一步的研究。

一 看待科学研究问题的绝对化
思维方式与胡先骕事件

在近代中国，科学——主要是发端于西方的自然科学——首先是作为一种知识体系被引进的。在其后的历史发展中，科学逐渐上升为一种强国哲学，一种进步的价值观。五四运动前后，科学作为确定无疑的进步观念获得了难以撼动的合法地位。在人们的眼中，凡是符合科学标准的都是正确的，反之则是值得怀疑乃至错误的。

新中国成立后，马克思主义作为被中国革命实践证明了的科学理论成为国家的指导思想，自然科学作为一种知识体系回归本位。在社会主义制度下，科学发展、科学研究与国家指导思想究竟是一种什么样的关系？究竟应当怎样处理科学研究中不同理论的争论？这些问题是作为国家领导力量的中国共产党过去很少遇到的，对于正在建设社会主义新中国的中国人民来说是一个崭新的课题。

对建设社会主义毫无经验的中国人民将寻求答案的目光转向了世界上第一个社会主义国家苏联。那时，"苏联的今天就是中国的明天"。事实上，中国原本也是打算照着苏联的模式来进行建设的①。于是，苏联模式的正确方面、苏联模式的失误方面一股脑儿地作为先进经验被引进来，苏联老大哥也很不客气地把自己的模式输送甚至强加给社会主义阵营的各国。同样，在如何处理科学研究和国家指导思想的关系方面，中国也强烈

---

① 罗平汉：《当代历史问题札记二题》，广西师范大学出版社 2006 年版，第 125 页。

地受到了苏联的影响。

在处理科学研究和国家指导思想上，苏联盛行给科学研究贴政治标签的绝对化思维模式。这种现在看起来很荒唐的思维模式在苏联出现并非偶然，与苏联红色政权建立之初面临的严峻环境有关。苏联新生的社会主义政权建立后，不仅在政治、经济、军事领域遭到了来自国内外敌人的敌视和破坏，在科学研究领域也遭到了敌对分子的抵抗。苏联科学院"一九二九年初选举院士，还公然排斥马克思主义者"，"一些自然科学团体（如莫斯科数学学会）公然对抗党的领导。科学为社会主义建设服务和有计划发展的方针，许多科学家表示拒绝或冷淡。还有一些科学家参与了技术和经济方面的暗害活动"①。新生的红色政权当然不能容忍这种危害政权稳固性的状况存在。1931 年 3 月，联共中央规定了共产主义科学院自然科学部的任务。共产主义科学院主席团则做出决议，提出了改造自然科学的任务。这个任务包括两个方面：政治、组织方面的改造和学术思想问题的改造。

现在看来，这两个方面显然是性质不同的两个问题，但是苏联在处理这两个方面的问题时"是混在一起没有加以区别的。同时，在学术思想问题上，又是把自然科学同哲学社会科学混在一起，没有加以区别的"②。这种混淆带来了思想混乱，于是苏联学术思想界出现了一些十分荒唐的提法，诸如"自然科学的党性原则""为科学的布尔什维克化而斗争""改造资产阶级科学""反对向资产阶级科学投降"等。这种任意给作为知识体系的自然科学贴政治标签的做法在 1947 年前后达到高潮，生物学、化学、物理学、农学等学科都有一些学派或学术观点被冠以资产阶级学术的大帽子而遭受讨伐。

新中国成立后，在一片向苏联学习的浪潮中，给学术问题贴政治标签的风气也随之吹了进来。诸如"爱因斯坦的唯心论""肃清化学构造理论中的唯心主义""米丘林生物科学是自觉而彻底地将马克思列宁主义应用于生物科学的伟大成就""为坚持生物科学的米丘林方向而斗争""批评数学中的唯心主义""为反对各色各样唯心主义对我们的科学的侵蚀而斗

---

① 龚育之：《苏联自然科学领域思想斗争的历史情况》，载龚育之、柳树滋主编《历史的足迹——苏联自然科学领域哲学斗争的历史资料》，黑龙江人民出版社 1990 年版，第 1—2 页。

② 同上书，第 2—3 页。

争"① 等字眼充斥报刊和耳际。人们对科学的政治划分甚至荒唐到滑稽可
笑的地步。时任中宣部部长的陆定一在晚年的回忆中谈到过这样一件事：
"有一位老同志，也是很好的同志，战争中间担任军队卫生部长，战争之
后做中央人民政府的卫生部副部长。他知道了苏联的巴甫洛夫学说之后，
要改造中国的医学，对我说：'中医是封建医，西医（以细胞病理学者魏
尔啸的学说为主导）是资本主义医，巴甫洛夫是社会主义医。'我想，在
这样的认识指导之下，当然就应该反对中医和西医，取消一切现存的医
院，靠巴甫洛夫的药（只有一种药，就是把兴奋剂与抑制剂混合起来，叫
'巴甫洛夫液'）来包医百病。"②

在如此荒唐的思维方式主导下，自然科学界照搬苏联的做法，先后开
展了对化学的"共振论"，"量子力学中的唯心主义"，生物学中的"资产
阶级摩尔根学派"的批判。与此同时，自然科学的教学和研究盛行一边
倒。教学只能使用苏联的教材，科研只能遵循苏联的观点，稍有异议就会
被指责为资产阶级观点或者唯心主义。这样的做法十分荒谬，严重阻碍了
科学技术的进步，于是遭到了不少科学家的抵制，但也由此引来了更加猛
烈的批判。最典型的事件就是生物学界大力推行李森科③学派的遗传学，
批判摩尔根学派④及其由此引发的胡先骕事件。

在学习苏联的过程中，独霸苏联生物学界多年的李森科的观点很快传

---

① 参见严搏非编《中国当代科学思潮（1949—1991）》，上海三联书店1993年版，第12—87
页。

② 陆定一：《"百花齐放，百家争鸣"的历史回顾》，《陆定一文集》，人民出版社1992年
版，第842页。

③ 李森科（1898—1976），苏联生物学家，自称属于米丘林学派，标榜自己是"无产阶级
的""辩证唯物主义的""科学的"和"联系实际的"，并长期独霸苏联生物界的领导地位。他采
用政治斗争的方式，打击和排挤摩尔根学派，给摩尔根学派扣上了"资产阶级""反动""唯心主
义""形而上学""伪科学"等帽子，禁止在课堂上讲授摩尔根遗传学，封闭摩尔根学派的实验
室，解除他们的行政和学术职务（参见李佩珊、孟庆哲、黄青禾、黄舜娥编《百家争鸣——发展
科学的必由之路——1956年8月青岛遗传学座谈会纪实》，商务印书馆1985年版）。

④ 摩尔根学派是遗传学中的一个著名学派，起源于达尔文的"泛生论"，其后经过了俄国、
美国、德国、英国等国科学家的发展，1926年美国遗传学家摩尔根（Morgan, T. H., 1866—
1945）的研究证明了存在于染色体上的基因，并发表了《基因学说》，创立了基因理论。1953年，
沃森（Watson, J. D.）和克里克（Crick, F. H. C.）又提出了DNA的双螺旋结构模型，引领遗传
学进入了分子遗传学时代。在摩尔根学派发展的同时，从达尔文的环境是遗传性变异的重要原因
出发，还发展出了米丘林学派，重视获得性遗传在遗传中的作用（参见朱新民主编《科学争论
集》，湖南科学技术出版社1998年版）。

了进来。李森科 1948 年在全苏联列宁农业科学院会议上所作的《论生物科学状况》的报告被作为大学生物系和农业院校等相关部门必读的文件大量印行，中学教材重新编写，学术刊物只刊登米丘林、李森科一派的学术文章。应邀来华讲学的苏联生物学家也大都是李森科一派的，他们在讲授李森科学派的学术内容时大都全盘否定摩尔根遗传学的成就。从 1952 年秋季开始，摩尔根学派的遗传学课程在各大学基本被停开，主要以摩尔根学派为指导的研究工作也全部被迫停顿。

　　中国的生物学特别是新中国成立前的生物学基本上是从西方引进的，许多生物学家、遗传学家都曾留学英、美等国，有些还在摩尔根领导的实验室里进行过学习和研究。只有一小部分来自延安和解放区的科学家的学术思想有所不同。因此，对于全盘照搬苏联李森科遗传学的做法，很多生物学家和遗传学家十分不满，先是发生了李景均出走事件[①]，接着就发生了胡先骕[②]事件。胡先骕早年赴美留学，其学术路径与李森科一派不同。1955 年 3 月胡先骕所著高等学校教材《植物分类学简编》（以下简称《简编》）由高等教育出版社出版。在这部书的第二十章"植物分类原理"中，胡先骕通过介绍苏联生物学界学术争论情况的方式，对李森科的物种见解进行了批评，他认为"李森科'关于生物学种的新见解'在初发表的时候，由于政治力量的支持，一时颇为风行"，对此他提出："这场论争在近代生物学史上十分重要。我国的生物学工作者，尤其是植物分类学工作者必须有深刻认识，才不致被引入迷途。"[③] 这本书出版后，北京农业大学的六位讲师、助教联名致信出版社，认为该书犯了严重的政治错误。随后一位在高教部工作的苏联专家提出"严重抗议"，说"这是对苏联政治的

---

　　① 李景均（1912—2003），天津人，遗传学家、生物统计学家。早年留学美国，1941 年归国任教，1946 年任北京大学农学院农学系主任兼农业试验场场长。1949 年以后，因不同意批判摩尔根遗传学、停开摩尔根遗传学课程，于 1950 年 3 月请假赴香港，后赴美国任教。历任美国匹兹堡大学生物统计系教授、系主任、校座教授，美国人类遗传学会主席。

　　② 胡先骕（1894—1968），字步曾，号忏盦。江西省新建县人。植物分类学家，中国植物学的奠基人，中国生物学的创始人，享有世界声誉的植物学家。早年赴美留学，归国后在多所高校任教，领导和参与创办了中国第一个大学生物系，第一个生物研究所，以及静生生物调查所、庐山植物园、云南农林植物研究所等科研机构，任中国植物学会第一任会长。1948 年与郑万钧联合发布了有"活化石"之称的水杉新品种，轰动国际学术界。

　　③ 薛攀皋：《"乐天宇事件"与"胡先骕事件"》，原载中国科学院《院史资料与研究》1994 年第 1 期，转引自张大为、胡德熙、胡德焜编《胡先骕文存》下卷，中正大学校友会 1996 年出版并发行，第 900—901 页。

诬蔑"。继而中科院在纪念米丘林诞辰一百周年大会上，对胡先骕进行了批判，《简编》也被销毁了。

二 双百方针的提出和青岛遗传学座谈会的召开

如果按照苏联的模式处理科学研究、科学争论，就会使科学研究走进死胡同，阻碍科学的发展，这对于正在开展大规模社会主义建设，科学技术亟待快速发展的新中国来说显然是十分不利的。在观察了世界科技发展的形势后，毛泽东发出了"向科学进军"的号召："我们进入了这样一个时期，就是我们现在所从事的、所思考的、所钻研的，是钻社会主义工业化，钻社会主义改造，钻现代化的国防，并且开始要钻原子能这样的历史的新时期。"① 周恩来在 1956 年 1 月召开的中共中央知识分子问题会议上指出，"人类面临着一个新的科学技术和工业革命的前夕"，这个革命"就它的意义来说，远远超过蒸汽和电的出现而产生的工业革命"②。他特别强调：我们"只有掌握了最先进的科学，我们才能有巩固的国防，才能有强大的先进的经济力量，才能有充分的条件同苏联和其他人民民主国家在一起，无论在和平的竞赛中或者在敌人所发动的侵略战争中，战胜帝国主义国家"③。既然中共中央对科技发展问题的认识是此种态度，那么当然不能容忍科研领域中一边倒现象长期存在。

但是，怎样才能使科学研究走出误区呢？问题的症结显然是如何看待苏联社会主义建设的经验和方法。毛泽东在新中国成立后不久就开始思考如何看待苏联的问题，他对斯大林的许多做法，包括他对中国革命的干涉，一直很有看法。1953 年，就历史研究领域存在的争论，毛泽东提出了处理学术争论的方针和思路，叫做"百家争鸣"。据黎澍回忆，毛泽东还在另外的场合两次讲过历史研究要"百家争鸣"。一次是在 1952 年或 1953 年，中共中央宣传部约请翦伯赞、邵循正、胡华合写一本《中国历史概要》，请示毛泽东如何解决一些有争议的问题，如中国古代史的分期问题

---

① 转引自薄一波《若干重大决策与事件的回顾》上，中共中央党校出版社 1991 年版，第 500 页。

② 周恩来：《关于知识分子问题的报告》，《周恩来选集》下卷，人民出版社 1997 年版，第 185 页。

③ 同上书，第 182 页。

等。毛泽东回答说："把稿子印发给全国历史学家讨论，实行百家争鸣。"另一次是1955年9月，陆定一向毛泽东请示关于中共党史编写问题的意见，毛泽东也回答说"百家争鸣"①。

关于在各个科学研究领域都要贯彻"百家争鸣"的方针，毛泽东和中共中央是在1956年初提出来的。这年2月，毛泽东在居所颐年堂召开会议，陆定一向中央汇报了科学研究中的争论情况，并谈了自己的看法："各门科学，不论是自然科学还是社会科学，都是可以有学派的。学术与政治不同，只能自由讨论，不应该用戴'政治帽子'和'哲学帽子'的办法，打倒一个学派，抬高一个学派。""就在这次会议上，决定对科学工作采取'百家争鸣'的方针。"② 这个月的19日，毛泽东还就苏联学者对他的《新民主主义论》中关于孙中山的世界观的论点，发表不同看法一事，给中宣部写了批示："我认为这种自由谈论，不应当紧张。这是对学术思想的不同意见，什么人都可以谈论，无所谓损害威信。……如果国内对此类学术问题和任何领导人有不同意见，也不应加以禁止。如果企图禁止，那是完全错误的。"这两件事表明，中国共产党"百家争鸣"的方针已经开始扩展到各学科的研究领域，有利于推动科学研究的进步；另一方面则表明中国共产党在探索的过程中已经不是跟在苏联后面亦步亦趋，而是开始独立思考，并将独立思考的结论付诸实践。

几乎与此同时，苏共二十大召开，赫鲁晓夫的秘密报告揭开了斯大林问题的盖子。毛泽东很快做出了反应，他在这年3月召开的一次政治局会议上说，这个秘密报告表明，苏联、苏共、斯大林并不是一切都是正确的，这就破除了迷信③。这表明毛泽东更加坚信不能盲目地对待苏联的经验。4月25日，毛泽东在中共中央政治局扩大会议上做了题为《论十大关系》的讲话，明确指出："我们的方针是，一切民族、一切国家的长处都要学，政治、经济、科学、技术、文学、艺术的一切真正好的东西都要学。但是必须有分析有批判地学，不能盲目地学，不能一切照搬，机械照搬。他们的短处、缺点，当然不要学。"他特别批评了盲目学习苏联的做

① 黎澍：《毛泽东与"百家争鸣"》，转引自文严《"双百"方针提出和贯彻的历史考察》，《党的文献》1990年第3期。

② 陆定一：《"百花齐放，百家争鸣"的历史回顾》，《陆定一文集》，人民出版社1992年版，第843页。

③ 吴冷西：《忆毛主席》，新华出版社1995年版，第4—5页。

法："有些人对任何事物都不加分析，完全以'风'为准。今天刮北风，他是北风派，明天刮西风，他是西风派，后来又刮北风，他又是北风派。自己毫无主见，往往由一个极端走到另一个极端。""对于社会科学，马克思列宁主义，斯大林讲得对的那些方面，我们一定要继续努力学习。我们要学的是普遍真理的东西，并且学习一定要与中国实际相结合。如果每句话，包括马克思的话，都要照搬，那就不得了。"毛泽东还特别提到了自然科学，他说这方面我们比较落后："特别要努力向外国学习，但是也要有批判地学，不可盲目地学。"

5月2日，毛泽东在第七次最高国务会议上正式提出了"百花齐放，百家争鸣"的方针。26日，中宣部部长陆定一应中国科学院院长郭沫若的要求，在怀仁堂为首都的科学工作者和文艺工作者做报告，详细阐述了对"百花齐放，百家争鸣"方针的理解。在这种形势下，自然科学领域中两学派争论最激烈。

会议历时半个月，遗传学两派（米丘林派和摩尔根派）的主要人物包括受到严厉批判的胡先骕都参加了会议。会议由时任山东大学副校长的著名生物学家童第周主持，他从会议一开始就强调自由争辩和实事求是的精神。会议召开之初，有些摩尔根学派的学者还心存疑虑，说话吞吞吐吐、小心翼翼。为此，时任中宣部科学处处长的于光远两次到会讲话，集中阐述了对"百家争鸣"的理解，解除了与会者的顾虑，会场气氛逐渐活跃起来。"会议结束的那天晚宴上，不少摩尔根学派的学者喝了酒，满面春风地即席讲话，北京农业大学的李竞雄教授上台讲的第一句话是：'我是Morganism！'他被批判了六年之后，终于可以公开说自己是摩尔根主义者了，其心情如同再一次得到解放。复旦大学的谈家桢教授（摩尔根的入室弟子）已喝得有了几分醉意，但却非常兴奋地大声宣称：'我没有醉！我没有醉！'有人气不过了，曾跑到中宣部长陆定一那里告状，陆定一对此人的'义愤'表示惊讶，回答说：'你们骂人家那么多年，还不许人家骂你几句？'消息传到谈家桢那里，他的气更顺，劲更大了，要急起直追，为使中国遗传学研究达到国际先进水平贡献力量。"①

---

① 田广渠：《青岛遗传学座谈会的前前后后》，《中国海洋大学报》（网络版）第1941期第3版。

三 独立思考与提倡学术自由

青岛遗传学座谈会的召开给陷入困境的学术界吹来了一股清新的风，"首先是自然科学中的一些学科开始摆脱过去几年'学习苏联'中带来的不良影响"，人们认为"不能简单地否定在科学史上占有重要地位的一些成就，更不能轻易地给扣上唯心主义、形而上学等帽子"，会议精神"鼓舞着我国广大科学工作者发挥积极性和主动性，敢于为追求和坚持科学真理而独立思考"[①]。青岛遗传学座谈会的影响如此巨大，显然不能完全从会议本身来解释，而是这一年中国共产党从思想路线的高度对于什么才是对待科学研究的科学态度进行了成功的探索。

毛泽东作为领袖，从指导方针的高度提出了在科学研究中要百家争鸣，陆定一和于光远则在讲话中具体深化、细化了对这个方针的理解。

其一，百家争鸣的基础是独立思考，陆定一在讲话中明确提出科学研究中的"独立思考"问题，指出独立思考是百家争鸣的基础。"我国在两千年前的春秋战国时代，学术方面曾出现过'百家争鸣'的局面，这成了我国历史上学术发展的黄金时代。我国的历史证明，如果没有对独立思考的鼓励，没有自由讨论，那么，学术的发展就会停滞。反过来说，有了对独立思考的鼓励，有了自由讨论，学术就能迅速发展。"[②] 没有独立思考，没有不同学说之间的交锋，是无所谓"百家争鸣"的。

既然独立思考，就难免犯错误。"独立思考，进行复杂的创造性劳动，完全不犯错误是不可能的。第一，单是知识不足，有时就会使人作出错误判断。第二，把本来正确的东西夸张了，看得太绝对了，也会犯错误。"科学研究，特别是攀登科学高峰"是很困难的工作"，犯错误是常有的事，"完全不犯错误的人世界上是没有的"，任何科学成果的取得都是在科学家不断犯错误的过程中完成的。即使是犯唯心主义的错误"也不是什么稀奇的事"[③]。

当然，犯了错误要批判改正，但是，这种批评不是"'一棍子打死'

① 李佩珊、孟庆哲、黄青禾、黄舜娥编：《百家争鸣——发展科学的必由之路——1956年8月青岛遗传学座谈会纪实》，商务印书馆1985年版，第11页。

② 陆定一：《"百花齐放，百家争鸣"的历史回顾》，《陆定一文集》，人民出版社1992年版，第500页。

③ 陆定一：《百花齐放，百家争鸣》，《陆定一文集》，人民出版社1992年版，第515页。

的批评，或打击式的批评"，那是"对敌人的批评"。"凡是老老实实做工作的科学家和文艺家，在我们这个社会制度之下，是只应受到支持，不应受到打击。"因此，批评都应当是"善意的，同志式的批评"①。"在学术批评和讨论中，任何人都不能有什么特权；以'权威'自居"，"学术批评和讨论，应当是说理的，实事求是的"。"应当以研究工作为基础，反对采取简单、粗暴的态度；应当采取自由讨论的方法，反对采取行政命令的方法；应当容许被批评者进行反批评，而不是压制这种反批评；应当容许有不同意见的少数人保留自己的意见，而不是实行少数服从多数的原则。"② 陆定一虽然没有具体点明任何事件，但这样的话实际上已经否定了前一阶段的大张挞伐，否定了苏联这个"权威"。并在讲话中进一步从学术理性的角度深化了这个问题。他说，学术批评不能像孔夫子说的那样"小子群起而攻之"，这不是学术争论的方式。讨论学术问题时，一方面要坦率，另一方面要尖锐。只有这样才有利于提高科学水平，解决科学问题。"讨论问题要有学者风度"，"应该要客观，说话要有事实根据，说理应该冷静"。假如有人不冷静，"讲得不都恰当，或者没有做到很冷静，也不要介意，说点错话没有什么了不起的"。于光远认为"保持学者风度，这在科学界是有着好的传统的"，完全能够将批评的坦率尖锐和学者风度统一起来③。作为一名职位并不算高，但责任、权力很重的干部，于光远的话讲得更加委婉，更加注重引导学术批评回归科学研究本身。

其二，提倡学术自由必须将学术与政治分开。1956 年 4 月 27 日，在中共中央政治局扩大会议上陆定一已经提出了这个问题，继毛泽东发表了《论十大关系》的讲话后，陆定一也做了发言，重点谈了学术与政治的关系，谈了学术自由问题。他说："对于学术性质、艺术性质、技术性质的问题要让它自由，要把政治思想问题同学术性质的、艺术性质的、技术性质的问题分开来。"陆定一特别提到了胡先骕的问题。他说对于胡先骕的

---

① 陆定一：《百花齐放，百家争鸣》，《陆定一文集》，人民出版社 1992 年版，第 514—516页。

② 同上书，第 505—506 页。

③ 于光远：《1956 年在青岛遗传学座谈会上的讲话——8 月 10 日》，载李佩珊、孟庆哲、黄青禾、黄舜娥编《百家争鸣——发展科学的必由之路——1956 年 8 月青岛遗传学座谈会纪实》，商务印书馆 1985 年版，第 21—22 页。

问题，一开始只着重看了政治问题，结果成了抓小辫子。实际上他在生物学界很有威望，"他批评李森科的那个东西很好，那是属于学术性质的问题，我们不要去干涉比较好"①。"自然科学发展有它自己的规律"，"有的人在实际研究问题的时候是唯物主义的，但他相信上帝，这完全是两码事"。"因此，把那些资本主义和社会主义的帽子套到自然科学上去是错误的。"② 后来在5月26日的怀仁堂会议上陆定一就正式宣布："我们所主张的'百花齐放，百家争鸣'是提倡在文学艺术工作和科学研究工作中有独立思考的自由，有辩论的自由，有创作和批评的自由，有发表自己的意见、坚持自己的意见和保留自己的意见的自由。"③ 这样的话，实际上是正式给学术研究解套，还学术研究以宽松的环境。

陆定一说："这个东西（指学术自由问题）从前我也不懂得，就是在那里瞎摸一通，从实践中悟出来的。"④ 关于这些实践，陆定一在政治局扩大会议上提到了医学、生物学、物理学以及形式逻辑的研究等。但是提得最多的还是生物学的问题，看来胡先骕事件特别是胡先骕的态度给他留下了深刻印象。他意识到，扣大帽子的做法，"可能会把我们的大科学家搞掉，我们中国现在发展科学，向科学进军，他出来一个主张，把大帽子一扣，说某某学者或某某学派是资产阶级的，那科学的发展就完蛋了。这样对我们的建设是很不利的"⑤。

正是实践中反映出来的问题的警示，正是对发展科学的担忧，使得中国共产党的领导人反思苏联的经验，反思中国学习苏联经验的做法，思考科学研究的性质，努力改进党对学术的领导方式，摆脱在科学研究上的意识形态化做法，划清学术和政治的界限。对此，于光远的一段话讲得是很明白的："为了贯彻'百家争鸣'，党决定，对学术问题，党不做决议，让科学家自己讨论。科学机构如果要做结论，也要很慎重，何况党呢？党要领导学术，保证学术发展，但对学术问题最好不要去做结论。苏联李森科

① 陆定一：《对于学术性质、艺术性质、技术性质的问题要让它自由》，《陆定一文集》，人民出版社1992年版，第494页。
② 同上书，第496页。
③ 陆定一：《百花齐放，百家争鸣》，《陆定一文集》，人民出版社1992年版，第501—502页。
④ 陆定一：《对于学术性质、艺术性质、技术性质的问题要让它自由》，《陆定一文集》，人民出版社1992年版，第494页。
⑤ 同上书，第496页。

问题，从党的工作方法的角度来看，是个教训。党管得太多，科学家就会不高兴。"① 在 8 月 20 日的讲话中，于光远再次强调对于学术争论"我们党不准备做什么决议。我们党不想像苏联党那样去干涉遗传学的争论，做什么关于遗传学的决议。苏联党在遗传学问题上支持李森科一个学派，就特别被动。科学问题还是科学家最了解"②。这就是宣布了今后党对科学研究等学术工作的领导只是为学术的发展提供坚强保障，而不介入学术研究内部。

其三，开放唯心主义，学术自由的最大限度。陆定一在 5 月 26 日的会上宣布："在人民内部，不但有宣传唯物主义的自由，也有宣传唯心主义的自由。只要不是反革命分子，不管是宣传唯物主义或者是宣传唯心主义，都是有自由的。两者之间的辩论，也是自由的。"他认为"只要还存在着主观和客观的矛盾，还存在着先进和落后的矛盾，那么，唯物主义和唯心主义的矛盾在社会主义社会和共产主义社会中也还将存在"③。

陆定一的这番言论在当时的形势下显然是极具冲击力的，是"最尖锐的一个问题"，在学术界的"反应是很强烈的"，"有人认为马克思主义不赞成唯心主义，把它放出来会发生坏的影响，说：'把唯心主义的老虎放出笼来，会咬人'"。"有位先生说，党这回提出'百家争鸣'，我们解放后几年学习唯物论不是白学了吗？"对于这些担忧，于光远在生物学座谈会的讲话中进行了具体分析。他认为对开放唯心论不必过虑，"实际上，假如没有老虎，就没有武松"，"唯心主义本来就存在，不让它宣传是不行的，只有通过争论才能明确真理"。他还特别引用了北大贺麟④先生对他说的一段话来证明自己的判断："过去我们多年学唯心论的人，也并没有因为党提出'开放唯心论'，就站在唯心论的立场上弹冠相庆。党提出这样的方针，使我感到更有学术自由，感到共产党气魄大。正如毛主席所说

---

① 于光远：《1956 年在青岛遗传学座谈会上的讲话——8 月 10 日》，载李佩珊、孟庆哲、黄青禾、黄舜娥编《百家争鸣——发展科学的必由之路——1956 年 8 月青岛遗传学座谈会纪实》，商务印书馆 1985 年版，第 22—23 页。

② 同上书，第 26 页。

③ 陆定一：《百花齐放，百家争鸣》，《陆定一文集》，人民出版社 1992 年版，第 503—504 页。

④ 贺麟（1902—1992），字自昭，四川金堂人。中国现代哲学家、翻译家。早年赴美、德留学，回国后长期任教于北京大学哲学系，并在清华大学兼课。

的：'不入虎穴，焉得虎子。'唯物论会得到更大的胜利。"①

实际上，开放唯心主义是否会带来过多的负面影响并不是问题的根本，最关键的是开放唯心主义既表明了政策限度，也表明了学术自由的尺度，"开放唯心论的主要作用，是使大家敢于独立思考，有创造性"，"连唯心论的学术都可以讲，别的学术观点那就更不用说了"②。这样的话显示了中国共产党的宏大气魄，也具有重要的政策效果。既然唯心主义都可以研究，都有说话的自由，那么学术研究还有什么禁区呢？

于光远还特别谈到了"学派"和"宗派"的区别。"'学派'和'宗派'有什么不同？学派是按照科学的观点、方法、风格的不同形成的学者们的结合。学派要讲科学态度。搞得不好，不讲科学态度，有成见，就会变成宗派。""学派"和"宗派"的根本区别就在于是否遵循科学的原则，符合科学精神。在谈到遗传学的不同学派问题时，于光远特别声明："我在这里讲开放唯心论，并不是我认为现在遗传学的两派当中有一派是唯心论，可以让这一派唯心论开放出来"，"我并不简单地认为摩尔根派就是唯心论，米丘林派就是唯物论"，"应根据事实来决定，要由科学研究来解决"。学派之间的不同要通过学术讨论慢慢接近，"科学的目的是求得真理，同时提倡不同意见的争论"③。

综合上述三点可以看出，经过1956年前后的探索，中国共产党已经开始摆脱苏联在科学研究方面的影响，开始逐渐形成对待科学研究的科学态度。这就是，科学研究必须遵循百家争鸣的方针，必须建立在独立思考和学术自由的基础上，党可以为科学研究提供条件但不能代替科学研究。中国共产党关于科学研究的科学态度实质上是中国共产党实事求是的思想路线的反映，既然实践中发现了问题，那么就不要讳疾忌医，就要在实践中寻求解决问题的正确途径，而不是唯书、唯上、唯权威。尽管这个权威是比中国有更多经验的世界上第一个社会主义国家，是中国要向之取经的老大哥，但只要实践证明是错误的，就坚决纠正。

1956年这次关于科学研究的探索又是一次伟大的思想解放，不但对科

---

① 于光远：《1956年在青岛遗传学座谈会上的讲话——8月10日》，载李佩珊、孟庆哲、黄青禾、黄舜娥编《百家争鸣——发展科学的必由之路——1956年8月青岛遗传学座谈会纪实》，商务印书馆1985年版，第18—19页。

② 同上书，第20—21页。

③ 同上书，第19—24页。

学研究产生了重要影响，而且为后来的改革开放与思想解放前驱辟路，为改革开放思想解放奠定了基础。"十一届三中全会以后，我国的情况发生了根本变化。我们贯彻百家争鸣的科学政策，创造新的科学气氛的努力，是 1956 年的继续和发展。"①

结　语

新中国成立初期的这次关于遗传学的论争表明，自然科学研究并不能天然带来科学态度。对待科学研究的态度，无论是研究者还是管理者，都有一个世界观和方法论问题。所谓世界观问题，就是能否解放思想、独立思考，不迷信任何神圣的问题。所谓方法论问题，就是能否辩证地看待事物、不简单肯定也不简单否定的问题。如果不解决世界观和方法论问题，即使从事自然科学研究则仍然有可能陷入形而上学、迷信崇拜的陷阱。

---

① 龚育之：《在历史的转折中》，生活·读书·新知三联书店 1988 年版，第 387 页。

科学无神论教育学科建设的路径探讨[*]

何桂宏

摘　要　科学无神论教育不仅关乎受教育者科学精神以及科学世界观的形成，更对中国特色社会主义事业合格接班人的培养发挥着重大作用。加强科学无神论教育学科建设是推进科学无神论教育理论与实践的有效途径。当前，科学无神论教育学科建设过程中应该特别注意几点：一是立足于马克思主义理论研究与建设工程；二是坚持以科学发展观为指导；三是坚持"以我为主"，同时借鉴其他相关学科经验；四是重视顶层设计，保障有效落实。

关键词　科学无神论教育　学科建设　路径

中国无神论学会副理事长杜继文曾经说过："无神论的学科建设，是形势的需要，是时代的呼声，也应该是长期的战略布局。我们应该加大力度，与建设和捍卫社会主义核心价值观结合起来，联合全国一切有志于这一事业的学者共同奋斗，争取在较短的时期，写出一些有针对性、有一定分量的论著来。"① 学者的呼吁不是空穴来风。当前的实际状况令人担忧，科学无神论教育学科的发展受到来自实践的史无前例的巨大挑战。改革开放以来，我国各级各类学校的科学无神论教育工作被严重弱化，校园里各种有神论思想和活动死灰复燃，甚至愈演愈烈，以至于出现了"有神论有人讲，无神论无人讲"的尴尬局面。中国社科院"科学与无神论研究中心"主任习五一也指出："当前宗教渗透已经成为国外文化渗透的主要内容，而文化

---

* 本文系教育部人文社科研究规划课题"高等院校推进科学无神论教育的创新发展研究——基于心理动力学视角"（项目批准号为12YJA710029）阶段性成果之一。

① 杨俊峰：《坚持教育与宗教相分离原则，促进教育发展与无神论学科建设——中国无神论学会2011年学术年会综述》，《科学与无神论》2012年第1期。

问题、宗教问题乃至意识形态问题毕竟需要思想上的应对。我们应该掌握话语权，应该培植自己的学术优势。为从思想文化上提供抵御境外宗教神学渗透的理论武器，我们应当大力加强科学无神论的学科建设。"① 鉴于此，笔者试图对科学无神论教育的学科建设路径问题做一粗浅探讨。

一 立足于马克思主义理论研究与建设工程，加强科学无神论教育学科建设

2004 年 1 月，中共中央发出《关于进一步繁荣发展哲学社会科学的意见》，提出实施马克思主义理论研究和建设工程。这是巩固马克思主义在意识形态领域指导地位的基础工程，也是一项马克思主义理论中国化重大的理论创新工程，更是中国共产党建设中国特色社会主义事业的总体战略布局。当前，中国正处于改革开放的攻坚阶段、全面建设小康社会的新时期，面对科学无神论教育学科建设的艰巨而繁重的任务，我们应立足于马克思主义理论研究和建设工程，着重做好以下三方面的工作：

第一，把科学无神论教育学科建设视为马克思主义理论研究与建设工程的重要内容。实施马克思主义理论研究和建设工程，"是不断开辟马克思主义发展新境界的必然要求，是巩固马克思主义在意识形态领域指导地位的重大举措，是全面建设小康社会、不断开创中国特色社会主义事业新局面的迫切需要，是加强党的理论建设、保持党的先进性、巩固党的执政地位的重要保证"②。马克思主义科学无神论本身就是马克思主义理论不可分割的组成部分，是马克思主义历史唯物主义和辩证唯物主义的基础性理论。因此，加强科学无神论学科建设，大力研究和实践科学无神论，是马克思主义理论研究和建设工程的题中之意。

第二，把握其学科实质。也即从学科的原有意义上理解加强科学无神论教育学科建设的意义。加强科学无神论教育学科建设，必须从学科原有意义上来理解，这是一个学科发展最根本的认识基点。这就要求我们深入探讨"科学无神论教育是如何产生的"，"人在社会中生存为何需要科学无

① 杨俊峰：《坚持教育与宗教相分离原则，促进教育发展与无神论学科建设——中国无神论学会 2011 年学术年会综述》，《科学与无神论》2012 年第 1 期。

② 中共中央宣传部理论局编：《马克思主义理论研究和建设工程参考资料选编》，学习出版社 2005 年版，第 1 页。

神论教育"，"科学无神论教育应该如何进行"等问题。因此，回归本原，不是对历史事实的再述，目的是为了得出"科学无神论教育是什么"的科学解答，进而揭示研究科学无神论教育的本质以及对现实的意义。科学无神论教育学科建设，要从科学无神论教育作为科学世界观培育的根本途径、意识形态影响的重要手段这一本原意义出发，维护马克思主义意识形态的主导地位。要充分认识科学无神论教育不是要么着眼于对马克思主义理论本身的研究，要么着眼于对科学无神论教育本身的研究，而是以马克思主义理论为指导的科学无神论教育，它要探寻的是加强科学世界观教育、主流意识形态教育的规律。

第三，深入研究并借鉴西方宗教教育、意识形态教育的成功经验，加强科学无神论教育学科建设。立足我国国情，了解、认识世界各国尤其是西方发达资本主义国家宗教教育的长处，对于丰富和发展科学无神论教育具有一定的借鉴意义和实践价值。在西方，现代宗教教育成为社会核心价值观培育的重要组成部分，越来越关注现实社会和伦理道德问题，日益呈现出世俗化的特点。在我国，宗教教育与科学无神论教育在性质上有着根本的区别。但是，从教育功能、方式、目标等来说，科学无神论教育与宗教教育有很多相似之处，宗教教育中一些有效方式、方法，如果抽掉其宗教因素，对科学无神论教育具有借鉴作用。

二 以科学发展观指导科学无神论教育学科建设

科学发展观是指导发展的世界观和方法论的具体体现，是当代中国的马克思主义发展观。在当前新的形势下，科学无神论教育学科建设必须要以科学发展观为指导，谋求科学发展，全面推进学科建设的系统工程。

首先，科学无神论教育既要以科学发展观为指导，推进自身的改革与发展，又要引导和帮助人们结合实际学习、运用科学发展观，为各项工作改革和人的发展提供正确的思想指导。以科学发展观指导科学无神论教育学科建设，其根本是要在学科建设中贯彻以人为本，全面、协调、可持续的原则要求。坚持以人为本，就是要确立人本发展观，反对只重书本、不重人本身的发展观，改革教育脱离社会和人们实际需求的倾向，真正使教育成为人们的发展需要；坚持全面的发展观，就是科学无神论教育要保证和促进人的全面发展，反对片面发展；坚持协调的发展观，就是科学无神论教育要引导人们处理好人与社会、人与自然、人自身发展的协调关系，避免对立发展观。人自身的协调发展，亦可称之为人的可持续发展，是指人实现眼前发展与长远发展的结合，并坚持对自身不断超越的状态。也有学者提出，科学发展观强调发展的目的性、全面性、协调性以及可持续性。当前科学无神论教育学科在发展中还有不少方面不符合科学发展观的要求，比如理论研究与实践脱节、专业队伍后继乏人、教学科研经费投入严重不足等。以科学发展观指导科学无神论教育专业发展，就必须坚持以人为本，实现全面、协调、可持续的发展。

其次，坚持科学发展观，就是要求我们准确把握科学发展观的精神实质，联系科学无神论教育学科建设的实际，为科学无神论教育学科的发展植入科学发展的理念。以科学发展观指导科学无神论教育学科建设，绝不是简单地进行词句比附、概念套用，而是要以科学、务实的精神，遵循科学无神论教育学科发展的科学方法论，探讨科学无神论教育及其学科发展的客观规律，直面科学无神论教育学科发展面临的理论和实践课题。科学无神论教育既是中国特色社会主义社会的一项事业，也是一种实践活动，还是一门学科。在科学无神论教育学科建设中，三个层面的科学无神论教育各有其发展的客观规律，在学科建设方法论方面既有所不同，又互有借鉴。这就要求我们在科学无神论教育学科建设实践中坚持实事求是，科学区分，绝不能凭主观臆断，简单地以某一方法论来框定我们的思想。

三　坚持"以我为主"，同时借鉴其他学科的经验

科学无神论学科建设必须坚持"以我为主"的建设原则，根据科学无神论学科的特点和自身规律，从本门学科发展的实际出发，科学梳理和总结本学科发展的经验，在此基础上，借鉴其他相近学科建设的经验，当前应注意做好以下三个方面的工作。

首先，坚持"兼收并蓄、综合创新"的学科科学发展原则。所谓"兼收并蓄"，是指科学无神论教育学科建设应当采百家之长，为我所用。既要做到"古为今用"，也要做到"洋为中用"。从古今中外优秀的教育思想和资源中汲取营养，"取其精华，去其糟粕"。同时，应注意发挥学科交叉融合的优势，依托相近学科发展已经十分成熟的经验和最新成果，实现又好又快的发展。所谓"综合创新"，是指在汲取各方面成果时，不能奉

行简单的"拿来主义"，要在综合前人成果的基础上，与时俱进，不断推陈出新。为此，在科学无神论学科建设过程中必须注意：一是要从我国的具体国情和学科发展的实际状况出发，科学务实；二是要强化学科的理论基础，加强基础理论研究；三是要深化学科的内涵，提升学科的独特品性；四是要拓宽学科的研究视域，把学科建设和中国特色社会主义核心价值观建设、文化建设和其他人文学科建设结合起来。唯有如此，才能建设起集政治性、科学性、系统性与学术性于一体的科学无神论教育学体系。

其次，要深化和发展科学无神论教育学科的基础理论问题的研究。所谓科学无神论的基础研究至少包括：一是作为原则性指导的马克思主义的基本理论研究，这是科学无神论教育学科建设的方向性保证；二是加强相关学科的研究，如哲学、社会学、民族学、教育学、心理学等，"迁移"相关学科的最新研究成果于科学无神论教育学科建设之中，这是该学科建设的理论性保证；三是深化该学科的相关研究领域，加强实验研究和实证研究，这是该学科建设的科学性保证。

最后，要加强队伍的建设。当前，虽然科学无神论已经成为中国社科院"马工程"重点建设学科，但力量仍然十分薄弱。从学术研究领域来看，国内专业从事科学无神论研究的学者寥寥无几。尽管中国无神论学会努力发掘有志于献身科学无神论研究的青年学者，但数量依然十分有限。由于需要研究的理论和现实问题众多，而各种学术神学流派丛生，因此，目前少数从事科学无神论研究的学者都忙于应对，努力在学术思想界发出自己的声音。而要想在意识形态领域里正本清源，必须展开系统的学术研究，队伍建设仍是关键的环节。

科学无神论教育学科建设离不开人的参与，学科建设关键在于人。没有人的参与的学科建设是无法想象的。鉴于高校的特殊性，其学科队伍至少应该包括三个方面：一是高校内部的科学无神论专业研究人员。这是科学无神论学科建设科研的主体。各高校科学无神论教育研究人员不仅自己要将科学无神论研究当成己任，还要努力通过培养高素质的专业人才，不断壮大该领域的科研队伍，丰富科研成果。二是高校外的科学无神论专业研究人员。科学无神论教育是全社会面临的共同课题，一些科研机构的研究人员对无神论教育的研究也责无旁贷，其研究成果是学校研究者的有力补充。三是专业化的教育实践者。科学的理论来源于实践，并通过实践得到检验和丰富，因此，科学无神论教育工作者理应属于该学科建设人才队伍中不可或缺的一部分。当前,科学无神论学科建设和发展工作十分薄弱,学术人才奇缺仍然是科学无神论学科建设面临的最紧迫的问题。一方面,只有在马克思主义理论学科中增设科学无神论专业方向的硕士点和博士点,才能为人才队伍的长期发展提供坚实的学术基础;另一方面,通过政策扶持、制度保障和成立专门的教学科研组织机构等措施来吸引相关人才。国家应尽早出台相关的扶持政策,在申报科研课题、申报学位点上和人才引进等方面给予一定的优先支持。既注重科学无神论研究与教育人才数量的增加,更要加强人才质量的提升,从而为该学科的发展提供更多的养料和动力保证。

四 重视顶层设计,加强组织、协调,政策引导

作为主管我国教育事业的最高行政机构——教育部,在学校科学无神论教育学科建设方面责任重大。为了有效落实习近平总书记等党和国家领导人关于加强科学无神论宣传和教育工作的重要批示,教育部应尽快出台相关政策或意见,内容应包括:当前我国青少年科学无神论教育的指导思想、重要意义与必要性、现状、目标与内容以及加强青少年科学无神论教育的具体保障措施、政策条例等。要将科学无神论教育纳入学校教育体系之中统筹安排,科学设计,注重科学无神论教育的规范化、科学化发展。以学科建设为抓手,尽快构建科学无神论学科体系、课程体系、教育教学体系、科研体系、人才队伍培养体系等,要明确要求教师有意识、有针对性地对学生进行科学无神论教育,鼓励教师进行教育探索和实践,积极推广有益的教育经验,争取做到有计划、有落实、有检查、有总结,使科学无神论教育做到长流水不断线。

从事科学无神论的研究和宣传教育是一项光荣而艰巨的政治任务和历史使命。要准确理解这项事业的性质和任务,紧密联系当代青少年学生的思想实际,围绕学科建设,加强教材与教学体系的开发,不断提高教学和科研水平,认真探索多样化的教学方法和教学模式,创造性地开展高校科学无神论教育工作,并根据中央领导同志的指示精神,将其纳入科学研究规划和宣传思想工作的总体部署,锲而不舍地进行。

当然,在传统社会科学不断融合发展的今天,科学无神论教育的学科建设难度变得越来越大,但也许这会是一个历史机遇。对于科学无神论教

育的学科构建，笔者以为，借鉴"现象学追问"和"解释学逻辑"，需要更多地关注科学无神论教育实践，其中，关于科学无神论学科的研究对象、研究方法、理论构建的立足点等问题的探讨应是科学无神论教育学科建设最急迫的，也是需要不断反思的主题。科学无神论教育应该促进"观照实际问题的理论研究和观照理论建设的实际问题研究的相互交叉和融合"①，这是科学无神论教育研究创新的思想基础，也将是科学无神论教育学在未来发展的一个重要方向。

---

① 转引自李庆豪《高等教育学学科建设的进展、问题与前景》，《扬州大学学报》（高教研究版）2004 年第 4 期。

西方无神论思想发展的启示

韩　琪

摘　要　无神论可以分为积极的无神论和消极的无神论。通过回顾西方无神论的发展历程，我们发现，古典时代的自然主义哲学传统是其"源头活水"；无神论思想在不同的时代有着不同的表现，其内容非常丰富；我们应当在非信仰的大范围内进行广泛的考察和辨析，厘清无神论与自然神论、泛神论以及不可知论之间的关系，要将各种丰富的非信仰现象联系起来进行研究。中国的无神论思想主要以反天命、无鬼神、反对世俗迷信为主要内容，它与西方无神论思想在内涵以及外延上都存在较大的差异。我们今天从事无神论的研究，既要考虑它本身的西方传统，又要兼顾中国文化中无神论思想的特色，这样才能做出真正符合这个时代需要的研究。

关键词　无神论　西方无神论思想　中国无神论思想　不可知论

我们今天说的"无神论"一词，中国本来没有。上个世纪上半叶，它随着新文化运动以及马克思主义进入了中国。因此，同"宗教"一样，"无神论"也是一个起源于西方的概念。中国历史上虽然没有"无神论"一词，但却有着非常丰富的、经由个体观察和自由思考而得出的非天命、无鬼神思想。《中国无神论史》便是这方面思想的一个总汇。

因此，我们今天从事无神论的研究，首先要厘清这个概念的基本含义，廓清其西方文化的背景渊源。在此基础上，才能明确中西方无神论思想的差异所在，以及在当前的中国要如何推动该领域研究的发展。

一　无神论的概念

无神论（atheism），韦氏词典对此给出了两条解释：第一是"不相信神存在"；第二是"没有神的学说或信条"。① 这在美国可以说是一般性的通用定义。

然而，从该词的希腊词根来看，前缀"a"的意思是"无"或"不"，而"theos"指"神"。因此，这个词最早的意思应该是指没有对神的信仰。也就是说，无神论者是一个没有对神的信仰的人，而并不是必须相信神不存在。为了便于研究，美国著名的无神论学者米歇尔·马丁（Michael Martin）将由希腊词根显示的原始含义称为消极的无神论（negative atheism），而将当前词典中通用的含义，即相信神不存在，称为积极的无神论（positive atheism）。②

从另一个角度来说，"神"的概念也并非整齐划一。西方历史中最典型的有神论是指"对某个人格神的信仰，这个人格神对这个世界充满了积极的兴趣，并且已经给予了人类某种特殊的启示"。③ 此外，还有自然神论，即对神的信仰以自然界的证据为基础，而非启示，并且神被认为是远离人类社会的；多神论，即不只信仰唯一的一个神；泛神论，即认为神就是大自然。④

如果我们以对一个人格的神性的上帝（创世神）的信仰作为核心内涵，无神论可以进一步分为狭义和广义。消极的无神论在狭义上是指没有对唯一人格神的信仰，在广义上则指没有对任何神或者诸神的信仰，并不仅仅指没有对一个人格神的信仰。积极的无神论在狭义上指不相信这样一个人格神存在，在广义上则指不信仰所有的神。因此，从逻辑上来说，狭义的消极无神论是狭义的积极无神论的前提，即首先要没有对唯一人格神的信仰，这样才有成为积极无神论的可能；其次，要有相信唯一人格神不存在的理由，这样狭义上的积极无神论才能成立。⑤

从研究的角度来说，这种区分不仅非常必要，而且有其重要的现实意义，这一点在后文会进一步阐述。这里需要指出的是，我们不能因这种分类而忽视无神论现象在事实上的复杂性和多样性。可以说，世界上有多少

① 参见韦氏词典"atheism"词条，http：//www. merriam － webster. com/dictionary/atheism。
② Michael Martin，"General Introduction"，in Michael Martin（ed.），*The Cambridge Companion to Atheism*. New York：Cambridge University Press，2007，p. 1.
③ Ibid. ，pp. 1 － 2.
④ Ibid. ，p. 2.
⑤ Ibid.

种文明，就有多少种相应的神的概念和特性，一个相信唯一人格神不存在的积极无神论者，可能在泛神论的概念上又是个消极无神论者。文化是多面的，而人的思想及其存在状况也并非单一。然而，无神论现象的复杂和丰富多样一直以来并没有得到很好的重视，这方面的研究也相当缺乏。事实上，承认这一点有助于我们真正认清实际情况，进而深入拓展无神论的研究。

二　西方无神论思想的发展历程

无神论作为一个源自西方的概念，其内涵以及发展深受西方文明的影响。在不同的时代，无神论思想的体现也不一样。以下将根据西方无神论思想的发展情况，分为古典时期、中世纪、文艺复兴、启蒙运动和现代这几个阶段来简要介绍无神论思想的进程。一切思想都有其相应的物质基础，然而此处由于篇幅所限，介绍时将主要突出每个时期无神论思想的主要内容和争论点，对相关社会背景和物质基础只能点到即止。在整个世界历史中，无神论并不算是一个大主题，但它确实是关系人类命运的那几个关键主题中的一个。理清无神论的历史脉络，我们才能真正认识其内涵。

1. 古典时期

在基督教出现以前，早期的古希腊和罗马思想中，詹姆士·斯鲁威尔将之称为西方无神论历史的古典时期，无神论思想主要表现为一种自然主义的哲学，它反对传统宗教的诸神信仰。

公元前6世纪初，伊奥尼亚学派提出了世界的自然形成说。随后，爱非斯城邦的赫拉克利特第一次用自然主义公开否认了神创世界。自然现象的变化有其自身的规律，即"逻各斯"，因此，所有的神创造世界以及神支配世界的神学理论根本都站不住脚。[1] 公元前5世纪末，德谟克利特提出了原子论，即世界上除了不可分的最小物质粒子原子之外，就是虚空，自然正是虚空中被偶然力量所支配的无数原子的相互作用的体现。因此，不论在自然之外还是在自然之内都不存在任何形式的神性。而人们心灵中存在的诸神的观念，是从梦中产生的；宗教正起源于人类对自然的无知和敬畏。[2]

---

[1]　张尚仁、吴松：《西方无神论史话》，福建人民出版社1987年版，第15页。

[2]　[英] 詹姆士·斯鲁威尔：《西方无神论简史》，张继安译，吕大吉校，中国社会科学出版社1982年版，第27—28页。

公元前4世纪末到3世纪初，伊壁鸠鲁认为，最妨碍他争取心灵和感情的内在平静的东西就是宗教迷信，即对宇宙的无知以及对神灵和死后命运的恐惧，而从德谟克利特提供的自然主义的世界图景中，我们可以消除这种痛苦和烦恼的根源。当然伊壁鸠鲁承认了诸神的存在，但认为他们跟其他事物一样是由原子构成，并且根本不过问人类的事务，因此对他们感到恐惧或者向他们祈祷也就没有什么必要。[①] 到罗马帝国早期，尽管民众对刚输入的东方宗教产生了极大的热情，上层阶级的思想却清楚地显示出对宗教的淡漠。卢克莱修继承了伊壁鸠鲁的思想，他冷静思考支配宇宙的规律，并指出神并不存在，死亡就标志着生命的终结，所以我们应当顺应人生；而宗教犯下了许多恶行，所以应当彻底予以废除。[②]

以一种自然主义的方式来观察和解释世界，乃至对宗教的起源和观念也进行自然主义的说明，这正是整个古典时期对后来无神论思想发展的一个重要贡献。当然不可知论的倾向在这个时期也日益增长。古典后期的一些怀疑论学派认为：神学主题太复杂，而人生又太短促，因此不能对这些问题持有任何肯定的结论。[③]

2. 中世纪

在古典时期，自由的思想尚未过度受到社会神权形式的束缚；基督教教会组织即便已经建立，但也未对它进行压迫。然而到了中世纪，由于基督教作为国教地位的日益稳固，自由的思想便会不可避免地与神学正统派发生冲突。因此，我们只能在异端、异教或泛神论中看到一些带有无神论思想的倾向。一直到14、15世纪，中世纪教会和王权结构逐渐开始崩溃，不可知论、无神论的明确表述才开始出现。[④]

尽管如此，在中世纪，随着亚里士多德思想日益被介绍到欧洲，理性逐步摆脱了信仰的控制，开始独自探索自然界，哲学也开始摆脱神学转而研究经验世界，完全不理会信仰提出的任何说法。[⑤]

---

① ［英］詹姆士·斯鲁威尔：《西方无神论简史》，张继安译，吕大吉校，中国社会科学出版社1982年版，第32—33页。

② 同上书，第40页。

③ 同上书，第45—47页。

④ 同上书，第49—50页。

⑤ 同上书，第54—55、61页。

3. 文艺复兴时期（16—17 世纪）

到文艺复兴时期，由于人们对古典时期文化遗产的兴趣日益复活并得到发展，人类和世界便不再完全依据宗教背景来理解，人的行为也不再以是否获得上帝的拯救为唯一的衡量标准。人类和世界开始以它们本原的样子被研究和理解，而且这样做纯粹只是为了人类自身的利益。① 古典著作很可能会培养出一个坚定的道德论者，或敏锐的哲学家，但这个人并不必然是好的基督徒。大量带有怀疑和探索性质的著作对民众摆脱基督教的影响产生了巨大的作用，比如琉善、卢克莱修、西塞罗、普林尼、普鲁塔克等人的著述，它们显示出不可知论以及无神论的倾向。②

除了古典怀疑论和无神论的复活之外，这一时期的"马基雅维利主义"以及不同基督教宗派之间的冲突，典型的比如罗马天主教教会与新建立的新教教会之间的冲突，都成为 16 世纪非信仰现象广泛传播的重要原因。③ 有人在谈到马基雅维利对法国的影响时曾哀叹："……它（马氏的思想）深深地感染了无神论者以及藐视上帝和全部宗教的人，甚至把那些根本就没有宗教信仰的人抬得极高，而且用宫廷语言把他们称为公职人员；他们由于满怀着不信神和无神论，……因此他们对什么都毫无顾忌。"④ 而且，无论是天主教还是新教，都拥有大量的团体和信徒，它们各自又都声称拥有对启示真理的垄断权，那么究竟哪个才是正确的呢？这种宗教争论直接导致了当时无神论者的存在以及各种非信仰现象的不断发展。⑤

此外，经验科学也在这一时期开始兴起，以理性为指导来探索自然界。虽然它包含着无神论和非信仰的可能性，但早期出现之时并没有明显的反宗教倾向，而是作为人们在神学之外认识和解释世界的一种新方式。直到 17 世纪，托马斯·霍布斯在培根等人的实验科学的思想基础之上，提出了自然主义的哲学观点，其中显示出明确的无神论内涵。世界上真正存在的只有物体和物体的运动，因此作为"无形体的精神实体"的上帝根

---

① ［英］詹姆士·斯鲁威尔：《西方无神论简史》，张继安译，吕大吉校，中国社会科学出版社 1982 年版，第 62—63 页。

② 同上书，第 65—66 页。

③ 同上书，第 68 页。

④ 转引自［英］詹姆士·斯鲁威尔：《西方无神论简史》，张继安译，吕大吉校，中国社会科学出版社 1982 年版，第 69 页。

⑤ ［英］詹姆士·斯鲁威尔：《西方无神论简史》，张继安译，吕大吉校，中国社会科学出版社 1982 年版，第 70 页。

本就不可能存在。神观念的产生最初源于人们对自然力量和自然原因的无知，在这种情况下神的观念仍然流行起来是因为它具有"统治别人"的作用。① 他将宗教视作一种维护社会秩序的工具，"我们宗教的奥秘，有如利于患者的药丸，囫囵吞下，于治疗有益，细细咀嚼然后又大都吐掉，则无疗效。"② 斯宾诺莎则进一步指出，神学家们企图使哲学服务于神学，从而使神学教条显得合乎"理智"，这样做带来极坏的影响。因为哲学和神学这二者绝无相同之处，前者追求真理，后者只寻求顺从和虔敬；前者的基础是自然，后者的基础却是"启示"。他坚决主张哲学摆脱神学，并通过分析《圣经》而否定其中一切超自然的东西。只有自然才是唯一的、无限的和客观存在的"实体"，上帝就等同于自然，认识了自然及其规律，也就是认识了上帝。③ 斯氏的无神论思想带有一定的泛神论色彩。

4. 启蒙运动（18 世纪）

至此，理性与宗教之间在思想领域的争夺已经非常明显。如果说 18 世纪以前还存在"双重真理"，即宗教和理性这两种真理并存，那么启蒙运动则带来了理性的时代，公开宣称的非信仰现象处处可见，不仅针对基督教，也针对一切宗教。究竟有没有上帝和灵魂，这是普遍争论的议题。人们试图以理性和自然，以及与神学无涉的道德观来代替宗教对生活和世界的解释。④ 怀疑主义继续存在，反对启示的自然神论⑤被提出来，而大量的科学发现更直接带来了 18 世纪中叶无神论的发展和繁荣。

狄德罗起初是一位自然神论者，但不久就转向相信无神论。他利用科学的论据来说明无神论，并确信只要能完全消除上帝的观念，世界上的一切都会好起来。⑥ 而"西方传统中第一位毫不含糊地公然自认的无神论

---

① 张尚仁、吴松：《西方无神论史话》，福建人民出版社 1987 年版，第 202—207 页。

② ［英］詹姆士·斯鲁威尔：《西方无神论简史》，张继安译，吕大吉校，中国社会科学出版社 1982 年版，第 80—81 页。

③ 张尚仁、吴松：《西方无神论史话》，福建人民出版社 1987 年版，第 223—227 页。

④ ［英］詹姆士·斯鲁威尔：《西方无神论简史》，张继安译，吕大吉校，中国社会科学出版社 1982 年版，第 88 页。

⑤ 如前文的解释，自然神论者反对神秘的启示，即不仅在原则上根本不可能有启示这种东西，而且在历史事实中也从没有发生过。他们以理性来证明宗教，虽然相信上帝创造了这个世界，但认为它作为最终的原因处于自然之外。参考［英］詹姆士·斯鲁威尔：《西方无神论简史》，张继安译，吕大吉校，中国社会科学出版社 1982 年版，第 89—92 页。

⑥ ［英］詹姆士·斯鲁威尔：《西方无神论简史》，张继安译，吕大吉校，中国社会科学出版社 1982 年版，第 94—95 页。

者"，可以说是霍尔巴赫。他认为自然或宇宙只是由物质和运动构成的，物质本身就处于永恒运动之中，人与物质一样，是自然的一部分。他公开地指控宗教：它给道德提供了一个错误的基础；它是非科学的，其教义与科学真理背道而驰；它是腐败的社会秩序的主要倚靠，更以其关于来世的教条将人们的注意力从现世的罪恶转移开去。宗教产生于对未知物的恐惧和对自然原因的无知；而道德的根基在社会，它应建立在人们自尊的感情之上。①

这一时期，怀疑论者大卫·休谟提出了自己反对有神论的论证，并认为传统上所有的关于上帝存在的证明都是无法确证的。② 康德虽然也批判有神论的理性基础，比如他认为"纯粹理性并不能告诉我们任何关于上帝以及关于上帝与世界所可能有的任何关系的事情"，但他最终的目的却是要将宗教建立在更坚实的基础比如道德之上，使之能够免除理性的批判。因此，以康德为代表的这种对有神论以及对道德的论述，就成为下一个世纪（19世纪）许多无神论者斗争的新对象。③

启蒙运动时期，自然科学的地位得到了确立，神学假说、启示或神迹都被彻底摧毁。自然主义和理性成为观察世界的唯一方法。当然，理性也被限制在自然领域之内，该领域唯有采用科学的方法才能认识。④

5．现代（19—20世纪）

19世纪，如同康德曾试图将有神论建立在道德意识的基础上一样，弗里德里希·施莱尔马赫试图将有神论建立在个人宗教情感的基础上，将上帝限制于宗教意识的范围内。⑤ 路德维希·费尔巴哈对此进行了批判，并发展出人本学。他认为人的宗教意识只不过是人的最高理想以某种超自然存在的形式反映出来，而人的最高理想只能由人所形成。费尔巴哈否认上帝，却并不是为了废除宗教，而是要使宗教完善化。但他的学说对马克思和恩格斯都产生了决定性的影响。⑥ 马克思进一步指出："宗教是还没有获得自身或已经再度丧失自身的人的自我意识和自我感觉。……因此，反宗

① ［英］詹姆士·斯鲁威尔：《西方无神论简史》，张继安译，吕大吉校，中国社会科学出版社1982年版，第96—97页。

② 同上书，第99页。

③ 同上书，第104—105页。

④ 同上书，第105—106页。

⑤ 同上书，第108页。

⑥ 同上书，第108—109页。

教的斗争间接地就是反对以宗教为精神抚慰的那个世界的斗争。"正是在马克思这种彻底的无神论思想之上形成了后来传播到全世界的马克思主义。

另一位德国的无神论者尼采则直接指出，上帝死了。而这一事实将会在价值领域造成怎样的混乱和虚无，人们尚未给予足够的重视。他试图以一种从人的环境中引出其存在理由的自然主义的道德，来取代从上帝意志和神学目的论而来的先验道德。尼采预见了西方社会宗教观的崩溃对其道德领域最深远的影响。到 20 世纪，存在主义者让·保罗·萨特将无神论作为自己理论的第一个前提，即"如果上帝死了，那么一切都可能发生"。既然上帝死了，那么每一个人都要为自己的生存提供意义。之后，西方又有一些杰出的思想家从无神论的前提出发，提出自己对于西方社会问题的解决看法，这里就不再过多涉及。

此外，19 世纪以来，科学对宗教的批判日益发展壮大，宗教以及宗教经验越来越被人们以自然主义的方式进行解释。在英国，达尔文的《物种的起源》（1859）推翻了基督教对于人类起源的传统假设，自然选择学说几乎颠覆了整个有神论。而达尔文本人却是一位不可知论者，进化论固然让他感动，但非目的论的事实又让他沮丧，他"深深地感到这全部问题对人的理智而言，是过于深奥了……"尽管如此，进化论的提出对西方乃至世界历史的影响都是不可估量的。而科学与宗教之争也从这里拉开了序幕，典型的比如 1860 年英国科学促进会上托马斯·赫胥黎与大主教维伯福尔斯之间关于人类谱系的争论。由此，科学人文主义开始传播。某位当代的传道者对人文主义下了这样的定义："（人文主义者）认为没有理由来信仰超自然的上帝或来世；他认为人在解决问题时必须以本人的理智和道德作为依据，而不是求助于超自然的援助；无论是超自然的权威，还是别的什么权威，都不应该允许他们来妨碍任何思想领域内的研究。"人文主义者约翰·斯图亚特·穆勒认为，这样一个痛苦的世界，却被认为是一位至善全能的神的仁慈创造，这在道德上是矛盾的。20 世纪的人文主义者罗素认为，科学完全可以或者最终将说明宇宙的一切活动，我们并不需要任何其他的说明。①

---

① ［英］詹姆士·斯鲁威尔：《西方无神论简史》，张继安译，吕大吉校，中国社会科学出版社 1982 年版，第 120—122 页。

仍然在科学的领域，20 世纪的心理学家弗洛伊德继承了马克思和尼采的哲学看法，他认为将道德建立在宗教的基础上是不可靠的，人们哪怕在道德的领域也应当像在其他领域中一样学会独立。他用自然主义的术语来说明宗教经验，并认为科学工作是认识实在的唯一道路。相信宗教的人们在宇宙面前感到无能和恐惧，便把自小就可以获得某种安慰的父亲形象投射到自然身上，便创造出了他们的上帝。因此，宗教是一种幻想；同时由于它不能独立地确立于理性和科学的基础之上，所以它也是错误的。[①]

20 世纪以来，语言哲学的发展对神学思想提出了进一步的挑战。它不再关注宗教陈述的真假，而是关注宗教陈述的意义本身。宗教陈述被批判为没有意义的命题，应当完全丢弃。逻辑学教授艾耶尔说，不可知论者主张，上帝的存在只是一种可能性，无论相信不相信，都没有充分的理由；而无神论者主张，上帝并不存在，这至少是可能的；然而我们认为，一切关于上帝本性的说法都无意义，因此，我们与不可知论和无神论都是根本对立的。这可以说是神学迄今为止遇到的最为激烈的挑战了。[②] 由此可见，认识和了解世界的自然主义方式正在试图将神学完全从人的认识领域排除出去。尽管如此，在西方，目前非信仰与神学之间的争论仍在继续。

三 西方无神论思想发展的启示

以上简要勾勒了西方无神论思想的发展脉络。重温这一历史可以让我们在无神论的问题上更为明智和清晰。从中我们可以看出以下几点重要的启示：

首先，古典时代自然主义的哲学传统可以说是整个无神论思想发展的"源头活水"，不论时代如何变迁，其影响一直在持续，在现当代更是以一种彻底的自然主义，即自然科学的方式展现出来。以自然主义的方式来观察和了解世界，并对宗教的起源和观念也进行自然主义的说明，这正是一种承认客观物质世界并以之为首要事实的态度。这种自然主义的传统是人

---

① ［英］詹姆士·斯鲁威尔：《西方无神论简史》，张继安译，吕大吉校，中国社会科学出版社 1982 年版，第 116—118 页。

② 同上书，第 122—124 页。

类历史上的宝贵财富。

其次，无神论并非某一个人的发明，而是历史上无数带有无神论思想的人们集体智慧不断积累的结晶。霍尔巴赫认为宗教是腐败的社会秩序的主要倚靠，它关于来世的教条更将人们的注意力从现世的罪恶上转移开去，从这里已经可以看出后来马克思进行宗教批判的影子。事实上到马克思的时候，有神无神的问题已经解决，他基本上是继承前人的无神判断，以一种更加彻底的方式将此思想广泛应用到社会、历史的领域，进而创造性地提出自己的学说，即马克思主义。根据本文开篇的定义，马克思正是一位广义上的积极无神论者。马克思主义的无神论，可以说是最为全面彻底的无神论思想。

第三，无神论思想是因应时代的需要而不断向前发展的。古典时期的自然哲学可以说是人类观察自然的天性的一种体现。到中世纪神学占主导，自然主义的天性被压制。而文艺复兴时期自然主义的传统再次出现。启蒙运动时期，由于科学的发展以及封建社会的矛盾日益激化，无神论思想表现得更为鲜明和大胆，"西方传统中第一位毫不含糊地公然自认的无神论者"霍尔巴赫就出现在这个时候。到现代，由于反抗封建势力的需要，西方才出现了最为彻底的无神论思想即马克思主义的无神论。因此，时代不同，无神论思想的表现也不会完全一样。这一点就提醒我们，现在研究和宣传无神论也应当考虑适应当前这个时代的需要，而不能简单地照搬历史或者完全凭个人的主观意愿。

第四，无神论思想在不同时代的不同表现也提醒我们，无神论是非常丰富的。不论是古典时期还是启蒙运动时代的一些无神论思想家，他们都或多或少地带有一点自然神论或者泛神论的色彩。比如伊壁鸠鲁就承认诸神的存在，只是他们根本不过问人类的事务，所以完全没必要向他们祈祷或对其感到恐惧。斯宾诺莎认为上帝就等同于自然，认识了自然及其规律，也就是认识了上帝。虽然我们认为马克思主义的无神论是最彻底的，但不可否认，在整个无神论的发展史上，自然神论、泛神论同无神论一样都表现为一种非信仰的状态，都曾有力地抵制了主流神学。尽管它们并不等同于无神论，还有一定的局限，但是它们可以说是无神论的近亲。事实上在西方，无神论这个独立的学科下面往往分为很多学派，比如"古典的无神论"，即古希腊与古罗马的无神论，"自然神论"的无神论，"百科全书派"的无神论，费尔巴哈的无神论，以及马克思主义的无神论等。[①] 因此，今天我们在研究无神论的问题时，对其丰富的内涵同样不可忽视。

第五，无神论的发展一直有怀疑主义相伴随。不论在古典时代还是文艺复兴、启蒙运动乃至现代，这一点都表现得非常明显。这种敢于质疑和不断探求的精神正是自然主义传统的一个主要体现，在现代更在科学和理性中得到了进一步的发扬。在有神论的问题上，怀疑主义的结果往往是不可知论，一个非常重要的非信仰现象。不可知论并不等于无神论，但不论在西方还是东方的历史上，它与无神论的关系都非常近。米歇尔·马丁撰文分析了不可知论与无神论之间的关系。不可知论的观点是"既非相信也非不相信神存在"。它其实有两种情况，一种是常见的怀疑型不可知论（skeptical agnosticism），即"认为没有足够的理由相信神存在、并且也没有足够的理由相信神不存在"，启蒙运动时期的大卫·休谟即属于此类。还有一种情况是："一个不可知论者可能认为有很好的理由不相信神存在，但也认为有同样好的理由相信神存在。这种相互冲突的理由将会彼此抵消，因而无法在总体上形成一个正向的相信或不相信的理由。"这种被称为抵消型不可知论（cancellation agnosticism）。整体上来说，不可知论与积极无神论是不相容的，因为如果无神论一方正确，那么不可知论一方就是错误的，反之亦然；而不可知论与消极无神论却具有一致性，因为不可知论需要是消极无神论，但反之却不必。[②] 古往今来很多非信仰者都认为，自己没有对上帝的信仰，也不在意与之相关的事情，那么自己应该是个不可知论者吧？然而马丁通过详尽的辨析发现，很多所谓的不可知论者很可能都是积极无神论者，只不过因为思维上的一些误区他们还没有意识到自己其实是无神论者罢了。[③]

第六，根据历史的启示，如今我们研究无神论，应当将之放在整个非信仰的大背景下进行考察和比较，要将各种丰富的非信仰现象联系起来进行研究。无神论思想其实跟自然主义传统一样久远。但正因为有了中世纪的神学的发展，无神论的重要性和必要性才日益凸显出来。同样，在非信

---

① 牙含章、王友三主编：《中国无神论史》（上），中国社会科学出版社 2011 年版，第 3 页。

② Michael Martin, "General Introduction", in Michael Martin (ed.), *The Cambridge Companion to Atheism*. New York: Cambridge University Press, 2007, pp. 2 - 3.

③ Michael Martin, "Atheism v. Agnosticism," *Philosophers' Magazine* 19 (Summer 2002): 17 - 19.

仰的大范围内进行考察和辨析，厘清它与自然神论、泛神论、不可知论之间的关系，无神论才能更清楚地呈现在世人面前。同时这也是一个帮助大众澄清自己的思想的过程。对马克思来说，有神无神的问题已经解决了，他更多的关注社会历史的领域。中国是一个在马克思主义指导下的社会主义国家，还没有抵达共产主义社会。中国社会的主流虽然推崇无神论思想，但广大民众对于自身的无神论观点其实并不是很清楚的。我到底是积极无神论还是消极无神论，还是不可知论，抑或带有泛神论或者自然神论的色彩？普通民众很可能是模糊的。而更有可能的是，中国历史上儒家文化中貌似不可知论的传统可能会使很多人认为自己是个不可知论者，但事实上——根据马丁的研究——他们很可能是无神论者，只是他们自己还不知道而已。

最后，马克思彻底的无神论思想被我们继承下来，而在西方，非信仰与有神论之间的争论仍在继续，只不过变换了形式。虽然在当今世界科学和理性已经成为主流观念，但西方一直以来的神学传统仍不可小觑。21世纪以来，以英国生物学家理查德·道金斯为首的"四骑士"[1]在欧美社会掀起了一股新无神论的思潮。道金斯深入剖析宗教的由来以及它对人类思想带来的禁锢和欺骗，认为它是人类进化史上的思想寄生虫，倡导人们要立志成为一名幸福、安宁、有道德和充满理智的无神论者。[2]"四骑士"的著作虽然是用理性、科学的语言所写，但都登上了欧美畅销书的排行榜，在读者中影响巨大。这一思潮之所以出现，不仅有历史传统的影响，还有时代的原因，这里就不再展开分析。[3]有意思的是，这股新无神论思潮开始波及国内的民众，科普网站"科学公园"从2012年开始每年举办中国无神论者论坛，讨论无神论并推广科普，以与欧美的这一思潮相呼应。

---

① 英国生物学家理查德·道金斯（《上帝的迷思》（The God Delusion）（2006））、美国神经学家萨姆·哈里斯（《信仰的终结：宗教、恐怖和理性的未来》（The End of Faith：Religion，Terror，and the Future of Reason）（2004））、克里斯托弗·希钦斯（《上帝不伟大：宗教如何毒害了一切》（God Is Not Great：How Religion Poisons Everything）（2007）），和美国哲学家和认知心理学家丹尼尔·丹尼特（《破除魔咒：作为一种自然现象的宗教》（Breaking the Spell：Religion as a Natural Phenomenon）（2006））等四人被誉为21世纪新无神论思潮的"四骑士"（the Four Horsemen）。

② ［英］理查德·道金斯：《上帝的迷思》，陈蓉霞译，海南出版社2010年版，第1页。

③ 可参考拙文《西方新无神论思潮以及宗教研究中的价值中立取向》，载《马克思主义中国化研究报告No.4》，中国社会科学院马克思主义研究院赵智奎、金民卿主编，习五一、黄艳红执行主编，社会科学文献出版社2012年版。

四　中西方无神论思想的差异

在明晰了无神论在西方的发展历程之后，我们再回来看中国的情况。我国是一个有着丰富的无神论历史遗产的国家，长期的世俗国家政权使得中华文明体现出世俗性和包容性的特点。再加上中国历史上的主流文化中一直没有如西方基督教中的创世人格神或者说上帝这样的存在。因此，我国无神论思想的具体体现跟西方有一定的差异。

根据中国的文化，历史上的无神论思想主要从两个主题中表现出来：是否存在天命，以及是否有灵魂或者说有鬼神；与之相关的还有对从鬼神信仰中产生的世俗迷信的反对。这几乎可以说涵盖了我国历史上无神论思想的全部内容。[①] 在不同的朝代，无神论思想的主要内容各有侧重。简单地说，先秦时期的无神论思想就体现了反"天命"、无鬼神以及反对世俗迷信这三个方面的内容；两汉时期则主要是反对"天人感应"神学和谶纬迷信；魏晋南北朝时期则集中为"神灭"与"神不灭"的争论；隋唐时期则以反"天命"为主体，反对佛教、道教为辅助；宋元明时期，以张载的"气"的"天人"观为代表，古代的无神论思想获得了一个发展，同时还有对"风水迷信"的反对；清代基本延续宋、元、明的主题；鸦片战争到五四运动期间，西方的无神论思想同民主和科学一起输入我国，在社会上掀起很大的反响。[②] 这就是中国历史上无神论思想发展的一个简要情况。新中国成立之后，马克思主义成为执政党的指导思想，马克思主义的无神论也成为现代中国主流社会推崇的价值观念。

综合以上中、西方无神论思想的发展情况，我们可以看出，就具体内涵来说，在西方，无神论思想的一个首要内容便是唯一的创世人格神上帝是否存在，如果存在它又是否干预人类世界。对这两个问题的回答就形成了无神论、自然神论乃至泛神论。而中国则由于文化上的差异，基本没有对于世界形成的"第一动因"的探求，宇宙被认为是自然生成的，因此无神论思想中自然也就没有相应的批判。其次，西方无神论思想针对的对象

---

① 牙含章、王友三主编：《中国无神论史》（上），中国社会科学出版社 2011 年版，第 4—5 页。

② 同上书，第 13—14 页。

主要是基督教神学，由于后者体系严密，因而无神论的批判非常重视逻辑推理和理性证明。而中国由于自身文化的感受性特点，无论有神、无神思想对逻辑的运用均不突出，因此无神论批判仍然以直观推论为主，并没有形成严密的证明体系。再次，西方无神论主要以神学为目标，而中国的无神论思想却缺乏这样稳固又具体的对象，天人关系、形神关系以及鬼神世俗迷信就是其针对的主要内容，对前两者的批驳在理论上的成就略高，而鬼神世俗迷信因名目繁多且影响广泛，易破但也易立，因此在无神论思想中所占比例最大，几乎每一朝代都有反迷信的记载。① 直至今天，鬼神世俗迷信在我国很多偏远地区仍然流行。

本文开篇对无神论提供了韦氏词典的定义，除了"不相信神存在"以及"没有神的学说或信条"这两个常见意思之外，它还有一个古义，即"无信心、不虔诚、邪恶或不道德"②，这是西方在一神教统治之下时对异端所持的看法。虽然使用这个含义的时代早已经过去了，但在今日之西方，无神论与道德之间的关系仍然是人们关注的一个非常重要的主题。这在西方社会也是有传统的，康德就曾试图将宗教建立在道德的基础上，尼采更预见了西方社会宗教观的崩溃对其道德领域的深远影响。而在这一点上，中国的情况则完全不同。反天命、无鬼神以及反对世俗迷信这三点基本上不涉及伦理道德的内容，一个持有这些观点的人也不会被人们认为不道德。而且作为历朝历代治国指导的儒家思想本身就有着丰富的不可知论和无神论的传统，这也使得中国的无神论思想相对西方处于更有利的位置。这可以说是中西方无神论思想在外延上的一个差异。

鉴于中西方无神论思想如此明显的差别，我们只有既考虑无神论本身的西方传统，又兼顾我们自己的文化中无神论思想的特色，才能做出真正符合这个时代需要的研究。

五 结 论

列宁在《论战斗的唯物主义的意义》一文中说："恩格斯早就嘱咐过现代无产阶级的领导者，要把 18 世纪末战斗的无神论的文献翻译出来，

---

① 杨莉：《中西无神论比较》，《哲学动态》1987 年第 5 期。
② 参见韦氏词典 "atheism" 词条，http：//www. merriam‑webster. com/dictionary/atheism。

在人民中间广泛传播。……18 世纪老无神论者所写的那些泼辣的、生动的、有才华的政论，机智地公开地抨击了当时盛行的僧侣主义，这些政论在唤醒人们的宗教迷梦方面，往往要比那些文字枯燥无味，几乎完全没有选择适当的事实来加以说明，而仅仅是转述马克思主义的文章要合适千百倍，此类转述充斥我们的出版物，并且常常歪曲（这是毋庸讳言的）马克思主义。"①

从这里可以看出，不论是恩格斯还是列宁，都非常重视西方无神论本身的发展历史。因为这真实的发展史正是马克思主义无神论形成的前奏，并且为后者提供了理论上的支撑以及关于历史事实的真切解读。因此，我们今天在中国从事无神论的研究和宣传，就要真正重视无神论在西方文化中的渊源，坚持马克思主义无神论为最高的指导，同时兼顾中国文化自身的特色。

事实上，在当前的时代，仅仅注重西方历史上的无神论渊源已经不够了，新无神论思潮正如火如荼地开展着。我国由于宗教的复兴以及各种灵性思潮的泛滥，民间也已经出现与西方这股思潮相呼应的现象。这一切都要求无神论的研究能够抓住自然主义的传统这一根本，以开阔的视野将各种丰富的非信仰现象联系起来进行考察，给大众提供能够解释这个时代特色的无神论的概念和理论。

由于我国不似西方有一个强大的一神教的传统，我们的无神论思想的发展一直也没有西方那么激烈。再加上新中国成立后，马克思主义的无神论自然就为主流思想所推崇，似乎无神论也就没有太多发展的动力和必要了。然而，有神与无神一直是一体的两面。既然我们面临宗教复兴的趋势，那么无神论也要承担相应的新的时代责任。

必须指出的是，在当前的时代我们从事无神论的研究，并不仅仅是为了表明有神论的谬误，历史上对此已经做得很多很多了；也不是如我们在不远的过去所做的那样——大肆反对宗教。而是要在当前的有神论之外提供一种可供选择的理性思考，让社会上大多数人对无神论有更为清楚的认识，让他们面对迷惑乃至诱惑时能够更加理性地抉择。我们研究和宣传无神论，其目的也并不在这一思想本身，而是要挖掘并发扬真正的无神论的

---

① 列宁：《论战斗唯物主义的意义》，《列宁专题文集 论辩证唯物主义和历史唯物主义》，人民出版社 2009 年版，第 324—325 页。

精神，即自然主义的传统和启蒙的理性精神，即不畏权威、坚持真理、以人为本、崇尚科学的精神。这对任何时代、任何社会来说都是需要的。

最后，由于作者能力有限，对中西方无神论思想发展历史的介绍尚显粗糙，特别是对中国无神论思想的介绍部分。这只能留待以后进一步琢磨。事实上，不论是国内还是国外，无神论的研究都还很薄弱。由于历史以及现实的原因，西方从事无神论研究的人相对较少，但当代仍不乏一些杰出的研究者，比如米歇尔·马丁。对这样的研究，我们完全可参考以开阔思路。本文就在此起一个抛砖引玉的作用吧。

科学无神论与宗教研究

科学无神论

——宗教研究之魂

金宜久

摘　要　本文从概述当前中国宗教的基本状况以及宗教研究有不同态度和方法入手，认为研究宗教需要以马克思主义的唯物史观为科学的思想武器，并针对当前宗教研究中遇到的几个问题，以事例说明离开科学无神论这一宗教研究之魂，也就难以避免这类不利于宗教研究发展的类似问题的发生。

关键词　宗教研究　科学无神论　灵魂

党的十八大提出，要大力加强社会主义核心价值体系建设，"倡导富强、民主、文明、和谐，倡导自由、平等、公正、法治，倡导爱国、敬业、诚信、友善，积极培育和践行社会主义核心价值观"。第二届科学无神论论坛以研讨社会主义核心价值观与科学无神论为主题，对无神论的学科建设具有重要的理论意义和现实意义。个人在学习社会主义核心价值观过程中，对科学无神论的认识、对宗教研究的认识都有所提高。在这方面，我想谈三点个人学习的体会：研究宗教的不同态度和方法；宗教研究需要科学的思想武器；宗教研究中值得重视的问题。

一　研究宗教的不同态度和方法

宗教在世界各国普遍存在。在 21 世纪的今天，随着社会现代化、世俗化的发展，民众对宗教的那种或神秘或诚惶诚恐的敬畏心理，已经有了很大改变。可是，那些宗教信众，特别是他们中的虔诚信徒，在信仰问题上的改变并不显著。

我们的国家不是宗教国家，也没有国教。但在国内仍合法地存在着不同的宗教（也就是通常人们所说的五大宗教）。这些宗教已经建立起各自的社团组织，它们在国家的政治、经济、文化、教育、法律等不同领域，虽不具有什么特殊地位，但在参政议政方面，在参与社会生活等方面，仍起着不可忽视的影响和作用。总的来说，国家在宗教问题上是开放的，也是日益宽容的。

作为一种社会历史的产物，不同的宗教各有千千万万的信奉者，并将长期存在下去。基于这一事实和对宗教的认识，国家实行宗教信仰自由的政策，有着相应的法规以确保该政策的实施。这是说，公民有信仰宗教的自由，也有不信仰宗教的自由。有信仰者和无信仰者，以及不同宗教的信仰者，在法律面前享有一视同仁的平等权利。同样地，基于这一事实和对宗教的认识，研究宗教则应遵守党和国家的宗教政策及其相关法规，实事求是地从事研究活动，这是研究工作的基本出发点。

态度决定方法；方法、手段服务于意图和目的。有什么样的研究态度，就会应用什么样的研究方法、研究手段，以达到研究宗教、发展学术的意图和目的。就当前国内学术研究的现状而言，与其他学科相比，宗教研究的人数不多、队伍不一。相关人员在研究过程中的态度和方法也不尽相同。概括起来，有如下三种不同的情况。

其一，以宗教为客观对象从事研究。这类研究首先尊重宗教的客观存在，从研究的视角出发，以实事求是而不是歧视或回避的态度，对待宗教、接触宗教、认识宗教、研究宗教。由此，他们或是研究宗教的历史、理论、现状，或是研究宗教的教义、礼仪、制度、派别、思潮，或是进行系统的、总体的研究，或是进行分门别类的、专题的研究。只要是与宗教有关的问题，都会有所关注、有所涉及。力求以历史、以社会存在来说明宗教，而不是以宗教来说明历史、说明社会存在。这类从宗教自身的所言所行从事的研究，其目的不是把宗教视为异己、打入另册，而在于求实、求真。在这方面，国内学者已取得有目共睹的重要成果。

其二，将宗教作为信仰对象从事研究。这类研究方法，亦即通常有人所说的"在教言教"。所谓"在教"，指研究者是某个宗教的信奉者；所谓"言教"，指所言所行应符合自身信奉的宗教的教义信条。它的研究者通常在宗教内部"在教言教"，这样说、这样做，是合情合理的、无可指责的。他们在各自宗教研究方面做出的努力，在发展各自的宗教研究方面，已经陆续显现出可见的成果。值得一提的是，有的学者虽信奉宗教，但在研究工作中，并未"在教言教"，能以理性对待宗教，这是难能可贵的。

其三，在宗教研究中，还有不同的社会人士以理性对待宗教、研究宗教。由于宗教与社会相关领域的密切关系，这就决定了人们在宗教问题上，都可畅所欲言，发表己见。就人数而言，这些对宗教颇有见识的人士居宗教研究者的大多数，其中既有不同专业的学者，也有与宗教问题相关的国家机关、社会团体等不同机构的工作人员；就其研究的课题而言，既有专注于宗教的，也有环绕宗教而又旁及社会其他领域或学科的，甚至还有涉及实际工作的；就其研究成果的影响而言，则因人因事而异。同样值得提出的是，有的学者虽不"在教"，但在研究工作中，却在"言教"，他们的研究活动，起到了真正"在教言教"者所无法替代的作用。

不管持何种态度和方法，在有关宗教问题的学术研究上，特别是在有着不同宗教信仰的学者的场合，则应持尊重对方的态度。这就是说，在有信仰或无信仰问题上，应该相互尊重；无信仰者应尊重有信仰者，有信仰者应尊重无信仰者；不同宗教的信仰者之间也应相互尊重。在发展和提高宗教研究水平这一大前提下，既可通过学术探讨达到共识，也可通过学术交流求同存异，应以学术探讨、提高学术研究水平为至高目标。这是正常的现象。否则的话，则会使宗教研究的学术价值受到影响，甚至有所贬损，从而不利于宗教学术研究的发展和提高。

二　宗教研究需要科学的思想武器

有神论和无神论，可以视为一对孪生子。在有神、无神的"有""无"之间，不单单是个语词上的一字之差的问题，而是一个有着本质区别的原则问题。自远古以来，在社会生产不断发展和思想推演持续前进的过程中，人类的认识发展史不可避免地发生有形的分化。人们或是基于有神而由迷信演变、发展为宗教；或是基于无神通过衍化、升华，最终形成不同的理性学科，或者说，发展为科学。俗话说，"失之毫厘，谬以千里"。尽管有神、无神只是一字之差，但这一差异的结果，围绕着"神"的有无问题，是信仰有神还是主张无神，决定着人们在思想观念、精神生活上的差异，甚至影响到人们的思维方式、生活方式和行为方式。

宗教讲灵魂，认为灵魂不死。就个体说，它认为，灵魂附于躯体并能主宰人的一切行为；灵魂离开躯体，人就会马上死亡。就整体而言，宗教视灵魂源自它所信仰的、至高无上的神灵。宗教以神灵为核心，一切由神灵出发，从不同侧面演绎出它的思想体系、礼仪信条、规章禁戒、组织体制，进而出现与之相应的生活方式、价值观念，不同物化的形式或象征：标志、器皿、设施、建筑等。宗教主张信仰神灵，为的是借助人所造就并信奉的神灵，进而以此掌控它的信众的心灵和躯体。

具体来说，宗教作为客观存在的一种社会现象，一方面，在现实社会中，它需要发展自我以延续其存在。这包括培养它的宣教布道人员，发展它的信众，扩大与宗教相关的设施，进而发展并深化它的教义信条，如此等等。这类发展和扩大需要人力、物力和财力的支撑，它或是依靠信众的热忱奉献，或是有其他的经济来源（对于局外人来说，有的可能是个谜，在此拟不多议）。另一方面，作为千千万万善男信女信仰、膜拜之物，宗教赋予或是满足善男信女以精神需求。为什么宗教会长期存在，为什么宗教能够满足他们的心灵需求，为什么宗教在掌控信众方面如此得心应手，为什么有些人热衷于言及"终极关怀"？这就有必要将其视为研究对象，从事相关的认真的研究。

如果避开灵魂不死、灵魂源自神灵的说教，似可借鉴人们熟悉的语词"灵魂"来说事，甚至将其视为某种精神现象而予以应用。人们通常会谈及国有国魂、军有军魂；甚至人们在日常谈吐中，不同的专业工作者之间还有花魂、鸟魂、画魂、诗魂之说。这是说，一切有形物皆有其魂。这个魂，似可理解为它是内在于一切有形物的崇高精神；作为思想内核，它反映了所寄寓的有形物的固有本质。

宗教研究同样有个魂的问题。这个魂，不是主宰、决定人的行为，令人或生或死的那个魂，也不是宗教掌控信众心灵和躯体的精神性实体，及其物化的形式或象征。那么，什么是宗教研究之魂呢？这个魂，就是马克思主义的唯物史观。科学无神论正是以它的原则、原理为基础、为根据的从事宗教研究的锐利武器，在宗教研究中，它起着主导、决定性的作用。这个魂，内在于、贯穿于研究者的整个心灵。作为一种崇高的精神性因素，它以思想、语言、书文的形式显现出来。至于如何使此崇高精神内在于、贯穿于整个研究活动中，用什么方法、什么手段来显现宗教研究之魂，则仁者见仁，智者见智，一切都是有赖于宗教研究者的精神境界所使然、所体现的。

之所以说科学无神论乃宗教研究之魂，是因为它为宗教研究提供了科学的世界观和方法论。宗教是颠倒的世界观。科学无神论则以马克思主义的唯物史观把颠倒了的种种观念、认识、思想、主张再颠倒过来，使人们拨开宗教的迷雾，认清它的真面目。就"研究宗教、批判神学"而言，批判也好，研究也好，都应是分析说理的，而非粗暴武断的；是以史实为根据的，而非凭空臆造的。它所提供的世界观和方法论，无疑使宗教研究得以应用这个利器，剖析宗教、认识宗教，揭示宗教真正本质的虚幻性，揭示为之辩护的神学的谬误性，从而使人们可以更清晰地认识宗教及其在现实生活中所起的作用。

研究宗教有必要了解宗教的语言和逻辑、表象和本质、思维方式和表述方式，只有这样才能有的放矢，深入剖析、认识、揭示宗教的所言所行的历史根源、社会根源、认识根源、思想根源；此外，还需要了解宗教的社会功能、信众信奉它的根本原因、它在现实社会中的影响和作用、它的发展趋势，如此等等。真正能够说清一切宗教现象的，只能是研究者的思想武器——科学无神论。

三　宗教研究中值得重视的问题

研究宗教之所以需要科学无神论作为它的灵魂，需要主宰、决定宗教研究活动的精神因素，是宗教研究的问题和面对的现实所使然的，也是值得研究者关注的。

其一，勿以宗教的、教派的观点研究并对待宗教。当前，世界上存在着多种宗教，宗教研究不应站在某个宗教的立场上，以其教义信条、以其思想主张研究该宗教，或是研究其他的宗教。同样地，不同宗教内部皆存在着不同的教派（或宗派），研究也不应站在某个教派（或宗派）的立场上，以其教义信条、以其思想主张来研究该宗教（及其教派），或是研究其他宗教（及其派别）。这就要求我们应以超宗教、超教派（超宗派）、超信仰的立场、观点从事研究。这就需要依据科学无神论的原则、原理从事研究。

20 世纪 80 年代初，笔者曾赴加拿大温尼伯参加国际宗教史协会第 14 次国际会议，与会者除了有教授、学者外，还有来自不同宗教的从业人员

（神甫、牧师、和尚、道士等）。与会者根据自身研究的对象，参加相关学科（或专题）的会议。在发言中，与会者不是站在所信仰宗教的立场上，而是从超宗教、超信仰的视角，讨论宗教史问题。应该说，宗教史是历史，是过去的客观存在，任何人无法回避过去的事实。这就有从事学术讨论的基础，有其共同语言。如果不是以这样的态度与会，根本无法讨论宗教史问题；国际宗教史协会也早就解体了，不可能每五年召开一次国际性学术会议，研讨相关的学术问题。同样是 80 年代初，人们几乎不了解伊朗伊斯兰革命，也不了解什叶派伊斯兰教究竟是怎么一回事。当时，伊斯兰教研究室组织翻译了《伊斯兰教什叶派》。这本书出版后，遭到了莫名的非议，说什么"我们的国家是逊尼派，翻译什叶派的书干什么"。为什么会对什叶派如此讳莫如深，完全是宗教的、教派的心理在作祟。显然，具有这种心理，是不利于宗教研究的；退一步说，即使是介绍有关什叶派相关知识性的读物，对社会、对学科建设也是有益的。其实，当年不仅国内对什叶派了解甚少，包括美国在内的许多国家，对什叶派的研究也完全是在伊朗事件之后才刚刚起步。如果我们当时投入相当力量，从事有关研究，情况就会是另外一个样子。

其二，不应轻易相信"不了解宗教，就无法研究宗教"之说。"不了解宗教，就无法研究宗教"是人们在研究活动中经常听到并值得关注的一句话，意思是说，你们"不入虎穴，焉得虎子"，不信教，怎么能了解宗教，进而研究宗教呢？言外之意，"只有信了宗教，才能真正研究宗教"。有的人正是在这类说教的影响下对宗教五体投地；有的则信了教，做了宗教的顺民。更有甚者，他们比原有的信徒，往往显得更热忱、更积极。这正符合列宁关于新皈依者最虔诚这句名言的论断。

实际上，"入虎穴，得虎子"是生活中的实际操作问题，与学术研究完全是两码事。"了解宗教"是一个观察、接触、探讨、思索、实证、求真的过程。人们对事物的了解、认识，总有个由浅入深、由此及彼的过程，更为重要的是，人们对事物的了解、认识，还应有个去伪存真、由表及里的深化过程。作为研究工作者，正因为不信教，才能客观地、更好地研究宗教。大家都熟悉苏轼的一首诗："横看成岭侧成峰，远近高低各不同。不识庐山真面目，只缘身在此山中。"（苏轼：《题西林壁》）在"庐山"之中，也就无法真正认识庐山的"真面目"。那些宗教信徒，当他们诚惶诚恐地跪在地上崇拜信仰的神灵时，在思想上也就很难对所信仰的宗教真正做出像样的探讨、思索、实证、求真，只不过是在盲信、盲从而已。这也就是俗话所说的"旁观者清，当局者迷"。当他们迷于信仰时，如何对所信的对象提出疑问呢？所谓"学问"，既要学，更要问；只有从学中问，不断询问，不断思索，才得以学到至理，才得以领悟真谛。中世纪时，伊斯兰教就有一个"无方式"信条。它主张"信仰勿需问其究竟"，要求对一切经文训示、教义信条深信不疑，不可问其究竟，否则，就是"异端"。其目的在于严禁独立思考，责令信徒与理性保持距离，显然，这是不利于宗教研究的。

其三，宗教对话有其局限性。宗教对话指的不是在宗教内部开展讨论，而是指不同宗教之间对相关问题的磋商，以求得认同或共识。为的是促进不同宗教信仰者在思想、情感上的沟通，从而有所裨益。这是一件好事。可是，不同宗教之间的对话，并不是万能的，应当看到它的局限性。

一次，笔者被邀参加不同信仰者的对话，内容涉及一般社会问题，为的是向笔者证明不同宗教之间正在对话，而且能够极其融洽地对话。会议主持人向笔者介绍双方的情况后，说明作为观察者，只能听、看，不能发言、提问、评议。对话开始后，双方由近而远，由社会现实的政治、经济、文化、教育，到伦理、医药、慈善、环保等无所不谈，有共同语言，交流热烈、愉快。随着对话的深入，很自然地涉及了信仰问题，特别是关于教义信条问题。双方在引经据典时发生了争执，这时，已经不是对话，而是在辩驳。一方指着台子，进而拍起台子，强调自己观点的正确；另一方也不甘示弱，同样指着台子，拍起台子。最后，双方声音都越来越高，对拍台子，弄得面红耳赤，完全没有了开始对话时的那种融洽气氛。会议主持人对此没有多说什么，只是宣布对话结束。实际上，对话以不欢而散告终。由此，笔者得出一个看法，不同观点、不同信仰的人，为保持相对融洽的关系，在某些问题上，如果事先没有约定回避，最好不要轻易地对话。

其四，学术研究无禁区，宗教研究应慎重。一般认为，学术研究无禁区。学术研究只有不断深入新领域，学术才能得以发展。宗教研究毕竟不同于实际工作部门贯彻党和国家的方针政策，也多少不同于一般宣传媒体的活动。当前，在宗教研究活动中，由于宗教问题的复杂性，有的研究在无形中缺乏主见而人云亦云；有的虽不是宣教，也不想宣教，但在无形中却起到类似的作用；有的则对宗教问题有畏惧心理，怕惹麻烦，能不碰就不碰，不是回避就是对宗教研究持冷漠态度；有的只强调问题的一面，而不提问题的另一面；有的可能基于某些原因，仅仅从善意的方面作解说（如关于宗教极端主义、关于在宗教极端主义影响下从事恐怖活动等），不能把事物的真相如实地告诉群众；如此等等。问题的严重性在于，一般民众在不了解宗教与披着宗教外衣从事罪恶活动、恐怖活动的本质区别的情况下，就无法全面、正确地认识宗教；有时，却会从这类研究中，得出倾向性的结论。

就当前的宗教研究而言，特别是就伊斯兰教研究而言，研究就有禁区、有底线，就应慎之又慎。不要违反国家的宗教政策、民族政策、统战政策、外事政策。这不是说，研究其他宗教就可以触犯这些政策。提出研究禁区、不应踩线问题，完全是因为在研究中、写作中，很容易就会误入禁区，轻易踩线。作为一门学科，伊斯兰教研究是目前国际、国内研究最为薄弱、落后的学科。一方面，它是一些学者最不愿碰的宗教，因为在研究中，有一种莫名的、无形的压力影响着学术研究的进展。另一方面，由于缺乏相关知识，在其他国家算不上什么问题的问题，而在我们国家的某些人的心目中就成为问题（这只能以中国国情来做出说明），导致现实生活中有的人在这方面极力回避，甚至放弃相关研究。之所以不断出现令人惋惜的、被称为"教案"的事件发生，究其原因，不是因为触犯了相关禁区、踩了这些不应踩的线，就是因为缺乏相关的知识，在重复新中国成立前已经被前人误入的禁区、误踩过的线，从而出现恶性循环。根据过去和现实的经验，涉及伊斯兰教的问题更值得人们关注。

总之，在宗教研究的学术活动中，在严格遵循国家宪法、遵循党和国家的方针政策的前提下，既要坚持党和国家的宗教信仰自由政策，又要坚持科学无神论，与之相应的就是不应伤害宗教信众的思想情感。宗教研究应求实、求真，将宗教的真相全面、如实地揭示出来。这是科学无神论的历史使命和无法推卸的责任。

找准宗教的定位，
使宗教真正成为公民的私事

曾传辉

我们讲发挥宗教的正能量，用通常的话讲就是发挥宗教的积极作用。评价宗教所起到的是积极作用还是消极作用，是个价值判断，结论会因人而异。从辩证法来看，任何事物都有双重性，简单地讲宗教具有积极作用也具有消极作用，这大概没有什么异议，但也可能是一句没有什么新意的套话空话。进一步对宗教的作用做出总体的评价，指出它以积极作用为主还是以消极作用为主，就要困难得多，甚至不可能取得基本一致的意见。价值判断是主观判断，对同一现象立场不同的人可以做出不同的结论。离开历史的具体的分析，抽象地概括人类历史上的宗教是以积极作用为主还是以消极作用为主，那是形而上学的观点。如果说从宗教在人类社会的发展中发挥着重要的作用和人类社会总体上处在前进过程中的前提，推论出宗教的积极作用是主要方面的结论，那么这样的逻辑可能靠不住。在人类社会发展史上发挥过重要作用的事物有很多，这并不能保证它们的作用主要是积极的。因为我们同样可以将这种逻辑应用到战争、疾病，甚至与宗教有着错综复杂关系的迷信（尽管我不主张在学术研究中使用这个充满文化霸权意味的语词）等社会和文化现象上面，但我们很难说战争、疾病或迷信的作用主要是积极的。

这个问题的结论还取决于从什么角度来分析。如果站在被统治的广大人民群众的角度来看，历史上阶级社会的宗教主要被统治阶级控制和利用，是剥削和压迫的工具、统治者的帮凶，就可以干脆地说宗教在历史上总体上是起消极作用的；当然，也有宗教被受压迫群众反向利用，作为抗争工具的情况，但结果往往要么是不成功，要么胜利果实被窃取，因此过去学术界将这种情况概括为宗教的派生功能，承认其有限的积极作用。换个角度，从社会发展阶段，即生产力与生产关系相适应的程度来分析，历史上的统治阶级并不一直是落后的社会力量，他们也有从代表新兴生产关系的进步力量向阻碍生产力发展的没落力量缓慢转化的过程：当他们处于上升和稳定阶段时，其意识形态就是进步的积极的力量；当进入没落的阶段以后，其意识形态就成了阻碍历史进步的消极力量。他们控制利用的宗教也不例外，其社会属性与社会作用也处于不断转化的过程之中。

如果说宗教的积极作用与消极作用的话语是价值判断，发挥积极作用的话语则充满着权力关系的意蕴。霍布斯认为，权力是获取可预见利益的手段。① 有人比喻说，哲学是一把刀，不同的人在不同的场合可以派不同的用场；同样，宗教也是一把刀，它发挥的作用是积极还是消极的，关键不是取决于其意识形态的性质和历史，而是取决于它的话语权和领导权由谁掌握，为谁服务。在当代中国，宗教已经并正在发生着分化。经过社会主义改造以后，虽然宗教世界观的唯心主义虚幻本质并没有改变，但社会性质发生了根本的变化：宗教从内部革除了封建主义成分，从外部割断了与帝国主义的政治经济联系；宗教界人士在各级人大政协中参政议政，在中国共产党领导的统一战线中扮演着重要角色；广大信教群众积极投身革命和建设，成为中国特色社会主义事业不可或缺的建设力量。我们可以说，当今中国主流宗教发挥着积极的社会作用。同时不可否认的是，由于国际上的敌对势力仍在加紧控制和利用宗教进行各种破坏活动，以达到妖魔化社会主义制度、颠覆中共政权、西化中国、分裂中国的目的，国内的藏独分子、疆独分子、政治野心家、逆向民族主义分子等，也在利用宗教和邪教蒙骗少数群众跟着他们走与"中国梦"离心离德的邪路，或者进行非暴力不合作的冷对抗，或者疯狂地进行恐怖活动，宗教在局部和支流上存在的消极作用并未消除，有时还非常突出。

要发挥宗教对特定的阶级、阶层或集体有益的作用，就必须对目标宗教群体从组织手段、经济手段和文化手段这三个层面施加影响。换言之，要对宗教进行积极引导。对于执政者来说，这三个层面的手段中，组织手段最直接，最容易产生明显的效果；经济手段次之。如果组织手段和经济手段双管齐下，则效果立竿见影，自不待言，但很容易造成圣俗不分的弊

---

① 霍布斯给权力下的定义是："人的权力是其获得某种将来的具体好处的手段。这种手段既是与生俱来的，又是后天获得的。" Thomas Hobbes, *Leviathan*, Cambridge University, 1996, p. 62.

端,遭致争议、诟病和反弹。从文化手段或曰意识形态方面对宗教施加影响虽然比较间接,见效缓慢,但可以做到使人心悦诚服,影响力更加深入而持久。

三种手段都嵌入了权力关系,其中最理想的是通过文化领导权的软实力对宗教施加影响,使之朝着有利于民族国家的方向发挥积极作用。然而,目前我国在国际意识形态较量和国家安全形势博弈中总体上居于守势的情况下,削弱甚至取消在争取宗教影响力方面采取的组织和经济的手段,还不太现实。在中国共产党历届中央领导集体强有力的带领下,中国正在按自己的节奏按部就班地崛起为世界强国,给一些习惯于称霸世界和对他国人民犯下过滔天罪行又不肯悔改的国际敌对势力带来紧迫感甚至压力,但它们能够阻挠和遏制中国崛起的杠杆越来越少,世界上已经没有哪种势力可以用武力颠覆中国政权,这样它们一直运用得非常得心应手的"攻心"战术——从思想文化战线上分化瓦解中华民族的文化认同和意识形态忠诚,就变得越来越具有战略意义。在宗教方面加大渗透力度,争夺宗教神学思想和宗教学术话语权,通过公开合作、私下交流和控制互联网水军搞"蜂拥战术"等方式,甚至不惜直接进行谍报策反,在海外华人中搞"民运人士福音事工",在中国大陆高校和知识分子中加大传教力度,甚至发起一场"给共产党员传福音"的持续运动,扶持宗教地下势力、邪教势力、逆向爱国主义势力挑战中国共产党领导的爱国统一战线,期待借助突发事件尽早再次在中国导演颜色革命。中国少数极端"基督徒异见分子"似乎由此看到了希望,甚至鼓吹"非基督教中国的崛起是世界的祸害"(余杰)。在此形势下,如果放弃或放松中国共产党对爱国统一战线的领导权,无异于自毁长城。有鉴于此,我们预测,天主教"地下教会"、基督教"家庭聚会"和达赖喇嘛归国或转世等棘手的宗教问题短期内还不太可能得到皆大欢喜的解决。在世界观上坚持无神论的中国共产党虽不需要利用宗教达到自己的目的,同样绝不允许敌对势力打着宗教的旗号对我国进行颠覆活动。在宗教事务中坚持独立自主的宪法原则,关系到党和国家的命运,决不可等闲视之,掉以轻心。

现阶段我国宗教工作和宗教研究的导向,关系到宗教能否在道德培育、政权巩固、外交拓展、经济建设、民族团结、祖国统一、社会和谐稳定等方面释放正能量。对于执政党来说,发挥宗教的积极作用,关键在于法治和引导。引导的主体是执政者、立法者和司法者;引导的目的是充分调动包括信教公民在内的全国各族人民的积极性，团结合作奔小康，共同奋斗实现中国梦；引导的依据是宪法与法律；引导的方向是宗教与社会主义社会相适应；引导的理想结果是使宗教复归作为公民私事的本位。宗教工作就是要使公民不因信仰的差异而产生权利和义务的不同，成为特殊公民。

宗教信仰可以影响人数众多的群众，形成社会势力，与各色政治经济诉求相结合。宗教作为非营利性的第三部门之组成部分，必须要坚持与政治、教育、司法等第一部门的公共事务和工商等第二部门的经济事务相分离，这是近代资产阶级革命的政治遗产。近代资产阶级在反封建斗争中，打出了宗教自由和政教分离的口号，但当他们走上统治地位以后，却很快与宗教结盟，甚至形成了新的政教合一制度。神权政治意识形态的幽灵直至今日仍然萦绕在美国政坛上空，成为其制定国内国际战略的有力动因，《国际宗教自由法》和"文明冲突"论就是这种幽灵的影子。

无产阶级政党继承了这份遗产，并将它贯彻得更加彻底。在指导国际共产主义运动过程中，马克思和恩格斯一方面批判杜林主义和布朗基主义关于用行政命令禁止群众信仰宗教或"把无神论宣布为强制性的信条"的主张，因为"迫害是巩固不良信念的最好手段"（《流亡者文献》）。另一方面又反对拉萨尔主义者仅仅停留在资产阶级宣布信仰自由的水平上，不去做"把信仰从宗教的巫术中解救出来"（《哥达纲领批判》）的工作。1891年，德国社会民主党在恩格斯思想的影响下制订的《爱尔福特纲领》，率先把"宣布宗教是私人的事情"作为党的政治策略。1909年列宁在《工人政党对宗教的态度》一文中批判了在这一问题上的机会主义和无政府主义主张，将这一政策规定为："宗教对国家来说是私人的事情"，但"对工人政党来说决不是私人的事情"。中国没有政教合一的传统，因此中国革命没有欧洲国家那样反对神权政治的繁重任务。中国共产党继承了国际共产主义运动的精神财富，它的历届领导集体和中央文件都反复强调了上述原则。1950年，周恩来在与基督教界人士的谈话中就号召："让宗教还它个宗教的本来面目。"影响深远的1982年19号文件明确规定："党的宗教信仰自由的政策，是对我国公民来说的，并不适用于共产党员。"我国实行宗教信仰自由宪法原则的实质也是要使宗教信仰成为公民的私事。中国共产党的指导思想的哲学基础是辩证唯物主义和历史唯物主义，与宗教唯心主义有神论在世界观上是对立的，它的成员不能既信仰共产主义又信仰宗教，否则思想上自相矛盾，会造成人格分裂。同时，作为执政党，它的成员尤其是党员领导干部信仰宗教，必然会像历代王朝那样，帝王将相上有所好，下必甚焉，社会上迷信成风，怪力乱神泛滥，结果是国家失去主心骨，六神无主，甚至各种反动势力也会像旧时民变那样，以其人之道还治其人之身，纷纷打着宗教的旗号，揭竿而起，造成天下大乱。中国内有历代王朝，外有苏联东欧，殷鉴不远，不可不防。

历史经验表明，无论宗教为政党、企业和社会带来多大政治、经济、社会方面的眼前红利，如果违背和歪曲了宪法原则，不仅会对公民的基本权益，也会对宗教的良性发展造成伤害，使之付出沉重代价。任何团体和企业在对宗教加以利用时，都要把握适度的原则，以不损害使宗教之所以成为宗教的属灵、出世和清静个性特性为界限，做到引导得法，开发有度，弘传有节。主流的宗教组织如果没有信仰坚贞的好样子，做不好弘道和牧养工作，满足不了宗教信徒的精神需求，非主流的宗教组织甚至邪教就会出来填补空缺。宗教不要越俎代庖，将自己混同为世俗世界；世俗世界也不要强求宗教整齐划一；行政部门必须约束自身权力，不要干预宗教组织的内部事务，尤其要避免将宗教团体变成政府部门下属机构的弊端。积极引导宗教与社会主义社会相适应的关键应当是鼓励宗教界做好自己的事情，而不是去代替其他社会部门做事。首先要荣神，才能益人；首先要利乐有情，才能庄严国土。这样宗教才能为社会长久地释放正能量。

与世俗保持距离，宗教就不那么容易犯错误，是宗教保持清爽形象的长久生存之道。《老子》曰："吾有大患，唯吾有身；及其无身，吾何患之有。"又曰："夫代大匠斫者，希有不伤其手矣。"几乎每个民族的历史上都有过政教合一的时期，政教首领同为一人，往往因为政治上犯了错误被推翻，领袖们落得性命不保的下场，宗教组织也被打散。后来宗教吸取了教训，不再直接参与政治，宗教领袖虚位无为，只为精神和理想立言，为信众提供心理抚慰和精神支撑，无论政治怎样变动，宗教传统都有希望延续下去。

总之，宗教在人类社会中的独特职能应是属灵清静的，即满足部分人群对超自然与无限存在的追求，直言之，就是要满足他们对"死而未了"境界的精神需要。宗教只有做好宗教分内的事情，才能在此基础上更好地为国家社会发挥正能量。宗教研究就是要弄清宗教的历史和现实，从中找出发展变化的规律，坚持求真务实的学术指归，为党和国家制定宗教政策提供智力支持，为社会公众正确认识和理解宗教提供知识引导。宗教研究不是为宗教信仰代言，不是变相传教，也不要伤害宗教感情。政、教、学三界分工协作，共同努力把宗教真正变成公民个人的私事，为人类宗教信仰自由的理想树立新标杆。

为什么我不是宗教徒

——论宗教的社会功能的有效性[*]

邓曦泽

摘　要　鉴于近来世界宗教大呈复兴态势，近代以来之祛魅变成返魅，本文重申并强力论证了非宗教主义，即：即便上帝存在也不等于应该信仰上帝，因为从存在某物推不出对待该物的必然态度；宗教自诩的促进道德、科学、经济等功能，更无一有效可靠；而宗教的安慰功能不但成本很高，且不为其独有，替代品很多，故宗教降低而非增进幸福。所以，宗教乃人类虚构之精神圈套。

关键词　宗教　返魅　信仰　功能　有效

一　从祛魅到返魅：宗教反攻与扩张及由此须重提的问题

宗教究竟有什么用？重提这一问题并非毫无意义。

半个世纪前保罗·爱德华兹之所言，仍是对当今宗教现状的写照："当前，我们目睹宗教正在利用现代广告技术的全部花言巧语掀起一场宗教复兴运动"，而我们"面临这种情况，重申非宗教主义的观点就尤为必要了"。[①]

---

* 基金项目：国家社科基金后期资助项目（项目编号：13FZZ006）；四川大学中央高校基本科研业务费研究专项项目（编号：skqx201101）；四川大学国家"985工程""社会矛盾与社会管理研究"创新基地资助项目。

① ［英］罗素：《为什么我不是基督教徒——宗教和有关问题论文集》，沈海康译，商务印书馆1982年版，第3页。

宗教宣传者们宣称，宗教对社会有许多积极作用，包括提高社会道德、促进科学进步、促进经济发展。其中，西方某些人对宗教经济功能的鼓吹以及非西方人士的回应具有典型性，在此先以之为例勾勒宗教的扩张。20 世纪初，马克斯·韦伯的《新教伦理与资本主义精神》可谓是对基督教经济功能的代表性表述，[①] 此书后来一直成为基督教鼓吹自己优越性的重要论据，不过，韦伯在该书中厚基督教而薄其他宗教。近代以来，由于西方在世界格局中占据全方位强势，此种强势表现在文化上，则是对其他文化采取进攻态势，其他文化则采取某些回应，中国（准确地说，是中国文化的某些支持者）也是回应者。对于韦伯对宗教功能的鼓吹以及厚此薄彼，中国的回应者不是反思韦伯式的观点与论述方式本身的合理性，而是承认并顺应之，从中国文化中寻找（或发掘）相应的思想，认为中国文化也支持资本主义的发展，并特别讨论了中国近世宗教伦理与商人精神的关系。

近来，以美国为领军，宗教势力随着新保守主义势力的膨胀而大为扩张，蔓延到社会生活的各个领域，宗教的功能被人们放大。伴随着美国的变化，同样的结构性事件再次发生，即西方发出某种声音，非西方开始回应，美国对宗教功能的放大，使许多学者开始讨论中国文化中的宗教因素问题。首先值得一提的是华裔学者杜维明，他要在儒学中发掘宗教性。[②] 而在国内，20 世纪 70 年代末有任继愈认为儒学是宗教之说。当时，宗教在主流意识形态中仍被视为精神鸦片，故任氏之主张不是出于对儒学价值的肯定，而是否定。随着宗教在主流意识形态中被渐渐默许，宗教翻身了，任氏之说获得了新的意义，即如果儒学是宗教，则儒学有价值。在此，可以发现，儒学（乃至中国的整个历史文化）是否有价值，不是它自身所能决定的，而是依赖于儒学去比附的西方对象，如果对象有价值，则儒学有价值；如果对象无价值，则儒学无价值（五四以来，国人一直这样对待历史文化，此系另话）。随着宗教的翻身，继承任继愈之说的李申等，就开始大张旗鼓、理直气壮地宣扬儒学宗教说。而陈明等也开始鼓吹儒教说，认为儒学应当作为中国的公民宗教。此外，还有许多人主张用基督教

---

① ［德］马克斯·韦伯：《新教伦理与资本主义精神》，阎克文译，上海人民出版社 2010 年版。

② 杜维明：《论儒学的宗教性——对〈中庸〉的现代诠释》，武汉大学出版社 1999 年版。

改造中国，而基督教借西方强势，在中国的传播更是咄咄逼人。

通过以上宏观勾勒，可以对当前宗教形势得出一初步判断：宗教在全世界范围内扩张，在中国也呈勃兴之势，这与西方近代以降的祛魅历程是反向的，这一反向可以称为从祛魅到返魅。

从祛魅到返魅这一潮流乃是宗教兴盛的具体现象的汇总，而这些现象都假设了一点，即宗教具有强大而有益的社会功能或价值。但是，这一假设是否符合实际呢？如果此假设为假，宗教所承诺或宣扬的功能不可靠，缺乏有效性，那么宗教对于个体、对于群体、对于社会，何以是必要的呢？是否可能是人为制造的虚幻的精神圈套，而这圈套虽虚幻却实在地锁着人们的精神，以致马克思的宗教乃精神鸦片之说仍难以驳倒呢（马克思说"宗教是人民的鸦片"）？

由于当前从祛魅到返魅这一潮流中的具体现象都蕴含了一般性问题，即宗教究竟有何功能，故本文打算针对此一般性问题作探讨，而上述勾勒只是引子。并且，本文打算借助罗素对宗教的某些论述来展开，罗素对宗教的批判是全面的，但有些方面不够彻底，本文仅就宗教的几个关键问题进行比罗素更彻底的讨论。本文所讨论的问题，多是老问题，但讨论方式有所改进。

由于神灵在各个宗教中的名称与特征都不尽相同，为了讨论方便，在此以基督教为讨论的主要背景，但本文关于宗教有效性与必要性的讨论，适用于一切神灵信仰。①

二　存在与信仰：上帝存在不等于该信仰上帝

在宗教支持者与反对者的交锋中，有一基本问题，即：上帝是否存在？最初，关于上帝存在问题的争论，宗教支持者面对宗教反对者的质疑，出于防卫策略而努力证明上帝存在，但现在，支持者的策略从防卫转向了进攻，他们试图达到如此论证目的：如果上帝存在，那你就应信

---

①　关于神灵，本文以基督教的上帝为代表，而关于上帝的全知、全能、全善的特征，基督教作了明确表述，但其他文化中的神灵，许多也有这三个特征，只不过表述没有如此明确而已。另有一点似乎值得提及，在多神的文化中，一切神（善的）与魔（恶的）对于凡人都是全知全能的，但是，神魔内部却可能有所知所能程度之别，这种差别是两种无限的差别，类似数学上两个无穷集合也可能有大小之别。

仰上帝。显然，此种策略乃是暗度陈仓，偷换了存在某物与对待该物的态度。

关于上帝是否存在的争论，并无定论。其实，根本不用否定上帝的存在，就能否定上帝和宗教的有效性。现在，我先假定上帝存在，这样做的好处在于降低预设的强度，增强论证过程与结论的强度，达到无立场（即公共立场）的论证，① 即争论双方对于上帝是否存在这一问题达成一致，建成讨论的公共交往平台。如果我在承认上帝存在的前提下经过正确推论得出了某个结论，则该结论就是可靠的，而宗教支持者就不得不认可。

假设上帝存在，试问：能否由上帝存在推论出一定要信仰上帝？答曰：不能，因为从存在某物推不出对待该物的必然态度。所以，即便上帝存在，人们对上帝可以信仰，也可以不信仰。这一论证非常简单，只需要揭示从存在某物得不出对待该物的必然态度。例如，能从存在金钱、权力、科学等一切得出对待这些东西的必然态度吗？——不能。

关于存在与信仰的这一层关系，罗素也未认识到，他仍只是努力证明上帝不存在，如他在与 F. C. 科普尔斯顿神甫的辩论中即是如此做的。② 如果罗素认识到了从即便存在上帝也推不出应信仰上帝，则他对非宗教主义的立论会大大加强。

罗素还说："如果基督教是真实的，人类看起来便不像这样只是可怜虫……上帝要是这样对待人类，真是太看得起我们了。"③ 而实际上，如果基督教（以及其他有神论宗教）是真实的，人类反而更像可怜虫，因为人类被决定、玩弄。其实，如果上帝存在，对待上帝，理智者要做的第一件事就是质问他：既然你全知、全能、全善，你为什么要创造或允许人世间有恶？（罗素说："上帝在创造世界以前就预见了世界包含的一切苦难和不幸，因此他就要对这一切负责。"④）为何要让人们历经苦难，难道你要通过苦难来证明你的全知和全能？若是，你如何可能全善？若你非全善，我

① 关于无立场论证，参见邓曦泽《文化复兴论——公共儒学的进路》，人民出版社 2009 年版，第 104—105 页。
② ［英］罗素：《为什么我不是基督教徒——宗教和有关问题论文集》，沈海康译，商务印书馆 1982 年版，第 146—170 页。
③ 同上书，第 40 页。
④ 同上书，第 31 页。

如何要信仰你？难道你需要人的信仰吗？需要人做你的精神奴隶吗？或许有人会如此反驳我：你的诘问乃是老生常谈，基督教早就解决了这些问题，因为人的理性是有限的，而有限的理性无法理解无限的上帝的想法与做法。但是，反驳我的人也许没想到，他的反驳模式可以复制，而沦为为坏人辩护的借口，导致他根本不能接受的结果，因为我可以说：我们根本不能质疑希特勒，因为我们的理性是有限的，无法理解希特勒这样的伟大人物，希特勒就是上帝的化身。对方也许会再反驳：希特勒是恶人，不是上帝的化身。我也可以再反驳：不，希特勒就是道成肉身，你们凭什么否定希特勒就是道成肉身呢？如果有人要为某些坏人辩护，只要将他设想为上帝的化身，那么他的行为就是常人不可理解的，因此其行为就是不可质疑、不可否定的。所以，以人的理性的有限性来为"上帝"的想法与做法（即苦难的存在）的合理性辩护的逻辑，是不能成立的。因此，即便上帝存在，他首先应该被诘问，而不是被信仰。

或许有人又会指责我，说我根本没有在宗教体系内部说话。我认为，这种指责没道理，下面略加辩护，而这个辩护也是对本文论证的有效性的辩护。如果有两种相反的观点发生纷争时，甲（A）就不能指责乙（非A）没有进入他的体系，因为乙也可以同样的方式指责甲，说甲没有进入他的体系，这样就会陷入辩无胜的困境（《庄子·齐物论》），而要使讨论有效，就须建立新的公共交往平台（B），这个平台应为双方共同认可。其实，讨论宗教的有效性与必要性，并不需要涉及宗教的细节的具体内容，而只需要抓住宗教的基本观念，因为宗教的具体内容是从其基本观念展开的，而宗教的有效性与必要性只能通过其基本观念来保证，如果连其基本观念都出了问题，不能为其有效性与必要性提供保证，则其具体内容也无法提供保证，也就没有必要再考察其细节观念了。本文的讨论平台并未否定宗教的基本观念（包括基本预设和立场），而是先承认上帝的存在与永生观念，同时利用宗教也经常使用的功能（或价值）与效用这两个核心观念。功能与效用又是有其一则必有其二的，讨论功能，就必然涉及效用观念，反之亦然。宗教宣传者经常运用"灵验"这一概念，而灵验就包括了功能与效用，本文质疑宗教的社会功能的有效性，其实就是质疑宗教（或上帝）是否灵验，所以本文对功能和效用的使用与宗教自身的观念完全吻合。在此基础上，本文证明了宗教徒所宣称上帝功能的有效性并不可靠，宗教对于人类来说并非是必要的。并且，本文的讨论方式非常简单，犹如一个医生宣称他的药是灵丹妙药，人人都应拥有，而我证明了他的药不是灵丹妙药，有效性很低，故对于人们来说并无必要性，虽然我在证明药的效用时，只是承认了医生的基本预设，而没有理会他的其他花言巧语，但这不能说是在医生的话语体系之外说话。否则，对一切谬论（含迷信）的指责，都可以被谬论坚持者指责为没有在其话语体系内部说话。① 有人认为，我是以科学为标准来裁判宗教，其实并非如此。我是以有效性来裁判宗教，同时科学也要接受有效性裁判。如果科学无效，它也必须被否定。因此，指责本文是在宗教之外讨论问题，没道理。

三　宗教功能的有效性问题

（一）神启中的伪因果和两个历史大趋势的背反

宗教宣传者要让人们信教，无一例外地宣称宗教具有种种功能，而这些功能最终全是来自三全的上帝，而不是现实生活中的人。上帝通过什么显示其功能，指导人们的生活呢？神启。上帝启示包括神谕与神迹，以及更通常的启示。一切宣扬神灵的文化，或者一切文化中宣扬神灵的内容，必然断言神启的存在，并必然利用神启宣扬神灵信仰或宗教信仰。因为既然上帝存在，它就必须显现出来，才能与人们的生活发生关系，人们才可能选择某种态度与方式对待上帝。如果一方面说上帝存在，另一方面说上帝不显现（无神启），那么即便上帝存在，又与人们何干呢？人们干吗要去信仰（或反对）他呢？所以，神启是上帝发挥作用必要的也是唯一的途径。

关于神启，许多人驳斥过，但这里加大了驳斥力度。

---

① 有人说我的大前提不成立。我认为，我的大前提只有一个：如果行为者欲图实现目的 a（或解决问题 a），即预定了目的 a；然后，采取了手段 b，认为 b 的功能（或效用）c 可以可靠地包括（或局部包括）a，即 b 能可靠地促进 a 的实现（或局部实现）；但实际上，b 对于实现 a 来说，完全不可靠，那么 b 就是无效的或无用的；因此，对于实现 a 来说，b 应该摒弃。这一大前提是很日常的。其实，对一个理论的考察，首先不是讨论其前提，而是讨论其前提与结论之间的论述的严格性。如果该理论的论述严格性比较可靠，再来考察其大前提。但是，任何理论都有其大前提，而大前提对于理论自身来说是不可验证的，那么任何人都可以质疑一切理论的大前提。若此，攻击一种理论就过于简单，且会导致轻易否定一切理论（广义的理论，亦即一切文化），因而这种攻击毫无意义。那么，判断大前提成立与否的标准是什么呢？如果诉求经验（或回归生活），那么我这一大前提很符合经验，很具有生活性，是真正面对生活世界本身的。

按照宗教徒的说法，上帝通过神启，发布许多规则，让人们遵守。但是，此间有几个疑问：（1）如果真的存在神启，那上帝为何不直接现身呢？（2）规则的变化何以能发生？（3）有些规则是相互抵牾的，三全的上帝如何可以做出此等事情来？（4）有许多规则是宗教信仰者与非宗教信仰者共有的，试问：非宗教信仰者为何也能享有某些神启内容？

或许有人会说，这又是在宗教信仰之外发问，但问题是：（a）对于已是宗教徒的人，没有宣传的必要，宗教宣传者既然要宣扬宗教，就不能假定听者已经是宗教徒，而必须以理服人，说服听者（非信仰者）认可宗教，同时，既然宗教宣传者宣称上帝存在并且神启存在，那就要拿出证据来。（b）我的质问其实已经退避三舍了，即假定了上帝存在，还假定神启存在（此亦即承认了从功能角度考察上帝以及宗教），我并没有修改宗教宣传者的前提。既要宣扬，又拿不出证据，除非认定宗教不讲道理；若不讲道理，又如何能传教，说服非信仰者，使之转变为信仰者呢？如果宗教信仰真是"因为荒谬，所以信仰"，那么可否信仰屎溺，认为屎溺就是上帝（庄子说道在屎溺）；① 再者，信了宗教与不信宗教，又有何分别？对人又有什么意义？事实上，宗教也并非完全拒绝讲道理，它甚至想通过讲道理来证明其价值，例如基督教在中世纪对上帝存在的证明，又如 F.C. 科普尔斯顿神甫在与罗素辩论时，也在讲道理，甚至运用了分析哲学、语言哲学的某些研究成果。既然宗教并不完全拒绝讲道理，就让我们在这里继续讲道理。

对于问题（1），上帝不直接现身，只能说"上帝"（实乃某些人）在装神弄鬼了。

对于问题（2），许多宗教的教规都不断变化，尤其是进入现代社会以后。这里并不考虑规则本身的合理性问题，但是，教规的变化与所谓上帝何干呢？其实，规则的变化，都是由人（各种宗教教会里面的领导或权力人物）设计并作出决定的，这与法律的制定、颁布的形式是一样的，上帝究竟在何时何地以何种方式显灵——神启，谁也不知道。

对于问题（3），既然上帝三全，那他为何不能设计一套完整一致、无

---

① 甚至，屎溺对人们的功能远比所谓神灵更可靠，因为屎溺构成生存的必要条件，没有屎溺，人就会憋死，所以屎溺信仰比神灵信仰更可验证。进一步，将构成生存的必要条件的东西作为信仰对象，都比神灵信仰更可验证，而事实也是，有些文化把太阳、水、山等作为神灵，作为信仰对象。以屎溺为例，话俗理不俗。

懈可击的规则系统呢？此问题比较简单，前人的驳斥也很多，不复赘言。

问题（4）就更尖锐了。事实上存在此类情况，宗教信仰者与非信仰者都遵守某些共同的规则，那么非信仰者所遵守的规则是谁向他们颁布的呢？显然不是上帝。既然不是上帝，那就意味着没有上帝，人们也可以拥有和遵守规则，那么上帝对于一个人和社会何以是有效的呢？若无效，则上帝对于一个人和社会又何以是必要的呢？至少对于非信仰者来说何以是必要的呢？

一个事物（P）对于另一个事物（S）是否有效，是有可行的判定方法的。设关于一个事物的命题（或理论）为P，关于另一事物的命题为S。如果P为真，则S为真（P→S），并且P为假，则S也为真（~P→S），则P与~P对于S都是无效命题。也就是说，如果P的任意改变对S都没有影响，则P对S是无效的。上述表述等值于：如果S为真，则P为真；如果S为假，则P也为真，则S对P是无效的。因此，这种无效是相互的。如果S是特定事物，则P对该S无效，但并不意味着P对其他事物无效。如果S可以是一切经验事物，则P与~P对于一切经验事物都无效，亦即对于生活（或经验世界）无效，这样的命题（或理论）不会对人们的生活产生任何具体的、独特的、实际的影响。例如：绝对观念、唯物主义、唯心主义等就是无效的，因为无论世界是不是绝对观念的自我演化，无论世界的本原是物质还是精神，对生活的一切具体事件都没有明确影响。但是，有些事物对另一些事物就有确定影响，如果P为真，S为真或为假，并且当P变为假时，S也相应变为假（或真），则P对于S有明确影响，则P对S是有效的。例如：如果矩形面积等于长乘以宽，则长为20米、宽为10米的矩形的面积等于200平方米；如果矩形面积不等于长乘以宽，则长为20米、宽为10米的矩形的面积不等于200平方米。又如：如果哺乳动物是脊椎动物，并且狗是哺乳动物，则狗是脊椎动物；如果哺乳动物不是脊椎动物，并且狗是哺乳动物，则狗不是脊椎动物。

实际上，为了证明上帝的功能，宗教宣传者经常利用一种可以称为伪因果的手段。先来看两个案例。案例1：有朋友说他去教堂听宗教音乐，感到一种宁静。他问：这是不是宗教或上帝的力量？案例2：江湖医生说他的画符水能治病，并且喝了他的画符水，的确治好了一些诸如感冒的小病。请问：画符水是否有神功？其实，在案例1中，让人宁静的力量根本不是来自上帝，而是来自音乐本身。人们没有想到音乐本身的力量，而以为那是上帝的力量。如果他在教堂里看色情片，他可能产生性冲动。在案例 2 中，江湖医生在画符水里面事先放了某些药物，真正治疗疾病的，不是画符水的魔力，而是其中的药物，但人们不知道其中有药物，却以为是画符水的魔力。上面的欺骗现象林林总总，但其间贯穿的基本手段就是伪因果。伪因果的逻辑特征如下：（1）假设 p→q（这是实际的因果）。（2）有人在 p 中加入对 p 不构成否定的 x（x 与 p 兼容，如上帝这个玄虚的东西与药物、音乐等许多事物都是兼容的），使 p 与 x 总是伴随出现，同时，再使 p 本身变得隐蔽，而宣称 x 可以产生 q，于是得到新的逻辑表达式——（3）p∧x→q。（4）于是，该人就说，是 x 产生 q。这在直观上很难否定。于是得到——（5）x→q。（6）因此，该人就说，是 x 产生 q。于是，伪因果就得以建立。但实际上，是与 x 伴随且比较隐蔽的 p 产生了 q。

就基督教与西方社会发展的关系看，不可否认的两个基本事实是：（1）近代以来，基督教在西方的影响力越来越弱，从全面控制社会的主导思想退化为道德宗教和心灵宗教，即呈下降趋势的线。（2）即便现代性受到某些质疑，但其基本的合法性仍是可靠的，并且在事实上，西方社会的科学、法治、民主、平等、自由、人权等现代性日渐增强，即现代性呈上升趋势的线。同时，促进和支持关系表现为正相关，反对和阻碍关系表现为负相关。于是，一个非常明显的吊诡就出现了：两条相反运动的线怎么可能正相关？亦即：一条下降趋势的线，怎么可能支持一条上升趋势的线？广言之，下降趋势的事物怎么可能支持上升趋势的事物？这两条线或这两种趋势只能是负相关或不相关。这是反驳基督教支持西方现代性发展这一观点的最简洁方法。

运用以上方法来考察：上帝存在与神启对哪些事件是有效的呢？看不到。下面，本文从道德、科学、经济、幸福四方面考察宗教究竟是否具有可靠的功能。

（二）宗教能促进道德吗

宗教宣传者经常宣扬的是宗教对道德的促进作用，对此，罗素有许多驳斥。首先，"如果你坚信确有是非之分，那就得说明是非之分是否出自上帝的圣旨。如果是的，那么对上帝本身来说便无是非之分，再说上帝至善便毫无意义了……是非的产生并不完全是由于上帝的圣旨而事实上是在逻辑上早于上帝的存在的"①，也就是说，如果说上帝是全善的，则这全善乃是被道德规则判断的结果，那么上帝本身也是接受道德规则的判断的，这就意味着一定有些道德规则先于上帝而存在。如果上帝创造了道德规则，却又用这些规则来判断他是全善的，就犯了循环论证的错误，犹如某些皇帝以自己为标准，说自己就是道德、真理的化身，因而自己无比圣明一样。其次，罗素指出："我认为在基督的道德品性中存在着一个非常严重的缺点，那就是他相信地狱。我自己认为，真正非常慈悲的人决不会相信永远的惩罚"，"无论从智慧上看或者从品德上看，我自己都觉得他不像历史上传颂的某些人那样高超"。② 爱因斯坦也指出："一个人的伦理行为应该有效地建立在同情心、教育，以及社会联系和社会需要上；而宗教基础则是没有必要的。如果一个人因为害怕死后受罚或希望死后得赏，才来约束自己，那实在是太糟糕了。"③ 而宗教的地狱观念就试图通过死后惩罚来约束生前行为。最后，至于基督教教会在历史上犯下的罪恶，更是不可胜数。

还可以追问：如何判断某人是否遵守了道德（或有道德）？答曰：只能根据是否遵守了规则。也就是说，无论一个人是不是宗教徒，若他有道德，他都表现为遵守规则。

就必要条件看，是不是只有宗教信仰者才是有道德的呢？显然不是，许多无神论者也很有道德。就充分条件看，是不是宗教信仰者一定有道德？显然也不是，许多信仰者也不道德。这就意味着，宗教信仰与道德根本构不成条件关系。

从原因上看（原因不等于条件），不可否认，有些人是因为所谓"上帝"的触动而变得有道德，如欧·亨利《警察与赞美诗》中的苏比（我承认生活中有类似现象）。但是，这里有两种情况。

其一，这种触动并不是上帝的作用，而是苏比听到钟声而想到了他曾接受的道德教导，这种教导只能来自人而非上帝，可做如下分析。上帝（或者其他某个 x）说："你要讲道德，如要助人为乐。"（或"你要做到

---

① ［英］罗素：《为什么我不是基督教徒——宗教和有关问题论文集》，沈海康译，商务印书馆 1982 年版，第 17 页。

② 同上书，第 21、23 页。

③ ［美］爱因斯坦：《爱因斯坦文集》第 1 卷，许良英、范岱年译，商务印书馆 1976 年版，第 282 页。

y"）如果你真的助人为乐了（或者按照 y 而行动），这是上帝的功劳吗？这就是典型的伪因果。上帝说的内容的正确完全不能证明上帝的力量，因为这里的上帝完全只是一个假设的说话者，将说话者换成 x，内容 y 同样是正确的。况且，当说"上帝说'你要做到 y'"时，本身并不是上帝在说，而是在"上帝说"之前省却了一个真正的主语即说话者 a，是 a 说"上帝说'你要讲道德或做 y'"。在这种情况下，人们接受的，其实根本不是"上帝"的指示，而是 a（如神甫、和尚、阿訇、父母、老师等）的指示。

其二，其他偶然事件（非神灵事件）也可以触动某个人而使他变得道德，同样，真正触动他的是他通过该事件而想到了他曾接受的道德教导，这种教导同样只能来自人。也就是说，无论哪种情况，真正发挥作用的只能是他所接受的来自人的道德教导。这就意味着，一个人的道德变好，在原因上看，可以有各种表现，而归根结底乃是道德教导（含所教导的规则）在起作用。这是就对道德的促进来看，若就反面即对道德的败坏来看，同样有两种情况。第一，上帝失灵。例如，某人遇到困难，向上帝呼救，而上帝无法解决其困难时，他可能采取非道德手段解决问题，从而道德变坏。第二，与上帝无关。例如，某人遇到困难或面对诱惑而道德变坏。因此，不论导致道德败坏的原因是什么，归根到底是个人对道德准则的放弃，不能归咎于上帝或其他。

那么，从经验上看，宗教信仰者中有道德者的比例是否高于非信仰者呢？似乎无人给出可靠的统计数据。

还有人说，一个宣称信仰宗教的人却无德，是因为他不是真正的宗教徒。这完全是无稽之谈。因为这种论调同样可以被复制，说一个无神论者（或非宗教信仰者）之所以无德，是因为他不是真正的无神论者（或非宗教信仰者），此种复制出来的论调也是不可反驳的。这又因为宗教信仰者与非信仰者都有许多共同的规则，不论他是什么人，他都应该遵守许多公共规则，包括一般公德、职业道德、国家法律等。如果他无德，乃是因为他不守规则，而不是因为他不是真正的宗教信仰者或非信仰者。所以，在道德方面，真正的 x 都可以被定义为高尚者。

因此，宗教与道德没有明确相关性。而按照罗素的说法，以宗教信仰的名义对道德的破坏、对人性的摧残，倒是证据多多。

退一步讲，我可以承认人需要信仰，① 信仰有助于提升道德，并且事实上有些人的信仰来自于上帝或更宽泛的神灵（不管其有无），但信仰的来源完全不限于上帝，上帝只是一种选择，替代品很多，并且有的替代品比上帝更优（参见下文论述安慰品的来源完全不限于上帝或神灵）。

（三）宗教能促进科学吗

在理论上考察，宗教反对科学，这是很正常的，甚至是必然的，是与其基本特征相应的（至少在近代科学产生初期是如此）。（1）宗教假定了教义是上帝的圣旨，永远正确、完美无缺、凝固不变。（2）教义对经验世界中的某些事件作出了断定。（3）由前两点可以推论出，宗教必须认定教义对经验事件的断定都永远正确。（4）但是，随着科学的发展，教义的某些断定被证明是错误的，由此造成与（3）的冲突。（5）教会（或神职人员）要维护所谓神启（即教义）的权威（其实是维护教会或神职人员的特权利益），就必须否定科学的看法。（6）于是，宗教就阻碍科学。以上就是根据宗教的基本特征作出的推论，罗素也大概表达了上述意思："宗教教义和科学理论不同，它自称含有永恒的和绝对可靠的真理"，"教义是宗教与科学冲突的理智上的原因，但对立之所以如此尖锐剧烈则一直是由于教义同教会和同道德法规的联系。过去，那些对教义表示怀疑的人们削弱了教士们的权力世俗的统治者，和教士们一样，感到自己有充分理由害怕科学家们的革命学说"。② 第（1）点是宗教阻碍科学的根源，第（3）点是关键，这两点相配合，即是宗教对自身能力的认定，而这一认定使得对

---

① 附带论及，信仰不等于宗教信仰。宗教信仰是指对某种特定对象的信仰，即对神灵的信仰。信仰和宗教信仰及其区别，可以用谓词逻辑来描述。用 R 表示信仰这种关系，用 x 表示人，用 y 表示某个对象，用 P 表示神灵，神灵是特定的对象，故 P∈y，则信仰可以表示为 R（x，y），而宗教可以表示为 R（x，P）。由此可知，宗教是信仰的一种具体形态。下一步，可以证明，所有人都有信仰。假设有人没有信仰，则 ∃x ~ ∃R（x，y），意为存在某些人 x，他（或他们）与任一 y 都没有 R 关系，即他不信仰任何东西（∃x 可省）。但是，对于 x，如果 ~ ∃R（x，y），则他没有信仰，即 R［x，~ ∃R（x，y）］，也即 ~ ∃R（x，y）替代了 y。所以，x 要么有信仰 R（x，y），要么有信仰 R［x，~ ∃R（x，y）］；所以，x 有信仰。不过，这两种信仰在逻辑上不同，R（x，y）是一阶信仰，而 R［x，~ ∃R（x，y）］是二阶信仰。这一论证是符合生活实际的。一阶信仰的存在，自不待言。二阶信仰只有一种，就是彻底的虚无主义，但是，再彻底的虚无主义者也不可能把虚无主义自身给否定掉，而必须信仰虚无主义。在一阶信仰中，宗教信仰只是一种，其余如无神论信仰、金钱万能信仰等，都是一阶信仰。

② ［英］罗素：《宗教与科学》，徐奕春、林国夫译，商务印书馆 1982 年版，第 2、5 页。

宗教教条与教义的修改变得极为困难。宗教对自身能力的认定与科学对自身能力的认定完全不同，"科学却总是暂时的，它预期人们一定迟早会发现必须对它的目前的理论作出修正，并且意识到自己的方法是一种在逻辑上不可能得出圆满的、最终的论证的方法"，科学"并不认为自己知道全部真理，或者说，连自己最佳的知识也不认为是完全正确的。它懂得，任何一种学说迟早都要修正，而这种必要的修正需要研究和讨论的自由"。①如果宗教也像科学一样，其一切教条教义皆可修正，这对改善人们的生活当然没有什么不好，但将否定第（1）点，即对上帝功能的部分核心假设（全知全能）将无法成立，宗教就必定解体。若宗教要维护自己的生命及其基本利益，就一定会阻碍科学，这乃是其本质决定的。

就历史事实看，为了维护教义的权威，教会曾采取种种手段遏制科学的发展。例如，近代科学产生初期，教会抵制伽利略的发现，"既然《圣经》说地球是不动的，那么我们就得不管伽利略的种种证据而坚持这种说法"，"直到 1835 年为止，宣讲地球运动的著作一直被列为禁书"。虽然这种极端情况现已很少了，但宗教对科学进步的每一次承认都不是主动的，而是因迫于科学不可抵挡的强大而不得已让步，废除某些教义。此亦即罗素所言"天主教会采取了一种无可奈何的日渐放松的反对态度"②。在日常生活方面，宗教也阻碍某些生活方式的改进。例如，截至目前，在基督教社会，堕胎合法化因宗教因素仍举步维艰。

现今，宗教已不再明确抵制科学了，甚至随着科学日强，许多理论或文化形态都想往科学靠拢，而某些宗教宣传者也开始趋炎附势地转身，标榜宗教能促进科学，并借此推销宗教。但是，罗素认为，宗教并不能促进科学，"首先就在于它贬抑知识和科学。这种缺点是继承了《福音》书的衣钵。基督要我们变得像小孩一样，但是小孩不能理解微积分、货币原理和征服疾病的现代方法。教会认为获得这方面的知识根本不是我们的本分。教会已经不再像它全盛时代那样坚持认为知识本身就是罪恶了，但是仍然认为求取知识虽然无罪却有危险，因为知识会使人因有知识而自豪，从而怀疑基督教的教条……但是，只要人们认为防止罪恶比建树有益的功勋更为重要，只要人们还不认识知识对于促进有价值生活的重要性，这种

---

① ［英］罗素：《宗教与科学》，徐奕春、林国夫译，商务印书馆 1982 年版，第 5、131 页。
② 同上书，第 3、19、19 页。

不合理现象便依然不可避免"①。不过，罗素的讨论还不够严格。

下面，继续运用条件分析法，看看宗教究竟能否促进科学。

科学有两个必要条件，一是数学，二是实验。丹皮尔认为物理科学包括实验方法、归纳方法与数学的演绎方法。他说，伽利略作为近代科学的奠基人，"把吉尔伯特的实验方法和归纳方法与数学的演绎方法结合起来，因而发现并建立了物理科学的真正方法"，"伽利略真可算是第一位近代人物……我们知道他已经达到了至今还在应用的物理科学方法"。② 爱因斯坦也认为，"西方科学的发展是以两个伟大的成绩为基础，那就是：希腊哲学家发明形式逻辑体系（在欧几里得几何中），以及通过系统的实验发现有可能找出因果关系（在文艺复兴时期）"③。二人的看法是一致的，只不过爱因斯坦把丹皮尔所说的实验方法与归纳方法合并为一项（即系统的实验）。数学与实验就是近代科学的必要条件。

宗教信仰是否具备科学的必要条件呢？答曰：宗教信仰既不需要数学，也不需要实验，即不具备科学的两个必要条件。那何以说宗教能可靠地促进科学呢？根据条件分析法只能得出，宗教与科学没有明确相关性。

若从原因上看，宗教的确可能促进科学，例如，为了追求长生不老，宗教徒采取的方法符合科学的某些要求（如炼丹术），但这只是偶然的。从原因上看，不但宗教可能促进科学（但不一定，没有明确相关性），其他许多社会行为也能促进科学。不论一个人持有善的还是恶的动机，当他创造性地采取的手段满足科学的条件时，其手段就可以促进科学。例如，杀人可以促进科学，现代科学（尤其是当代科学）最先进的部分几乎都首先出现在军事领域，都是以杀人为目的促进了科学。盗窃可以促进科学，盗窃者为了有效偷盗，发明了很高明的偷盗方式（如今天对密码的破解），其行为就促进了科学。赌博可以促进科学，赌博者为了计算精确，也许可以促进概率论、统计学、数论的发展。游戏可以促进科学，游戏者为了玩得更精彩，可以发明更高明的游戏方法而促进科学。甚至可以说，毒蛇（以及牛顿那只苹果）也可以促进科学，因为人为了防止蛇毒而发明了防

---

① ［英］罗素：《为什么我不是基督教徒——宗教和有关问题论文集》，沈海康译，商务印书馆 1982 年版，第 42—43 页。

② ［英］W. C. 丹皮尔：《科学史》上册，李珩译，商务印书馆 1975 年版，第 195 页。

③ ［美］爱因斯坦：《爱因斯坦文集》第 1 卷，许良英、范岱年译，商务印书馆 1976 年版，第 574 页。

毒的药物从而促进了医学的发展。但是，这些行为对于科学的发展都只是偶然原因，而不是条件。从原因上看，一切皆有可能成为促进科学的原因，但运气的成分很大。

若要问：什么是科学的最重要推动力？答案肯定不是宗教。在当今社会，科学的第一推动力是杀人（目的），军事科学是最先进的；第二推动力是逐利，资本推动科学的发展。

（四）宗教能促进经济吗

宗教能促进经济吗？持肯定观点的代表人物是马克斯·韦伯。不可否认，不同文化对经济的特定看法（如生产观念、消费观念）对经济发展有不同效果，但这与宗教（或上帝）何干呢？

若一种文化倡导勤劳、开拓、节俭，这显然在某种范围和程度内有利于经济发展，例如中国的"天道酬勤"、开拓（披荆斩棘）、节俭、诚信；又如韦伯说的新教伦理。若一种文化倡导知足常乐、得过且过、不思进取，这显然不利于经济发展与财富积累。但是，这些观念来自哪里呢？不是神启，而是人们的设计。关于此点，可以通过观念的变化来考察。例如，古代倡导节俭主义（中国如此，韦伯所言的新教伦理也如此），而当代却倡导消费主义，这是为何呢？道理其实很简单，当时生产力低下，剩余产品并不多，如果人人不节俭，产品供不应求，社会就会乱套，对统治者很不利（这里把统治者、富人、上层人的外延视作大致相等），而人们节约下来的产品，可以让统治者更多消费。试看，大体而言，古代社会，大多数统治者哪里是节俭的呢？而在现代社会，生产高效，人均收入大幅提高，剩余产品更多，如果人们继续节俭，则许多产品就只能在流通领域作为中间产品，无法作为消费品，而消费不力会影响生产的继续以及扩大，继而影响资本家（或企业、统治者）的利润。因此，为统治者服务的主流意识形态就倡导消费文化。例如，美国次贷危机引发的经济危机，其导因就是鼓励超前消费，而人们也执行了超前消费。

上述解释带有历史唯物主义倾向（但并非只有历史唯物主义才这样解释）。其实，对人类生活方式、交往规则等的形成与改变的解释，历史唯物主义的解释未必完全有效，但远比宗教的解释有效。人类（或各种群体的人们）之所以形成了各种规则，不是来自神启，而是来自人们的生产生活实践。在实践中，甲类人逐步发现，如果乙类人按照 A 规则行事，则对甲类人更有利（甲与乙可以相同），而乙类人按照 B 规则行事，则对甲类人更不利，于是甲类人就希望乙类人按照 A 规则而不要按照 B 规则行事，于是 A 就成为被倡导的规则，即正面道德标准，B 就成为被唾弃的规则，即负面道德标准。但这里有几个问题：（1）谁要求谁呢？主要是统治阶级要求被统治阶级，"统治阶级的思想在每一个时代都是占统治地位的思想。这就是说，一个阶级是社会上占统治地位的物质力量，同时也是社会上占统治地位的精神力量。支配着物质生产资料的阶级，同时也支配着精神生产的资料"。当然，统治阶级对被统治阶级的要求不是单方面的，而是一种比较有利于统治阶级的制衡。（2）规则的变化又是如何发生的呢？这个问题没办法具体讲，只能大概地讲，是不断调整的。可以肯定的是，无论规则的产生还是改变，皆非来自神启，而是人的行为。

如果人们创造了某些规则（以及变动某些规则），为了使规则更能推行，人们设计了一个上帝，形成宗教，组织了教会，那么对这种情况可以承认，宗教这种组织形式在某种范围和程度内的确有助于推行规则，但这只不过是将上帝作为号令人的幌子而已。

（五）宗教能增加幸福吗

信仰宗教，真能增加幸福吗？罗素说："关于幸福，经验和观察都不能使我认为，在一般情况下，有信仰的人要比无信仰的人更幸福，或更不幸福。"[1] 如果不限定条件，就一般情况来看，罗素所言大体是对的。若限定了条件，即拿两个人相比较，其他情况都一样，但一个信仰宗教，一个不信仰（求异法），则罗素的结论还可以修正为：宗教信仰减少幸福。在任何宗教中，信徒都要为其宗教信仰支付一定成本，如花时间祷告、捐钱给神职人员等。对于任何人来说，现世生命都是短暂的，时间成本不可能是无关紧要的成本。如果收益（不论这收益究竟是什么，如心安、长生）可靠并且效用比不错，那么成本（不论这成本究竟是什么，如时间、金钱、感情）是值得支付的。但是，信徒一定要为其宗教信仰支付成本，而对于上帝，信仰他和不信仰他，对改变具体事件都无有效性，所以，信徒的收益完全不可靠，与非信徒相比，收益完全不一定增加，而非信徒的成

---

① ［英］罗素：《为什么我不是基督教徒——宗教和有关问题论文集》，沈海康译，商务印书馆 1982 年版，第 180 页。

本更少，因此非信徒的生活更幸福。既然宗教信徒增加了生活成本，与非信徒相比，却无法可靠有效地增加生活收益，所以，与其信仰宗教，不如不信仰。

更具体一些，例如，面对人类最想克服的死亡，任何方法都是无效的，人类能做的只能是延缓死亡和减少死亡的痛苦。如果某个人要把上帝（或宗教信仰）作为死亡安慰剂（可以扩大到苦难安慰剂），我并不反对，因为这是他个人的事。但是，我要告诉他，可以安慰死亡带来的恐惧感的，远远不只有上帝（或更宽泛的神灵）。只要你愿意，许多东西都可以安慰死亡恐惧感，也就是说，安慰品的来源完全不限于上帝或神灵。例如：因为有上帝，所以不用恐惧死亡；因为没有上帝，所以不用恐惧死亡；因为人是物质构成的，死后没有精神，没有痛苦，所以不用恐惧死亡；因为我死后，还有儿孙延续我的生命，所以不用恐惧死亡；因为我的死可以促进国泰民安，所以不用恐惧死亡；因为我死后可以见马克思，所以不用恐惧死亡；因为我死后，地球照样转，所以不用恐惧死亡……因为 x，所以不用恐惧死亡——这样的 x 都是安慰品。事实上，就有许多无神论者不恐惧死亡，而更根本的事实是，人是否恐惧死亡，与一切东西都没有必然相关性。虽然恐惧死亡是人的天然本性，但天然本性并非不可改变的本性，而人之异于动物者几希（套用孟子的说法），仅仅在于人能改变自己的天然本性，而动物不能。理智，乃是改变本性的必要手段。所以，其实，克服恐惧，理智也许是最好的方法。例如，将理智具体地应用到死亡，则是：不论你是否恐惧，人总是要死的，如果恐惧，反而增加了人的不幸福，而如果不恐惧，则相对增加了人的幸福，所以干脆不必恐惧，若此，不就可以在相当程度上安慰死亡恐惧感了吗？而对于信仰宗教的人来说，由于他相信死后有神灵（如上帝、安拉、老天爷、阎王等）的审判，并且他无法肯定自己没有过失而不受神灵的惩罚，所以，他在死亡的时候，仍然处于等待审判的恐惧之中（有忧）。所以，信仰宗教的人反而必有死亡恐惧，反而更不幸福。若此，宗教如何能安慰死亡呢？

四 宗教作为多余的虚幻

或问：既然上帝是幌子，为何还有那么多人相信这幌子呢？这的确是个问题，但此问题是可解的——

正如罗素所言，"宗教基本上或主要是以恐惧为基础的"，"宗教最重要的起源是恐惧"。① 爱因斯坦也认为，"在原始人心里，引起宗教观念的最主要的是恐惧——对饥饿、野兽、疾病和死亡的恐惧。因为在这一阶段的人类生活中，对因果关系的理解通常还没有很好发展"，他把由此形成的宗教称为"恐惧宗教"。② 人恐惧苦难，而最恐惧死亡，这乃是人天然本性，此种本性不是论证出来的，而是描述出来的。同时，人希望彻底克服苦难（含死亡），这也是毫无疑义的天然诉求。

有了恐惧和对克服恐惧的诉求，有一问题就自然地提出来了：什么样的东西才能使人彻底克服苦难？或者说一个东西具有什么条件才能使人彻底克服苦难？答曰：三全，即全知、全能、全善。分析三全可以发现，人类的这一设计非常巧妙，构成彻底克服苦难的充要条件。就必要条件看，如果某物不能全知，则它不能知道一切事件的前因后果，则无法保证知道苦难的来由与克服的方法，则它不能使人彻底克服苦难。如果某物不能全能，则它面对某些苦难不能作为，同样不能使人彻底克服苦难。如果某物不是全善，则它给人制造某些苦难，显然不能使人彻底克服苦难。所以，三全都是能彻底克服苦难之某物的必要条件。就充分条件看，如果某物具备三全，它既知道一切苦难的前因后果，又有克服苦难的能力，还一心为人着想，则它就能使人彻底克服苦难。

人类这一构思的确很巧妙，但三全之物与克服苦难之间不是事实关系，而是条件关系：当且仅当存在三全之物，它使人彻底克服苦难。就充分条件表达，则是：如果存在三全之物，则它能使人彻底克服苦难。但是，从条件句推不出事实句，这蕴含了如果存在并不意味着事实存在。例如，从"如果物体的速度超光速，则时间对于该物倒流"这一条件句推不出事实上存在超光速的物体。那么，事实上是否存在三全之物呢？

因此，下一个问题是：究竟是否存在使人彻底克服苦难的三全之物？可以肯定，迄今，人类在所有实践与经验中所经历的一切可以现身的东西都不具备三全功能。这里为何要特意强调"现身"？因为能载人的舟，

---

① ［英］罗素：《为什么我不是基督教徒——宗教和有关问题论文集》，沈海康译，商务印书馆1982年版，第25、40页。

② ［美］爱因斯坦：《爱因斯坦文集》第1卷，许良英、范岱年译，商务印书馆1976年版，第279页。

能切菜杀人的刀等，都是可以现身的，而能现身的东西都是有限的，即不能让人彻底克服苦难，尤其是克服死亡。能现身的东西都是有限的，这不是演绎出来的，而是人类没有遇到反例的不完全归纳，继而被认为是必然规律，如果某一天人类发现了能现身的三全之物，则此规律就要被废除。

既然实践与经验中皆无三全之物，那从哪里去获得呢？幻想。每个人都希望彻底克服苦难，但未必每个人都会幻想三全之物。不论谁最先幻想出了三全之物，对于某些人来说，这幻想出的三全之物是有利用价值的。当利用者向某些人宣传三全之物（即上帝）的存在及其无与伦比的功能时，有些人相信了，于是，这些人就信仰上帝，成为上帝的信徒，实际上成为利用者的信徒，而当这些人服从利用者向他提出的一系列要求时，宗教就产生了，教会这种组织形式也就产生了。

由于上帝无法在经验中现身，所以，所有宗教都利用了神启这一手段来掩盖上帝的无法现身，一切信众都只能通过神职人员与所谓上帝打交道（在其他宗教中则只能通过和尚、道士、阿訇等与神灵打交道），神职人员垄断了上帝的解释权和话语权，信众所信仰的实际上只是历代神职人员创造、积累和修改过的规则。"教会和创教者之见存在着这种差异，这决不是偶然的。只要某人的言论被人认为含有绝对真理，马上就有一帮子专家出来解释这些言论，这些专家因为掌握着通向真理的钥匙，也就必然掌握了权力。他们也像其他特权阶级一样，利用手中的权力谋求自己的私利。但是，由于他们的职务是解释神明一劳永逸和完美无缺地向人们启示的凝固不变的真理，因此，他们必然是知识和道德进步的反对者，在这一方面他们比其他特权阶级更坏。"[①] 爱因斯坦也指出，"僧侣阶级鬼神把自己作为人民和他们所害怕的鬼神之间的中间人，并且在这个基础上建立起自己的霸权"[②]，从而牟利。其实，教会之坏不在于它（即神职人员）要牟利，而在于它牟利却不能为人们提供真正有价值的收益，它所提供的所谓收益（主要就是安慰），有许多替代品，人们根本不需要支付什么成本就可以获得安慰，所以，教会所牟之利，是欺骗

---

①　[英] 罗素：《为什么我不是基督教徒——宗教和有关问题论文集》，沈海康译，商务印书馆1982年版，第28页。

②　[美] 爱因斯坦：《爱因斯坦文集》第1卷，许良英、范岱年译，商务印书馆1976年版，第279页。

而来的。但是，厂商为谋利而生产、销售商品，某些科学家为谋利而研究科学，人们从厂商、科学家那里得到了实实在在的收益，所以，他们所谋之利就不是骗得的。

新教改革让个体直面上帝，禅宗呵佛骂祖直切本心，似乎取消了神职人员作为沟通信众与上帝的中介在宗教信仰中的必要性，但是，这种方式只可能取消特定时期的神职人员，而永远不可能彻底取消神职人员，因为宗教永远不能取消那些最基本的宗教经典，而这些宗教经典永远都是人（神职人员）创造、流传、积累和修改的，所以，不论是否面对个体，只要一个宗教还承认上帝，并且神启表现为哪怕一本经典，甚至一句经典，这些个体所信仰的，都只能是而且永远是人的创造物，因此个体只能通过这些人与"上帝"沟通。当且仅当取消上帝，宗教不复存在，神职人员才无机可乘。不过，要消除一种误解：取消上帝就意味着否定宗教经典。其实，即便取消了上帝，也不等于宗教经典中的规则就全部废除。前面已经论证了，创造这些经典的，乃是人，而经典的内容是否正确，与它所处时代相关，有些内容在此时此地被人们认为是正确的，在彼时彼地却被认为是错误的。

在我们国家，目前不少人鼓吹推行这种宗教或那种宗教，我的看法恰恰相反。有人认为中国历史上宗教因素较为薄弱，而持此论者中的某些人还有惋惜的味道，我的看法也恰恰相反。如果中国历史文化中宗教因素较弱，这不但不是不幸，反而是大幸。在中国，不需要推行宗教，而需要推行的是理智。宗教教条对人的束缚是很大的。虽然一切人造之物对人都有束缚，但宗教教条的束缚惯性很强，很难修改，如果宗教氛围过浓，很容易阻碍社会发展。或问：当前美国宗教氛围较浓（如果这是真的），是不是反例呢？不是，因为美国新保守主义已经打着宗教旗号行恶了（看看布什对伊斯兰世界的"新十字军东征"口号吧，小布什之言，岂可仅以口误视之）。并且，美国的强大，根本没有证据证明是宗教的功劳，伴随美国强大过程的不是非宗教的兴盛，而是近代以来的祛魅历程。中国宗教因素薄弱，则少许多限制，更有利于发展。

需要特别申述的是，宗教极易被利用，导致社会冲突。远者，如中世纪的宗教战争。近者，如目前的宗教激进主义鼓动下的暴恐行为。虽然许多思想都可能被利用，但宗教尤其容易被利用，因为上帝的指示是不允许反思，更不允许违抗的。但是，如前所论，所谓"上帝指示 y"，其实只是说"上帝指示 y"的说话者 a（如神甫、和尚、阿訇、父母、老师等）在指示。所谓的上帝指示的具体内容 y，完全是那些神职人员的杜撰。如果安拉说，所有伊斯兰教传播的地方都要统一为一个国家，那么整个阿拉伯世界应该首先统一为一个国家。如果安拉说，伊斯兰教传播的地方就要独立为一个国家，那么伊斯兰教就无法处理不同宗教信徒杂居地区的独立建国问题，因为如果这些地区因有伊斯兰教徒而独立建国，其他宗教徒怎么办？如果其他宗教也要独立建国，那又怎么办？——只能导致冲突。如果某种宗教经典真要假借神灵之名作出这样的指示，那只能证明该经典是很恶劣的教典，该宗教也是很恶劣的宗教。如果《古兰经》没有这样规定，那么当今的宗教激进主义（尤其是东突势力）就完全没有宗教根据，他们所谓的安拉旨意，完全是当代活着的某些居心叵测者（敌视中国的外国势力、某些别有用心的伊斯兰教徒和神职人员等）利用伊斯兰教的结果。由于安拉（及一切与上帝对当的神灵）的指示不容反思和违抗，那么当宗教被利用来鼓动民众时，这种势力就很容易完全丧失理智，变得盲目，变得凶残。历史上诸如此类的盲目、凶残势力很多，造成的惨绝人寰的事件也很多（如十字军东征）。其他思想虽然也可能被利用，但由于这些思想本身没有被赋予绝对的权威，因此，在人们的理智反思下，这些思想被利用的程度及其造成的危害要比宗教被利用小得多。所以，要特别警惕宗教被极端势力所利用。而这表明，中国应该利用一切可利用的合法手段，弱化中国的宗教氛围，而不是反之。

由于上帝功能的有效性根本得不到保证，该如何对待宗教呢？在人类历史上，人类为改善生活、克服苦难，发明了许多方法（广义），这些方法就是人类的一切活动（包括宗教、哲学、科学、艺术、物质生产等，如杜威认为哲学也是逃避苦难、寻求安全的一种特定方法[①]）。一切方法的目的都是改善生活，区别在于不同方法（活动）的有效性不同，有的负效，有的无效（零效），有的低效，有的高效，但再有效的方法之效用也是有限的，这就意味着，苦难不可能彻底克服，如人类最恐惧的死亡就不可避免。因此，对待各种方法，应该运用"奥卡姆剃刀"，这把"剃刀"在这里该如此使用：淘汰负效、无效和低效的方法，选择高效的方法，也就是

---

① ［美］杜威：《确定性的寻求——关于知行关系的研究》，傅统先译，上海人民出版社2005 年版，第 3—4 页。

择善而从。唯其如此，人类肩负的包袱才可能尽量少，社会前进的道路才可能尽量直，生活改善的速度才可能尽量快。

由于宗教并无有效的功能，只是多余的虚幻圈套，所以，我不是宗教徒。

试论中国特色社会主义宗教
理论对马克思主义宗教理论的继承

王　珍

　　摘　要　目前学术界对马克思主义宗教理论与中国特色社会主义宗教理论之间关系这一重要问题的探讨，并不多见，本文致力于这一问题的思考。首先对马克思主义宗教理论与中国特色社会主义宗教理论的内涵进行了界定；其次从世界观、辩证观、实践观、价值观这富有意义的四个方面，阐述了中国特色社会主义宗教理论对马克思主义宗教理论的继承。
　　关键词　中国特色社会主义宗教理论　马克思主义宗教理论　继承

　　马克思主义宗教理论，是马克思主义的重要组成部分，是以马克思主义的立场、观点和方法为指导，认识宗教现象、处理宗教问题，是马克思主义关于宗教和宗教问题的基本理论和方针政策的总和。马克思主义宗教理论由马克思、恩格斯创立，产生于19世纪的西方社会，是西方文明发展的必然结果，也是吸收人类先进文明的积极的理论形态。它为列宁所发展，又被中国共产党人进一步丰富。

　　以毛泽东、周恩来、李维汉等为代表的老一辈无产阶级革命家，运用马克思主义的立场、观点、方法，在古老的中国，结合中国革命和建设的特点，就宗教问题提出了一系列新论断，为改革开放新时期的宗教工作奠定了基础。改革开放以来，中国共产党人在把马克思主义与中国新的历史条件相结合的过程中，逐步形成了中国特色社会主义理论。中国特色社会主义宗教理论（以下简称"中特宗教理论"），是中国特色社会主义理论的重要组成部分，也是马克思主义宗教理论在中国发展的新阶段。

　　中特宗教理论在一些根本问题上对马克思主义宗教理论的继承，可以从世界观、辩证观、实践观、价值观这四个方面进行理解。在世界观方面，即在世界本原这一问题上，① 坚持唯物论，反对神创论；在事物演变的问题上，坚持辩证观，反对静止观；在人和世界的关系问题上，坚持实践观，拒绝仅仅止于认识世界；在价值追求上，对于人如何获得自由，如何摆脱束缚而得救，坚持以人为本的价值观，拒绝依神救赎。在这里，我们将首先阐述马克思主义的一般原则，然后阐述它在宗教问题上的具体运用，最后指出中特宗教理论对它的一脉相承。

一　在世界本原的问题上，坚持唯物论反对神创论

神创造世界，是西方传统基督教的一个基本教义，与唯物主义相对。马克思主义宗教理论的唯物原则，突出表现为两个方面：

第一，马克思主义及其宗教理论的唯物主义总原则，从现实世界本身出发去理解，拒绝从"神"出发进行理解。什么是唯物主义的总原则？即抛弃唯心主义的观念和幻想，按世界的本来面目理解世界。恩格斯论述道："人们决心在理解现实世界（自然界和历史）时按照它本身在每一个不以先入为主的唯心主义怪想来对待它的人面前所呈现的那样来理解；他们决心毫不怜惜地抛弃一切同事实（从事实本身的联系而不是从幻想的联系来把握的事实）不相符合的唯心主义怪想。除此以外，唯物主义并没有别的意义。"也就是说，唯物主义的第一要则是，在理解自然界和历史这个现实世界时，没有先入为主的观念，特别是唯心主义的观念和原则。类似于我们当前所称的"实事求是"，即用事物的自然本来面目去探寻它们之间的自然本质联系。

这个总原则，首先反对了宗教（基督教）唯心主义和哲学唯心主义，因为它们都是先入为主地从观念或精神出发，理解世界和历史。在基督教领域，表现为从"神"、从"上帝"这个先入为主的观念去理解，给世界和历史蒙上了神秘的面纱。马克思主义宗教理论，拒绝从"神"出发理解世界和历史，主张按自然界和历史所呈现出来的自然本来面目去理解现实世界，从现实生活出发说明宗教，揭开了宗教神秘的面纱。中国特色社会主义理论的精髓是"解放思想，实事求是"，这也贯穿于中特宗教理论。

---

① 世界观指对世界的总的看法，其中一个重要内容是对世界起源、世界本原的看法。

中特宗教理论坚持了马克思主义宗教理论的总原则,既不同于西方传统基督教,也不同于西方哲学唯心主义。

第二,马克思主义及其宗教理论唯物论的基本方面,承认自然界的优先性,拒绝神创世。当马克思主义及其宗教理论的总原则运用于世界自然本来面目的探索时,得出了什么结论呢?首先是关于世界本原问题的认识。恩格斯对西方哲学、宗教发展线索进行了总结,把思维对存在、精神对自然界的关系问题,看作全部哲学的最高问题。

在恩格斯看来,思维和存在的关系问题只是在中世纪之后才十分清楚地被提出来,是在对中世纪思想反思的基础上提出来的。"什么是本原的,是精神,还是自然界"这一"精神与自然界"的问题,成为西方中世纪之后哲学的最高问题。它在中世纪基督教经院哲学中表现为"世界是神创造的呢,还是从来就有的"这一"神与世界"问题,是对上述问题的进一步抽象。在恩格斯看来,唯心主义、唯物主义的划分有着严格的限制,即只是在世界本原的问题上才适用(比如它和是否道德、是否律己等问题没有必然联系)。凡是承认神创世及其某种衍生形式的,属于唯心主义;凡是承认自然界具有优先地位的,属于唯物主义。马克思主义及其宗教理论,拒绝神创世,承认自然界的优先性。这一原则运用于社会历史分析,认为社会存在决定社会意识,形成了唯物史观。中特宗教理论,并不认为神创造世界,而是努力贯彻"实事求是"的原则,承认自然界的优先性,并从社会主义初级阶段的现实出发认识社会、改造社会、改变现实,因此是对马克思主义宗教理论的直接继承。

二 在事物演变的问题上,坚持辩证观反对静止观

"辩证法"相对于"形而上学"而言。"形而上学"是恩格斯沿用黑格尔的思想,指一种"旧的研究方法和思维方法","主要是把事物当作一成不变的东西去研究,它的残余还牢牢地盘踞在人们的头脑中"。正如西方传统基督教所认为的那样:神一劳永逸地创造了这个世界,并前定性地为世界万物的命运进行了精心安排。但是到 19 世纪,恩格斯指出:"一个伟大的基本思想,即认为世界不是既成事物的集合体,而是过程的集合体,其中各个似乎稳定的事物同它们在我们头脑中的思想映象即概念一样

都处在生成和灭亡的不断变化中……这个伟大的基本思想，特别是从黑格尔以来，已经成了一般人的意识，以致它在这种一般形式中未必会遭到反对了。"由此出发，马克思主义及其宗教理论，认为宗教和世界是人类社会的客观现象，有其产生、发展、消亡的过程，否认宗教（基督教）与世界是一成不变的。中国特色社会主义宗教理论继承了马克思主义宗教理论的辩证思想，既区别于西方旧哲学，又区别于西方传统基督教。

三 在人和世界的关系问题上，坚持实践观拒绝仅仅认识世界

实践是产生理论的基础、推动理论发展的动力、检验理论真伪的标准，是理论的目的，也是马克思主义首要的、基本的特征。与沉静的、孤寂的、只是耽于解释的宗教学流派或哲学流派不同，马克思主义不但在解释世界、认识世界中获得自由，更在改造世界中获得真实的自由。马克思主义之前的宗教理论，虽然不乏真知灼见，但并没有真正找到克服宗教的正确途径，而马克思主义宗教理论看到了实践——这个永远立于不败之地的理论审判官，对宗教问题的最终解决、审视与批判诉诸物质生活实践，从而引发了近代宗教批判运动的历史性转向和革命。

马克思主义宗教理论确认实践的力量，它把人从神那里解放出来，指出了一条现实的道路，认为人必须首先着手改变"世俗的"、现实的人及其社会关系，对产生宗教的现实进行批判，才能从狭隘的生存状态逐步走向自由全面发展的广阔天地①，从而使人的全面自由解放成为可能。中特宗教理论，正是基于人和世界的实践关系，继承、运用了马克思主义宗教理论。

值得注意的是，西方传统基督教在某一层面上也似乎有着"实践"的因素，但马克思主义宗教理论诉诸的实践，鲜明地不同于西方传统基督教。前者坚持唯物辩证法，反对神创世，倾向以现代科学为基础的人文理性，认为人的尊严出自人自身，努力让人成为自身的主人；后者恰恰以"神"为核心，尤其倾慕以"创世神"为指导的生活实践，把人的尊严与

---

① 参见王珍《马克思恩格斯宗教思想研究》，宗教文化出版社 2005 年版。

荣耀归于神，以"神的奴仆"的身份进行实践。西方传统基督徒的幸福和希望是追求来世天堂，在死后的永生；马克思主义宗教理论则指出了基督教来世天堂的虚幻性，并努力在这个世界创造美好的生活，给人以真实的幸福。

四　在价值追求，即人的得救问题上，坚持人本观拒绝依神救赎

"得救"之义，西方基督教多用"拯救"，佛教多用"解脱"，马克思主义则多用"解放"。我们这里用"得救"，主要指一种从束缚中获得自由的行为、状态。一些西方传统基督教神学理论对人性充满了悲观、摒弃和厌恶，认为人没有能力解救自己，必须依靠上帝、仰仗救世主，才能获得"上帝看护之下"的自由与幸福。其理想中的人是绝对顺从于神的，仰慕神是人的目的。例如，奥古斯丁认为，人有原罪，人的本性无可救药地败坏，只有作恶的能力，没有行善的能力，无力自救，因此必须依靠神、仰仗神才能得救。资产阶级的宗教改良派路德"战胜了虔信造成的奴役制，是因为它用信念造成的奴役制代替了它。它破除了对权威的信仰，是因为他恢复了信仰的权威"。马克思则立足于把人内心的枷锁打碎，立足于从宗教中的彻底解放，在身心两方面还人以真实的、全面的自由，显示出强烈的人本性。他认识和解决宗教问题不是以神为中心，而是在于人、为了人。秉承这种精神的《国际歌》也表明："从来就没有什么救世主，也不靠神仙皇帝，要创造人类的幸福，全靠我们自己。"西方传统基督教的神本观，其最终目标是个体获得救赎，步入上帝庇护下的天堂的自由；马克思则看到了人的社会性、群体性，最终目标是依靠人自身的力量，实现人人自由全面发展的共产主义社会。

看到人的力量，尤其是人民群众的力量，也是中国共产党人一贯的优良传统。中国共产党领导下形成的中特宗教理论，突出体现了人本性。它认为人的自由解放不是来自神，人民群众是自己的主人；认识到宗教问题的群众性，指出宗教工作就是群众工作。在新的历史时期，党的宗教工作的总目标就是把信教群众和不信教群众团结起来，依靠自身的力量，创造一个"富强、民主、文明、和谐，自由、平等、公正、法治，爱国、敬

业、诚信、友善"的美好社会，充分体现了对马克思主义及其宗教理论人本观的直接继承。

总之，中特宗教理论在世界观、辩证观、实践观、价值观等较为根本的问题上，继承了马克思主义宗教理论，在与时俱进的过程中与马克思主义宗教理论一脉相承。

弘扬社会主义核心价值观
抵御宗教极端思想渗透[*]

——当前新疆在意识形态领域面临的问题、原因及对策

彭无情

摘　要　当前新疆在意识形态领域面临一系列问题，突出体现在宗教极端思想渗透在加剧，破坏力在加深。需要摸清楚产生问题的原因，并提出有针对性的对策。其中大力弘扬社会主义核心价值观，加强科学无神论教育，抵御宗教极端思想的渗透是关键。

关键词　社会主义核心价值观　科学无神论　宗教极端思想　对策

习近平总书记明确指出："新疆最大的群众工作就是民族团结和宗教和谐。"新疆在当前存在一些影响宗教和谐的因素，这些因素在特定的条件下又容易被放大、扩散，从而危及社会稳定、经济发展、民族团结和国家安全。"三股势力"的肆意渗透是新疆在意识形态领域面临的最大问题，而"三股势力"中宗教极端势力是民族分裂势力和暴力恐怖势力的思想根源和行动指南，因此，正确看待宗教问题，抵御极端宗教思想的渗透，大力弘扬社会主义核心价值观，是一项具有重要理论和现实意义的工作。

---

[*]　本文系国家社科基金项目"民族地区宗教和谐与社会文化建设研究"（12XZJ021）、教育部人文社会科学研究青年项目"民族地区宗教与文化建设关系研究——以新疆为例"（11YJC730009）和2012年自治区高校科研计划青年教师科研培育基金项目"新疆宗教和谐与社会文化建设研究"（XJEDU2012S23）的阶段性成果。

一　面临的问题

目前，新疆在意识形态方面存在一些问题，突出体现在"三股势力"活动猖獗，而宗教极端思想是"三股势力"的思想基础和行动指南。加之少数行政人员态度暧昧，进一步加剧了问题的复杂性。

1. 部分行政人员对宗教问题认识不清

有些国家行政人员过度强调宗教的群众性和长期性，甚至还认为"宗教与社会主义社会相适应"是"社会主义适应宗教"。有的党员干部政治态度暧昧，面对"非法宗教活动""非法宗教宣传品"和"非法宗教网络传播"不主动发声、不亮明态度，对妇女蒙面纱、穿戴"吉里巴甫"服，年轻人留大胡子和公共场所做"礼拜"等现象视而不见、不问不管，不纠正也不制止。有的对宗教还有同情心理，对"三非"活动不愿管。

习近平总书记在新疆考察时强调："实现新疆社会稳定和长治久安，关键在党，根本靠坚强的干部队伍、严密的基层组织体系、管用的群众工作机制。"广大党员干部是各族群众的主心骨，是稳定的旗帜、发展的标杆，党员干部有怎样的作风面貌，直接影响党组织的凝聚力、战斗力。党员干部是党的宗教政策的决策者和执行者，他们对宗教的认识和态度直接关系到宗教政策的制定和贯彻执行是否成功。

虽然这样的行政人员数量较少，但影响恶劣，破坏性严重。一段时间以来在喀什、伊犁等地查处了一些公职人员。

2. 宗教极端思想传播活跃

宗教极端思想分子打着"人权""宗教""民族"的旗号，利用转型期经济发展的不平衡等问题挑拨离间、恶意造谣，制造分裂和不团结。暴恐活动呈现极端化、复杂化、家族化、年轻化的特点，成为破坏民族团结、影响社会稳定的主要因素。宗教极端分子团伙纠集快、发展快、成熟快，体系松散，从灌输宗教极端思想到着手实施"圣战"的演变过程短。"圣战"宣传品在团伙发展演变的过程中已经起到重要的源头性作用，刺激性大。妄断"阿拉里"和"阿拉木"，恶意歪曲、否定党和政府的宣传媒体，将清真与非清真延伸到社会生活的各个方面。部分信教群众受到宗教极端思想影响，歪曲、否定党和政府办的宣传媒体，不看电视，不听广播，不读报刊。有的将不信教群众、党员干部、爱国宗教人士视为"异教徒""宗教叛徒""民族败类"等加以排斥、孤立。有的干涉婚礼中音乐、舞蹈等传统喜庆习俗，干扰他人穿婚纱、装饰婚车、婚礼中弹奏乐器，人去世不做乃孜尔。有的违反少数民族风俗习惯，强迫或变相强迫他人做礼拜、封斋、留大胡子、蒙面、戴面纱、穿着"吉里巴甫"服。有的反对国家计划生育政策，反对做礼拜和不做礼拜的人联姻，反对传统，倡导"改革"。有的认为跟着领取政府生活补贴的宗教人士做礼拜胡达不接受。有的不愿意享受低保等惠农富民政策。个别念"尼卡"重婚，或以三个"塔拉克"方式离婚等。

妇女穿"吉里巴甫"服饰、年轻人留大胡子等现象就是宗教极端思想影响的反映，如不及时帮教转化，极端宗教思想会逐步入侵此类人员的大脑，控制他们的行为，极有可能导致其参与暴力恐怖案件。

二　原因分析

问题产生的原因是多方面的，有内部的也有外部的，重点分析以下三方面的原因。

1. 部分国家行政人员没有站在社会主义制度和国家政体的高度看待宗教问题

部分国家行政人员对宗教的认识和态度过右，甚至是完全错误的。部分党员干部对党的宗教信仰自由政策理解和宣传不到位。有些党员干部或无意或有意只强调公民有信仰宗教的自由和国家保障公民的宗教信仰自由，闭口不谈公民也有不信仰宗教的自由和国家也保障公民有不信仰宗教的自由，更不谈及有宣传无神论的自由。这样就导致了普通民众也认为宗教信仰自由政策就是信宗教的自由，无形中对浓厚宗教氛围的形成起了推波助澜的作用。部分党员干部对宗教极端思想的反动本质认识不清，抵御其渗透侵蚀的能力不强。这些党员干部没有充分认识到与包括宗教极端势力在内的"三股势力"的斗争是长期的、复杂的、尖锐的，有时甚至还是你死我活的，对"三股势力"利用各种机会、各种渠道进行的渗透破坏认识不清、警惕性不够。

2. 部分信教群众对传统习俗和合法、非法宗教活动的界限认识不清，极易被一些披着合法宗教外衣的非法宗教活动、宗教极端思想所蒙蔽、蛊

惑和渗透、拉拢

特别是不谙世事的年轻人，更易受到宗教极端思想的渗透，从而不慎加入了极端宗教思想人员的行列。近年来破获的危害安全案件和抓获的嫌疑人大都为"80后""90后"等"新生代"成员，持瓦哈比观点和宗教极端思想人员大部分为"70后""80后"或"90后"人员。这些人思想活跃，对电脑、网络等现代媒介使用熟练，没有经历过艰苦岁月的磨炼，吃苦意识不强，对物质生活的要求又相对较高，极易被负面、消极信息和宗教极端思想拉拢、影响，走上犯罪道路。

3. 教育水平对宗教是否和谐影响重大

文化程度不一样，对宗教的理解程度就不一样，对法律、法规、政策的理解就不一样，对宗教极端思想的接受度也就不一样。

首先是文化程度较低或接受教育时间较短的信教群众，大部分思想保守、传统，明辨是非的能力不强，对宗教信仰更加虔诚，更容易被"三股势力"所蛊惑、拉拢。特别是在南疆地区，初中升学率过低，很多学生年纪轻轻就辍学回农村了。如莎车县18—35岁的人群有18万，占总人口的21.6%。这些"80后""90后"群体人员由于受教育程度低（大多初中毕业），较早进入社会，无正当职业，无固定收入，极易受到宗教的影响。由于这一群体人员文化水平低，思想波动大，社会价值观不成熟，容易受坏人蛊惑、煽动，接受宗教极端思想，从而进行暴力恐怖活动。受教育程度低的人，由于受文化水平、理解能力、辨别能力的限制，很容易上当受骗或被宗教极端思想蒙蔽、洗脑。因为没有文化，识字不多，看不懂用本民族文字印刷发行的《古兰经》和其他宗教刊物，认为宗教极端思想就是《古兰经》和宗教教义要求和规定的，很容易走上歧途和邪路。在基层有这种宗教极端思想的人员和言行，严重扰乱了农村基层信教群众的思想，破坏了正常的宗教秩序，影响了宗教和谐。2013年，莎车县破获的"9·25""12·30"暴恐团伙案件涉案人员57人中，大部分为"80后""90后"群体人员，大多数受教育程度为初中及以下文化程度。

其次是学校、家庭、社会教育还没有做到三位一体。学校教育做得再好，如果家庭教育、社会教育没有跟上，一样是不成功的。特别是在南疆浓厚的宗教氛围中，不少学生的家庭成员包括家长本身就是信教群众，家长的宗教信仰必然会反映到子女的教育方面，使他们从幼儿起就生活在宗教的氛围之中。在某些所谓虔诚的信教群众家里，家长更是希望子女成为宗教信徒。宗教教养在他们幼小的心灵中留下了深深的宗教烙印，培养了他们的宗教感情。学生在学校接受无神论教育，但往往要受到家庭教育和社会教育的反向引导，这些家庭教育、社会教育有时削弱或抵消了学校正面教育的应有效果，甚至还存在反超现象。学生平时在校时都挺好的，但当学生放假再返校时，老师就会明显地感到一些学生的宗教意识增强了，思想问题多了，过去的教育又要从头再来，教育的难度更大。假期结束返校时，部分学生在学校做礼拜、戴头巾，还有不愿意穿校服等现象。我们在学校讲不能做的，家长在家里引导子女去做，家庭教育对学生的宗教观念影响很大，有些女生不戴头巾，家长还打骂她们，有的学生上学时拿上头巾，上下学的路上戴上，有些是戴给父母看的。在有些地方，辍学的不少，而辍学的原因竟然是有学校不让信教、不让戴头巾等。

最后是文化素质较高的人群中也容易出现比较浓厚的宗教情结，甚至是更容易接受宗教极端思想，这是新特点，值得关注和深思。如当问到"如果和信教的人在一起，他们要进行宗教活动"时，高校学生选择"我也主动加入"的占28.28%，中小学生占2%；选择"我找理由离开了"的高校学生占60.25%，中小学生则占90.56%。当问到"您家人参加宗教活动"时，高校学生选择"即使家人不要求，我也主动参加"的占25.41%，而中小学生占0.88%；选择"我从来不参加宗教活动"的高校学生占20.49%，中小学生占70.5%。当问到"您知道中国教育法等法律规定在学校不允许传播宗教观念和思想，不允许老师和学生信仰宗教，从事宗教活动吗"时，高校学生选择"不赞同"的占37.7%，而中小学生选此答案的占3.84%。当问及"对您的女性亲属（妻子、姐妹或女儿）的衣着有什么要求吗"时，高校学生选择"要遵循严格的规定，传统一些"的占34.43%，中小学生占7.37%；选择"她们愿意怎么穿就怎么穿，也赞同她们穿得时尚一些"的高校学生占18%，而中小学生则占57%。当问及"您有向周围的人传教的义务吗"时，选择"当然有"的高校学生占13.52%，而选择此项的中小学生占0.88%。可见，高校学生的宗教观念远比中小学生强。

三 对策措施

针对上述存在的问题及其原因，可以尝试从以下四方面来加强工作。

1. 强化党员干部对宗教和宗教政策的全面认识

党员干部要全面认识和理解宗教和我国的宗教政策，保证宗教政策决策和执行的科学化、规范化，党员干部要努力成为懂宗教、懂政策、敢管理宗教事务和会管理宗教事务的复合型人才。

首先，要站在社会主义制度的高度看待宗教现象和处理宗教问题。党员干部是社会主义制度的继承者、维护者和发展者，应当在社会主义制度的前提下，引导宗教主动与社会制度相适应，而不是相反。在政治立场上不含糊，对非法宗教活动和宗教极端思想要及时管、及时处理，不留死角。

其次，对宗教的本质、特征等问题要认识到位。对宗教的本质、宗教的发展演变规律以及宗教在社会主义社会的特征要有深刻的认识，既不能过分抬高宗教的地位和作用，也不能妄想尽快铲除宗教及其影响。特别是要关注宗教的复杂性，以理性的态度看待宗教。要认真研究宗教极端思想的"两个演变规律"：其一是宗教氛围浓厚→非法宗教活动频发→传播宗教极端思想→暴力恐怖案件发生的演变规律；其二是虔诚的教徒→狂热的信徒→凶残的暴徒的演变规律。有时候要主动出击，竭力预防具有破坏力事件的发生。

最后，对我国的宗教政策要理解、宣传到位。在我国，宗教信仰自由政策是一个政策体系，其内涵十分丰富，也很科学。要继续全面贯彻党的宗教信仰自由政策，坚持"保护合法、制止非法、抵制渗透、打击犯罪"的要旨，依法保护正常的宗教活动。同时，也要广泛宣传不信仰宗教的自由以及宣传无神论的自由。

民族干部要起模范带头作用，带头改变那些带有宗教色彩的落后的风俗习惯，倡导进一步坚定政治立场，培养敢管、敢讲、会说、会管的干部队伍。喀什地区从 2013 年 6 月 8 日起开展少数民族干部"四不承诺"活动，即承诺不穿宗教服饰、承诺不参加宗教活动、承诺不朝觐、承诺不宣传宗教极端思想，到目前取得了较为明显的效果。

2. 对宗教极端思想和行为要自觉地抵制和严厉打击

对非法宗教活动和宗教极端思想要保持高度的警惕，在这方面绝不能暧昧、含糊。对宗教极端行为和利用宗教进行暴恐活动要提前预防，严厉打击，保护人民的生命财产安全。有时候要把形势估计得严重一些，坚持"四个宁可"：宁可信其有不可信其无；宁可信其重不可信其轻；宁可把形势估计得严峻复杂一些，不可盲目乐观、麻痹轻敌；宁可把功课做到前面，备而不用，不可用而无备。

公共场所非法宗教活动、道路周边非法宗教活动、交通工具上的非法宗教活动，不但严重影响不信教群众的正常生产、生活，影响正常宗教活动，而且给信教群众产生错觉，认为宗教活动可以超越任何时间、空间、场所，可以不受法律约束，从而产生信教群众从众心理和宗教大于法律的观念，久而久之导致非法宗教活动合法化问题，影响宗教和谐。对诸如此类的问题要高度重视，及时处理，不能形成习惯，造成宗教氛围异常浓厚的后果。

对宗教极端思想要坚决抵制，深挖其组织和人员，对宗教极端势力分子要保持高压，挖着打，露头就打。

建议针对当前的形势，尽快出台反恐法律和法规，极大地震慑包括宗教极端势力在内的"三股势力"，让他们不敢轻举妄动。

3. 进一步强化学校、家庭、社会三位一体教育

首先是各级各类学校要充分发挥好学校党组织政治领导核心作用、教师主力军作用、课堂主渠道作用，加强爱国主义教育、民族团结教育、无神论教育，强化师生国家认同意识。把新疆地方史、中国近代史、马克思主义民族理论、无神论作为学生的必修课，使马克思主义"五观"进学校、进课堂、进学生头脑。

其次是开展"全民教师访万家"活动，回访家长，做家长的思想工作。家长都关心子女，应当引导家长教育好孩子，为了孩子的前途着想。让学校、家庭、社会同时教育好孩子。告诉家长他们自己信教和在宗教场所参加宗教活动是自由的，但是孩子不到 18 岁，任何人都没有权利要求他们信教，而要让他们多学习科学文化知识。

再次是大力发展双语教育。通过问卷调查可以明显看出双语教育的作用。例如：当问到"如果和信教的人在一起，他们要进行宗教活动"时，选择"我找理由离开了"的民族语言学生占 79.76%，双语班学生占94.12%；当问到"您家人参加宗教活动"时，选择"我从来不参加宗教活动"的民族语言学生占 57.14%，双语班学生占 74.9%；当问及"您认为强迫任何人特别是 18 岁以下的未成年人信教或去地下学经点学经的行为"时，选择"不可以"的民族语言学生占 71.4%，双语班学生占90.6%；当问及"对您的女性亲属（妻子、姐妹或女儿）的衣着有什么要

求吗"时，选择"她们愿意怎么穿就怎么穿，也赞同她们穿得时尚一些"的民族语言学生占 26.2%，双语班学生占 68.3%；当问及"您有向周围的人传教的义务吗"时，选择"没有，信不信仰宗教是个人的自由"的民族语言学生占 58.33%，双语班学生则占 85.49%。可见，双语教育对改变学生的宗教观念起到了很好的作用。

最后是建议出台一些措施，丰富假期学生的娱乐活动，营造一个学习科学文化知识的良好氛围。当前学生在课余和假期没事可干，无所事事，只有去参加宗教活动。可以办兴趣班、文化活动室、电子阅览室等。发挥基层组织如党组织、团组织及妇联等的作用。妇联平时可以起一些作用，组织妇女开阔眼界，组织她们去发达地区看看，改变她们的观念。

4. 弘扬社会主义核心价值观，加强现代文化引领，有效开展马克思主义宗教观和科学无神论教育实践活动

遏制宗教极端思想的渗透，促进宗教和谐，就需要在意识形态方面加强引导弘扬社会主义核心价值观。

首先，强化现代文化的引领作用。充分发挥现代文化的教育、凝聚、鼓舞和引领功能，从而更好地推动社会主义文化大发展、大繁荣，淡化宗教的影响，挤压宗教极端思想的空间。以现代文化为引领，必须坚持马克思主义在意识形态领域的指导地位，用社会主义核心价值体系引领多样化的社会思潮，牢固树立马克思主义"五观"和"四个认同"，大力发展社会主义先进文化，以文化的先进促进人的先进性，以人的先进性促进各项事业的发展。文化引领是一种价值引领，要以以爱国主义为核心的民族精神和改革创新的时代精神作为基本内涵，大力塑造共同信仰，在全社会形成广泛的价值认同。

其次，有效开展马克思主义宗教观和科学无神论的教育实践活动。马克思主义宗教观和科学无神论作为一种先进的思想体系，可以帮助广大青少年树立正确的世界观、人生观和价值观，引导人们弘扬科学精神，掌握现代科学知识，从而自觉抵制国内外敌对势力对我国实施"西化""分化"战略，抵制宗教极端思想的渗透，抵制各种伪科学、伪知识和歪理邪说。要尽快扭转目前在校园、在社会不谈马克思主义宗教观和科学无神论的不正之风，在学校教育、社会教育中强化马克思主义宗教观、科学无神论思想和科学精神，慢慢在人们头脑中剔除宗教极端思想。

用民主、文明、和谐的
社会主义价值观引导宗教

李建生

2012 年 11 月 8 日中共十八大报告明确提出"三个倡导",即"倡导富强、民主、文明、和谐,倡导自由、平等、公正、法治,倡导爱国、敬业、诚信、友善"的社会主义核心价值观,这是继胡锦涛提出"八荣八耻"后,对社会主义核心价值观的最新概括。不但对于培育全国人民树立正确的价值观,建设社会主义精神文明有重要意义,而且对反对宗教极端主义,进一步做好宗教工作,引导宗教与社会主义社会相适应也有重要意义。

新疆是伊斯兰教在我国的主要传播地区之一,信仰伊斯兰教的群众占全疆总人口的一半,在新疆要培育和树立社会主义核心价值观,就必须解决培育社会主义核心价值观与伊斯兰教所宣扬的价值观之间的关系的问题,彻底清除宗教极端主义在这些问题上散布的各种谬论和制造的思想混乱,只有这样,宣传和培育社会主义的核心价值观才有可能。

当然我们应该承认,社会主义核心价值观与伊斯兰教的核心价值观在本质上不同。前者在性质上是社会主义的世俗的价值观,后者在性质上是宗教的神学价值观;前者是为建设社会主义社会服务的,后者是为实现宗教信仰和来世天堂服务的。这就是说,社会主义的核心价值观和科学无神论的价值观有着内在的一致性,而与宗教的价值观却有着本质的区别。虽然如此,但这并不意味着社会主义价值观与伊斯兰宗教价值观就是各方面全面绝对对立的价值观,没有任何相似、相容或相通之处。如果是这样,要在信教群众中培育和树立社会主义的核心价值观就必须使信教群众放弃宗教神学价值观,或者相反,信教群众就根本不可能树立社会主义的核心价值观,这样,宗教也就不可能与社会主义社会相适应。在教育广大群众树立社会主义核心价值观的过程中，虽然我们看不到社会主义的核心价值观与宗教价值观的区别和对立是不对的，但看不到二者的相通相融之处同样是不对的。当务之急是我们必须从实际出发，找到二者的相通、相融和契合之处，如此才能更好地引导和教育广大信教群众，特别是信仰伊斯兰教的群众树立正确的价值观。

由于十八大报告所概括的社会主义核心价值观涉及的方面众多，内容丰富，具有十分广泛的包容性，所以，本文在这里仅以"第一个倡导"中民主、文明、和谐的价值观为例，来谈谈树立社会主义核心价值观与伊斯兰宗教价值观之间的关系，同时提出如下三个问题。

一　伊斯兰教与民主、文明、和谐的价值观是全面对立的吗？

在伊斯兰教极端分子看来，伊斯兰教的价值观是反民主的，与社会主义所倡导的民主价值观是完全对立的。如在中亚和新疆地区有重要影响的伊扎布特，即伊斯兰解放党极端组织在其《纲领》中对"民主"一词解释说："民主是不义之行为准则，接受它，模仿它或者有人宣传它是不义的。民主是西方异教徒强加给伊斯兰世界的歪说，它与伊斯兰教没有任何关联，它所产生的基础、信念、思路和法律、法规同伊斯兰教规是完全对立的。"他们认为，如果讲民主，就是"夺了真主安拉的权力"，信仰伊斯兰教就不能讲民主，应将二者绝对对立起来。宗教极端主义用这种"反民主"意识绑架伊斯兰教，其目的是把广大穆斯林拉入反民主的世界逆流中去，为其进行恐怖主义的总目标服务。

我们知道，"民主"一词源于希腊语"demos"，由"人民"和"权力"构成，意思是人民的权力。西方自文艺复兴摆脱宗教束缚后，民主意识逐渐增强，最终将其纳入《人权宣言》，成为《人权宣言》的基本精神之一。应该承认，在中国和阿拉伯世界，由于封建统治和宗教影响，民主意识比较缺乏，但并不等于没有任何民主意识的萌芽。我国近代新文化运动时期，"民主"概念开始进入中国人的社会政治生活当中。而按照人民当家作主的民主原则建立起来的新中国，名为"中华人民共和国"，实行人民民主与专政的有机统一。在阿拉伯世界，由于伊斯兰教在世界文明发展面前遇到了许多新问题，经过若干会议的集体讨论，形成了自由类比和公议两大原则，为伊斯兰教增添了新的活力，为伊斯兰教世界各国所普遍接受。这两大原则，就是伊斯兰教受现代世界民主潮流影响发生的新变化。就是产生于公元 7 世纪阿拉伯世界封建时期的伊斯兰教经典《古兰经》中也不是一点民主和自由精神都没有。如讲到信仰，《古兰经》说"对于宗教，绝无强迫"（2：256）；讲到处理教徒间的事情，《古兰经》讲"他们的事务，是由协商而决定的"（42：38）。可见，那些将伊斯兰教与民主完全对立的说法是缺乏根据的，是抓住个别词句，对伊斯兰教极端化的表现，是一些别有用心的人为掩盖其反民主实质所拉出的大旗。

把伊斯兰教与现代文明绝对对立起来，更是十分荒谬的。一些伊斯兰保守主义、宗教极端主义为了反对现代文明制度及其成果，也抓住《古兰经》和"圣训"中的个别词句，企图将伊斯兰教拉向反文明的道路。例如，1989 年 12 月 22 日在美国密苏里州召开的"穆斯林塔里甫大会"上，伊斯兰解放党的代表在发言中明确提出"全世界穆斯林的出路是建立哈里发国家"的宗旨，反对建立民主的现代文明制度。

我们知道，"文明"一词"是文化发展到一定阶段的表现，是文化的特殊形式"①，文明是人类文化发展的积极成果。从总的方面看，文明包括物质文明和精神文明②。且不说《古兰经》本身就是人类文明发展到一定历史阶段的产物，就是《古兰经》中的许多规定，如"今以杀人者抵罪为你们的定制"（2：178）；"真主准许买卖，而禁止重利"（2：275）；"你们成立商业契约的时候，宜请证人"，"你们彼此间成立定期借贷的时候，你们应当写一张借券，请一个会写字的人，秉公代写"（2：282）等，也是制度文明进步的成果。其中，关于叫人们做事情要"不爽约、不过分"；要"劝善戒恶，争先行善"（3：114），"在康乐时施舍，在艰难时也施舍，且能抑怒，又能恕人"（3：134）；"当孝敬父母，当优待亲戚，当怜恤孤儿，当救济贫民，当亲爱近邻、远邻和伴侣，当款待旅客，当宽待奴仆"（4：36），更是人类精神文明进步的成果。至于说到物质文明，伊斯兰教更是不可能拒绝的。伊斯兰教并不是要人们回到公元 7 世纪那种以骆驼加帐篷为生的蒙昧时代，伊斯兰教也要求人们发展物质文明，只不过伊

---

① 李秀林、王于、李淮春主编：《辩证唯物主义和历史唯物主义》，中国人民大学出版社1990 年版，第 484 页。

② 党的十七大后，为了适应文明建设新形势的需要，逐渐将"文明"细化，发展为物质文明、精神文明、政治文明、社会文明、生态文明五大文明。

斯兰教认为，物质文明是真主安拉赋予人们改造大自然创造的，就是有些极端组织也承认这一点。今天的伊斯兰世界，电视、无线电广播，甚至电脑也进入普通穆斯林家庭，采用先进技术所建的迪拜大厦成了世界第一摩天高楼，飞机、汽车等先进的运输工具早已代替了过去的马匹和骆驼。由此可见，说伊斯兰教反文明更是没有道理的。

《古兰经》和伊斯兰教本身不是反文明的，相反却随着人类文明发展，不断注意吸收人类文明进步的新成果来发展自己。但一些伊斯兰极端分子却是人类文明的真正反对者。如《古兰经》中说："真主为你们降下给养，你们把它分为违法的与合法的，你们究竟是奉主的命令呢？还是假借真主的名义而造谣呢？"（10：59）这里所说的"给养"就是指食物；"违法的"在这里就是指"不清真"或"不清净"的，"合法的"就是指"清真的"①或"清净的"意思，告诉穆斯林"你们可以吃大地上所有合法而且佳美的食物"（2：168）。那些"违法的""给养"，"因为它们确是不洁的"（6：145），所以《古兰经》禁食，但真主确"准许你们吃一切佳美的食物"（5：5）。可是，极端分子无限任意扩大"哈拉木"（不合法或不清真）的范围，说什么政府办的双语学校是"哈拉木"，政府修的路是"哈拉木"，电视节目是"哈拉木"，甚至非穆斯林盖的楼房也是"哈拉木"等等，要求穆斯林群众都不能享用。如果按宗教极端分子的逻辑，地球上的空气不是各民族都在呼吸吗，岂不是要求穆斯林都不应该呼吸？真是荒谬至极！他们的真正目的是通过对"清真"和"不清真"的极端化解释，制造穆斯林群众与非穆斯林群众的对立，破坏民族团结与社会稳定，完全违背了《古兰经》作为和平宗教的本意。《古兰经》一再教导穆斯林，"信奉天经的人呀！你们对自己的宗教，不要无理的过分"（5：77），然而极端分子要求把一切非穆斯林制造的东西都看成是"不清真"的，是"哈拉木"，甚至包括盖的房子，造的电视、电话、汽车和飞机，穆斯林群众都不能享用，这不是要把穆斯林群众拉回到茹毛饮血的原始蒙昧社会吗？这不是反文明是什么！

至于说到和谐，《古兰经》和伊斯兰教更是不反对的。且不说《古兰

---

① 《新疆民族辞典》对"清真"条目解释说，"清真"二字，有"清净无染""真乃独一""至清至真""真主乃清净""真主原有独尊，谓之清真"等意。刘维新在《西北民族词典》"清真教"条目中说："至正九年（1349）吴鉴撰《清净寺记》，又有'清净'之称。"本文结合《古兰经》本段上下文，取其"清净无染""清净"之意，与"不洁净的""脏的"相区别。

经》称伊斯兰教为"和平的宗教",就是对真主安拉规定的各种美名和属性中,也将至仁至慈规定为最基本的属性和最常用的美名。据说在《古兰经》中赋予真主的美名或名号有 99 种之多,但使用最多的是"至仁至慈的"。《古兰经》指出:"你们可以称他为真主,也可以称他为至仁主。因为他有许多极优美的名号,你们无论用什么名号称呼他(都是很好的)。"(17:110)《古兰经》全书 114 章,除第 9 章外,其余各章开头的启示语都是"奉至仁至慈的真主之名",并且在全部经典的内容阐述中,所用来赞颂真主的赞辞名号,使用频率最高的是"至仁的"和"至慈的",如果再加上与仁慈密切相关的"至赦的""宽大的""至恕的""忍让的""至爱的""至善的"等,那就会更多。因此,我们完全有理由认为,在《古兰经》所规定的真主的诸多属性中,"至仁至慈"是真主最基本的属性,是最常用的名号,也是《古兰经》让人们正确把握和认识真主本性的基本属性。伊斯兰教之所以十分突出和重视真主的"仁慈"属性或名号,目的是保证世界的和平与和谐,就是告诉广大穆斯林群众,无论做什么事情,包括对《古兰经》经文的理解,都要从真主的仁慈、仁爱、宽厚方面去理解,都不能做出真主具有恶意、极端、过分和偏执化的阐释,如果那样,就会有损真主的美名和形象,就是冒用真主的名义对《古兰经》的经文加以歪曲,就会对世界和平和人类和谐造成危害。《古兰经》告诫穆斯林必须抱着一颗宽厚、仁爱、仁慈之心来对待一切事情,来正确理解和阐释《古兰经》的所有经文,这样才能使广大穆斯林群众与人和谐,使伊斯兰教在世界上成为一种和平和睦的宗教。这就是整本《古兰经》所贯穿的基本精神。

可是伊斯兰极端主义者却打着宗教的旗号,大肆宣扬"信仰真主就不能服从政府的领导""消灭异教徒""圣战""不朝觐就不是完美的穆斯林""不蒙面的妇女就是不洁净的真正的穆斯林""阿拉力"(清真)与"哈拉木"(非清真)对立等反动谬论,根本不是《古兰经》本身的思想,而是极端分子采用各种卑鄙手法强加给《古兰经》的,本质上是非伊斯兰教和反伊斯兰教的,是为其推翻中国共产党的领导和社会主义制度、为建立政教合一的反动的封建神权国家的政治目的服务的。

因此,伊斯兰极端主义者虽然打着宗教的旗号,但它与伊斯兰教根本不相干,是一种反社会、反民主、反和谐、反文明的反动的政治主张和反动的现实行为,是我们树立社会主义核心价值观的最大障碍,要在穆斯林群众中培育和树立社会主义的核心价值观，必须彻底清除宗教极端主义所宣扬的反动价值观的流毒和影响。

二 为什么伊斯兰教与社会主义核心价值观有相通之处？

既然伊斯兰教不是反民主、反文明、反和谐的，那么伊斯兰教所宣扬的宗教价值观与社会主义核心价值观就有某些相通之处。虽然这两种价值观形成的基础不同、性质不同、目标不同，但在内容上却有某些契合相融之处，只要引导得好，就可以达到殊途同归，共同树立民主、文明、和谐的价值观，为社会主义和谐社会建设服务的目的。

那么，为什么说这两种价值观形成的基础不同、性质不同、目标不同，还能有某种相通相融之处呢？这首先是因为人类创造物质财富和精神财富的实践活动是共同的。有共同的实践基础，会形成希望实践成功的共同的心理和愿望。任何一个实践创造者，希望自己所创造的物质和精神财富不断增多，这种心理追求和愿望是共同的。宗教只不过是将实现人们这种愿望的权力交给了上帝、真主或神，通过向神祈求，以一种曲折的方式表达了人们希望实践成功的愿望而已，不可能抹杀人们的这种追求和愿望。宗教信仰者用对神的祈求、祷告的方式去求得风调雨顺、五谷丰登，表达人们希望富强和国泰民安的心理愿望，这与社会主义核心价值观所强调的富强、爱国的精神相一致，对于宗教信仰者所使用的虚幻曲折方式，我们只要遵照宗教信仰自由原则加以尊重，对他们的这种积极愿望加以合理引导，就可以使之与社会主义社会相适应。

其次，是因为人类追求幸福生活的目标是相同的。人类生活的共同目标就是希望过上幸福美满的生活，并且希望这种幸福生活能够长久并越来越好。只要是正常人，没有一个人愿意过衣不蔽体、居无定所、食不果腹的贫困生活。信教群众只是由于在现实世界无法实现这一目标，无奈之中才把希望寄托于来世天堂。《古兰经》所有不允许在现实世界中享受的美好东西，在天堂中都可以尽情地享受，在那里，"我将以白皙的、美目的女子，做他们的伴侣"（45：54），"有水河，水质不腐；有乳河，乳味不变；有酒河，饮者称快；有蜜河，蜜质纯洁"（47：15），"我将以他们所嗜好的水果和肉食供给他们，他们在乐园中互递酒杯，他们不因酒而出恶言，也不因酒而犯罪恶"（52：22—23）。社会主义与宗教不同的是要在现实中创造宗教在天堂中才能过上的幸福，而不要人们等死后到虚幻的来世天堂才去享受。正因为信教公民和不信教公民希望过幸福生活的愿望和目标一致，也就必然包含着某种共同的价值追求。除了物质享受外，民主、文明、和谐的社会环境，良好和谐的社会和人际关系，也是保证人们幸福美满生活必不可少的重要内容和条件。在那种人与人相互残杀、相互欺诈、明争暗斗的社会和人际关系下，人们不会有安宁和幸福，那种人与人相互帮助、和睦相处、和谐共事的人际关系必然是人们共同的愿望，正如《古兰经》所说："他们将安居于下临诸河的幸福园中"（10：9），"他们在乐园中祝辞是'平安'"（10：10）。这种共同的愿望和理想，就必然形成人们共同的价值观念和价值追求。

最后，是人类在实践和追求共同美好幸福生活过程中有着共同的情感和共同的精神道德生活。在社会生活中，那些美好的情感、良好的道德和坚忍不拔的精神，总是受到人们的赞美和赞扬。所不同的是，宗教把人们的所有这些美好的情感、良好的道德和优秀的品质，都变成神的品质或神给人颁布的律令，让人不要有丝毫违背。伊斯兰教所叫人守的"正义""正道"，实际上都是人类在实践基础上形成的这些美好的东西。如《古兰经》所说的"正道"是指真主安拉所指的"道路"，这条道路就是教人"行善事"，"守正义"。所谓"行善事"，用在个人行为上，就是指那些能"劝善戒恶，争先行善"（3：114），指那些"在康乐时施舍，在艰难时也施舍，且能抑怒，又能恕人"（3：134）的人。用在个人品行上，就是指那些"能抑怒，又能恕人"，不傲慢、不矜夸的人。守"正义是……将所爱的财产施济亲戚、孤儿、贫民、旅客、乞丐和赎取奴隶，并谨守拜功，完纳天课，履行约言，忍受贫困，患难和战争"（2：177）的人。如果剔除其中包含的神秘内容，那么宗教所提倡的这些品质和行为，与社会主义核心价值观所提倡的敬业、诚信、友善，并没有什么不同。

总之，社会主义的核心价值观是在汲取人类文明进步的一切优秀成果，其中包括宗教文明成果基础上形成的，虽然与宗教价值观形成的世界观基础、性质不同，但人类在实践基础上形成的许多价值追求、理想、情感、爱好和道德规范是共同的，使其在内容上有某些相通相融之处是十分自然的。只要我们很好地贯彻宗教信仰自由，在尊重信教群众宗教信仰自由权利的基础上，搞清神学价值信仰与现世世俗价值追求的关系，懂得宗教价值观是精神领域的信仰追求，是一种价值理想，这种价值理想归根到底是为实现天国幸福服务的，是属神的，作为一种价值信仰追求应该受到尊重；而社会主义的价值观不仅是精神领域的价值信仰，更是现实领域的价值目标，是在现实中包括信教群众在内的每一个人通过努力都可以实现的价值目标，是世俗的，是属人的。对于信教群众来说，既需要天国的价值信仰，以满足来世升入天堂的精神需求；也需要世俗的价值目标，以满足在现实世界实现幸福生活的需要，这两种价值观可以并行不悖，因为两种价值观有相通之处，一旦信教群众用神学价值观去追求现实的价值目标，有一部分与世俗价值信仰相通的属天国的价值理想和价值观念就会转化为世俗的价值目标追求，实现与社会主义的核心价值观的结合，被信徒看作神为人颁布的许多道德就会转化为现实世俗的道德观念和行为，成为现实的价值追求，达到与社会主义所倡导的文明道德观念和价值追求相一致的目的。

三 我们应如何宣传和培育民主、文明、和谐的 社会主义核心价值观

要培育广大群众包括信教群众树立社会主义核心价值观，就少不了要进行多种形式的宣传教育。在社会主义核心价值观的宣传教育中，要注意正确处理好以下几方面的关系：

1. 思想理论宣传教育和典型示范宣传教育的关系

思想理论宣传教育在任何思想宣传教育中都是必需的，引导宗教树立和认同社会主义核心价值观也一样。在这种宣传教育中既要讲清社会主义核心价值观与宗教价值观的世界观基础、基本性质的区别，更要讲清其相通相融之处。不讲清区别，会模糊一些人对社会主义核心价值观的认识，会误导一部分不信教的群众，会妨碍他们树立科学正确的社会主义核心价值观；不讲清联系，就不能教育引导广大信教群众在保持宗教信仰的基础上认同社会主义的核心价值观。科学地处理二者之间的关系，是新疆地区在培育社会主义核心价值观中必须十分注意的。

培育社会主义核心价值观，只进行思想理论宣传教育是不够的，还要与典型的示范教育有机结合起来，这种典型的示范教育往往更具体，更有感染力和说服力。例如：在培养社会主义道德模范时要有意识地按照社会

主义核心价值的要求树立一些信教群众中的典型，有意识地、适度地把对他们事迹的宣传与宗教信仰有机结合起来；要把新疆地区坚持开展的"双五好""和谐宗教活动场所"表彰活动与培育社会主义价值观教育有机结合起来；等等。这些都会起到"润物细无声"、寓教于典型示范的良好效果。

2. 正面宣传教育与批判性宣传教育的关系

正面宣传教育又称肯定性宣传教育，是我们进行思想宣传教育的基本方针和方法，对社会主义核心价值观的宣传教育也是一样，也要贯彻以正面宣传引导为主的方针，特别是对信教群众的思想教育，更要注意以正面宣传教育为主，防止过多的批评和谴责，防止激发他们的宗教情感，引起逆反心理和宗教狂热。但在正面宣传的同时，不等于不对宗教极端分子在价值观问题上制造的许多谬论完全不加以批判，任其泛滥，毒害群众。因此，在进行正面宣传教育过程中，也必须对宗教极端主义的反动价值观展开批判，把正面的或肯定性的宣传教育与批判性的或否定性的宣传教育有机结合起来。这里所讲的批判性教育，并不是说要进行与社会主义价值观取向相反的教育，而是要通过否定某种与社会主义价值观相反的、对立的价值观来间接地宣传和弘扬社会主义核心价值观的教育。在当前的新疆，民族分裂主义和宗教极端主义在价值观问题上散布了许多谬论，如所谓"我们的宗教是伊斯兰教，我们的民族是突厥，我们的祖国是东突厥斯坦""信仰真主安拉就不能服从共产党和政府的领导""不参加朝觐就不能进天堂""参加一次圣战等于做七千年乃玛孜（礼拜）"等。不对这些谬论进行批判，人们就划不清正确的价值观与民族分裂主义和宗教极端主义价值观的界限，社会主义的核心价值观就不能牢固地树立起来。因此，在培育社会主义核心价值观的过程中，科学、合理、适度地将这两种宣传教育有机结合起来，尽量地少搞"一窝蜂式"的集中突击宣传教育，发挥思想教育的潜移默化作用，往往会收到更好的效果。

3. 世俗宣传教育与非世俗宣传教育的关系

世俗宣传教育主要是指党和国家的主流媒体进行的宣传，也包括一些非宗教的非主流媒体的宣传。非世俗宣传教育是特指宗教界所进行的各种宗教宣传教育。在进行社会主义价值观宣传教育中，要注意发挥和处理这两种宣传方式的关系。要发挥爱国宗教人士，特别是有一定威望的爱国宗教人士的作用，使他们通过正确阐释经典，挖掘其中与社会主义价值观相通的合理思想进行有针对性的讲解。在一些宗教团体办的网站、刊物和宣传栏中，要能对这些与社会主义核心价值观相通相融的价值观进行正确的宣传教育。这些都是十分必要的。在宗教人士培训中，也可以有针对性地开设这方面的相关专题。这些都是非世俗宣传教育，要巧妙地将其与世俗宣传教育结合起来。

宗教与道德提升的关系再议[*]

王奇昌　李士珍

摘　要　随着社会的变迁，中国的道德领域出现了一系列的问题，借助宗教提升道德的说法就颇为流行。不过就理论层面而言，即使不考虑宗教的排他性，由于爱神和爱邻人之间的张力无法解决，宗教无助于道德的提升。在实际生活中，宗教整体而言无法解决个体的道德问题。当前一些群体试图通过原教旨主义强化宗教信仰来拯救道德，不但没有解决道德问题，反而引发了其他领域的问题。

关键词　宗教　道德提升　原教旨主义

在当代中国，借助宗教提升道德的说法在学界和社会上都颇有影响。但是，宗教与道德的关系并不是一个新问题。中国社科院世界宗教研究所宗教学原理研究室于 20 世纪 80 年代还出版了一本论文集来重点讨论这个问题。① 应该说，这些讨论是比较深入的，如吕大吉在《宗教—道德问题初探》一文中系统论证了宗教并不是道德的源泉、宗教不是道德的基础和保证、宗教道德并不等于世俗道德、没有否定神的道德宗教等观点。② 但为何当前宗教与道德关系的问题还是被屡屡提起，这是值得思考的问题。在笔者看来，其原因在于当前市场经济下道德领域出现了一系列前所未有

---

* 本文系内蒙古自治区社科联 2014 年度科研课题"民族、宗教认同与内蒙古社会安全稳定关系研究"（14B51）、内蒙古工业大学科学研究项目"当代中国语境下民族认同与宗教认同的区别"（ZD201327）阶段性成果。

① 中国社科院世界宗教研究所宗教学原理研究室编：《宗教·道德·文化》，宁夏人民出版社 1988 年版。

② 吕大吉：《宗教—道德问题初探》，载中国社科院世界宗教研究所宗教学原理研究室编《宗教·道德·文化》，宁夏人民出版社 1988 年版，第 19—82 页。

的问题，而道德与宗教确实有密切关系。但无论就理论层面还是实际生活而言，宗教无助于道德的提升。下面就一一叙之，以飨大家。

一　借宗教提升道德说法的流行原因

当前，借宗教提升道德说法的流行有着深刻的原因。中国向来以礼仪之邦自居，但在新中国成立初期的诸多波折特别是"文化大革命"之后，中国社会的道德风尚出现了不少让人忧虑的问题。例如，在20世纪40年代，根据费孝通的描述，当时外国商人认为中国人的信用是天生的，并流传着很多诸如"某人接到了大批磁器，还是他祖父在中国时订的货，一文不要地交了来，还说着许多不能及早寄出的抱歉话"的故事。[①] 但时至今日，一些犯罪分子甚至开始对自己的亲友下手。据有关媒体报道，在北京打工的二十来岁的马某和一位已婚女同事发生关系导致其怀孕，马某因无力支付流产费用，就将其亲表妹绑架。他的表妹因机械性窒息死亡，他遂将尸体扔进化粪池里。[②]

造成此种局面的原因很复杂。在笔者看来，至少有对个人的约束降低、法制的若干缺陷等因素的影响。在古代，人口流动性小，一旦某人做了坏事，"好事不出门，坏事传千里"，再加上过去人们家族观念较强，如《窦娥冤》中的窦天章就很骄傲地宣称"我家三代无犯法之男"。但现在人口流动性大，个人受到的约束越来越少。而当前的一些法律法规又存在一定问题，往往做坏事的人得不到应有惩处，做好事的人却极易惹来麻烦。例如，中国向来鼓励见义勇为，但因为相关法律法规不完善，生活中的见义勇为行为有时还会惹来一些麻烦。曾经有媒体报道，一大学生因涉嫌打伤猥亵女网友的"色狼"被拘14天，而猥亵女网友者只被拘留了5天。[③]

与此同时，传统的道德教育遇到很大问题。作为道德教育重要阵地的家庭和学校受到冲击。以前家庭是道德教化的场所，"养不教，父之过"。但是，当前中国很多老人得不到应有的赡养。婆媳矛盾无论在城市还是在农村都成为一个突出的问题。据笔者调查，一些农村人之所以接纳基督

---

① 费孝通：《乡土中国》，北京出版社2004年版，第8页。
② 洪雪：《绑架15岁表妹撕票获死刑》，《法制晚报》2014年7月21日第A11版。
③ 王传涛：《打伤色狼被拘留：凸显"好心人免责"法律空白》，《羊城晚报》2014年7月18日第A2版。

教，重要原因就是期望婆媳和睦、不吵架。虽然这种想法与事实并不相符，但足以说明传统的伦理道德所面临的冲击。对于学校的道德教育而言，古希腊时期就有人讨论过"道德可以教授吗"这个问题，不少西方学者认为德行的进步需要实践，并不是单纯的道德教育所能完成的。①而在中国，中小学校追求升学率，对道德教育的投入并不是很多，中小学生也深受外部社会环境影响。大学生的人生观和世界观已经基本成形，道德教育并非易事。

面对这种情况，社会各界提出很多方案。有人求诸传统文化，这是于丹对《论语》的解读在当前社会流行的重要原因；有人求诸宗教，因此借助宗教提升道德的思潮在社会颇有影响。需要说明的是，当前佛教界不少人士将佛教与传统文化糅合在一起，并在社会上大加宣扬。例如，一些佛教寺院也经常免费散发将《弟子规》与佛教宣传混在一起之类的材料。

应该说，宗教界的这些努力是值得肯定的。毕竟建设和谐社会需要多方面的共同努力。但是，我们不能把提升道德的希望寄托在宗教上。宗教有能够安慰个体等方面的积极作用，但也有很多负面作用。当前，中国宗教的负面作用不如国外那么明显，那是因为宗教在中国不是主流。例如，当前中国不少基督徒属于弱势群体，就算其中的一些人想做坏事，也缺乏条件或需要认真估量暴露之后的后果。但这中间仍有不少问题，比如说在信徒数量上胡编乱造。梁家麟对此有过说明。②自然，美国也有类似情况，电子教会、电子教堂的发展过程中就伴随着大量的夸大宣传及谎言。③这就是说，虽然道德关乎内心，而宗教也关乎人的内心且对人有不小的影响，但利用宗教来提升道德并不可行，这与宗教的若干属性有着直接关系，也可以从中外的历史中看得很清楚。

二 理论层面宗教与道德提升的关系

讨论宗教与道德提升的关系，有必要谈一下道德的定义。不同的时

---

① ［美］约翰·S. 布鲁贝克：《高等教育哲学》，王承绪、郑继伟、张维平等译，浙江教育出版社 2001 年版，第 86 页。

② 梁家麟：《改革开放以来的中国农村教会》，建道神学院，1999 年，第 111、192 页。

③ ［美］罗纳德·L. 约翰斯通：《社会中的宗教——一种宗教社会学》，尹以黎、张蕾译，四川人民出版社 1991 年版，第 176—178 页。

代、不同的人群有不同的标准。中国古人提出了八德，即"孝、悌、忠、信、礼、义、廉、耻"。美国的品格教育协会则提出"诚实正直、可信赖、端庄而富有同情心、忠诚、聪明、自由、正义、平等、差异和宽容、责任、团结、自律和勇气"。[①] 据称，在 1998 年由中国社会科学院世界宗教研究所和美国太平洋地区发展与教育协会共同主办的"宗教·道德·文化"国际学术研讨会的自由讨论中，各个宗教都赞同的道德信条只有"不偷盗，不奸淫，不杀人"。[②] 这些信条并不是宗教所独有的。这就说明，道德并不起源于宗教。而前面已经提到，吕大吉已经从理论和现实两个层面论证了不可能出现否定神存在的所谓道德宗教。在人类历史上，宗教在某些时候可能会促进道德，但整体而言无助于道德的提升。爱德华·罗斯转引皮特里教授的话说："迦太基人用儿童祭祀莫洛克火神时的虔诚，罗马人把俘虏押往圆形的大剧场去屠杀时的虔敬……或路易十四在他的猎鹿场中祷告时的恭顺，都表现了为自己的弥撒捐香火钱的强盗和在祷告的空隙欺诈勒索的阿拉伯人所证实的东西——即最坚定的宗教信仰与道德行为的观念并没有必然联系。"[③]

之所以出现这种局面，与宗教的本质是分不开的。固然不少宗教提倡与人为善，但对神的崇敬才是第一位的。例如，基督教固然提倡"爱邻人"，但"爱上帝"才是第一位的。因此，一西方学者指出："不仅怀疑成为首要罪过而信仰却成了基本美德，而且甚至刑具台与火刑柱也用于消灭异端。这种伦理价值的颠倒冲击了自然的道德判断，从而常常激起社会的最精粹分子起来，反抗一个本应该把所有有助于人格完善的冲动容纳于其中的宗教机构。"[④] 在历史上，基督教、伊斯兰教为了传播信仰，往往使用武力手段，甚至从肉体上消灭不服从者。其原因就在于此，"爱神"才是第一位的，为神杀人不但不是罪过反而是荣耀。自然，在他们势力还比较弱小的时候，可能采取和平策略，等到实力强大时就不一样了。威尔逊就这样评论基督教："在形成教会组织后，尽管他们仍继续宣传'爱你的

---

① 朱海龙：《美国新品格教育对我国大学生道德教育的启示》，《山东师范大学学报》（人文社会科学版）2013 年第 6 期。

② 详见《科学无神论》2014 年第 1 期卷首语。对于该次会议的日期，参见于光《"宗教·道德·文化"国际学术研讨会在北京召开》（《世界宗教文化》1998 年第 4 期）一文。

③ ［美］爱德华·罗斯：《社会控制》，秦志勇、毛永政等译，华夏出版社 1989 年版，第 107 页。

④ 同上书，第 105 页。

敌人'、'给人以温暖'、'拥有谦卑的精神'、'宽容他人'等美德，但对异教徒、异端者、反对者以及其他宗教的信仰者却冷酷无情地进行打击和迫害。"①

更重要的是，宗教具有排他性，而这已经在历史上引发诸多冲突乃至战争。对于此点，学界论述颇多，笔者在此着重说一下现在的情况。虽然宗教对话颇为流行，但分歧依然不可调和。很多宗教都认为"只有我们才拥有'真正的'真理"；"虽然有的宗教也表现出宽容，但却认为其他宗教不具有掌握真理和保卫真理的方法，只有自己才具有这种优越性"；就是认为真理是普遍的日莲宗，也认为"其他宗教或思想体系的错误不是由自身的教理和思想观点造成的，而是因为它们把部分当作整体，把局部观视为整体观"。②

这些因素导致宗教整体而言不可能促进道德的提升。在近代社会之前，宗教占据优势地位，但那时候的道德情况并不尽如人意。赫克斯利曾经说过这样一段话："如果说有一个得到所有时代和所有国家的思想家赞同的对人类生活真相之概括的话，那就是每时每刻违反道德规范的罪人都在逃避他应有的惩罚；正直的人为填饱肚子而乞讨，邪恶的坏人却像郁郁葱葱的月桂树一样繁茂。"③ 宗教组织自身也是问题多多。例如，罗马教廷一度因为腐败等问题而备受进步思想家的批评。可能会有人说，在现代社会，除了少数国家，特定宗教即使想排外也无法诉诸实际行动，而宗教组织也往往提倡道德建设，这样是否意味着宗教有助于道德提升？但实际情况并非如此。

三 当代生活中的宗教与道德提升的关系

正如前面所言，当代社会的各种宗教组织都倾向于证明自己在道德建设中具有重大作用。这正如贝格尔所指出的那样："与大多数新教竞争对手比较起来，天主教教会显然不那么乐于剔除它的内容中的神话因素，但

---

① ［日］池田大作、［英］B. 威尔逊：《社会与宗教》，梁鸿飞、王健译，四川人民出版社1991年版，第433页。

② 同上书，第432—433页。

③ 转引自［美］爱德华·罗斯《社会控制》，秦志勇、毛永政等译，华夏出版社1989年版，第98页。

是不论是传统的天主教还是'进步的'新教，都可以有效地向公众表明自己正在加强民族的道德素质，或者正在提供各种心理上有益的东西（如'精神上的宁静'等等）。"① 社会上也广泛流传着宗教是教人向善的说法。例如，很多美国人认为个人的宗教精神的最好标志是"关心别人的程度"②。但现实情况证明，整体而言宗教无助于道德的提升。

现代社会道德领域遇到的一个重大问题就是欲望不再被约束之后出现了日益膨胀的欲望与现实的有限选择的巨大张力。有人转引释迦牟尼的话："礼仪没有用处，祈祷只是空洞的重复和没有拯救力的咒语；而放弃贪心和淫欲、摆脱邪恶的情欲、忘掉仇恨和敌视，才是正确的献祭和真正的崇拜。"③ 这话诚然有相当道理，但要按照释迦牟尼所说的那样，至少对于绝大数人来说是非常困难的。一些人可能会在宗教场所里萌生要克制欲望的想法，一旦脱离这个场域，就会和平常一样。另外，西方有学者提出"宗教市场论"，虽然与事实相去甚远，但认为信徒现世的付出是为了换取来世的回报是有一定道理的。在自私动机之下，爱神也是为了将来的回报，当违背道德或者违法乱纪可能带来很大利益时，一些人就按捺不住甚至铤而走险。在中国，一些商人、官员去宗教场所就是为升官或发财。在宗教相当盛行的西方，资本家为了利润可以不惜一切："一旦有合适的利润，资本就胆大起来。如果有10%的利润，资本就会保证到处被使用；有20%的利润，资本就能活跃起来；有50%的利润，资本就会铤而走险；为了100%的利润，资本就敢践踏一切人间法律；有300%以上的利润，资本就敢犯任何罪行，甚至去冒绞首的危险。如果动乱和纷争能带来利润，它就鼓动动乱和纷争。走私和贩卖奴隶就是证明。"

自然，很多人认为，之所以道德领域出现这么多问题是大家的信仰不够虔诚，没有回到经典的本义。在实际生活中，一些宗教组织因面对社会上的道德问题等而转向原教旨主义，如号召回到《圣经》《古兰经》。美

---

① ［美］彼得·贝格尔：《神圣的帷幕——宗教社会学理论之要素》，高师宁译，上海人民出版社1991年版，第169页。

② ［美］罗纳德·L. 约翰斯通：《社会中的宗教——一种宗教社会学》，尹以黎、张蕾译，四川人民出版社1991年版，第420页。

③ 转引自［美］爱德华·罗斯《社会控制》，秦志勇、毛永政等译，华夏出版社1989年版，第111页。

国一些宗教人士干脆认为罪人不再是个人，而是美国。① 有学者认为，南疆宗教原教旨主义兴起除了外部的影响外，与南疆青年人的酗酒成风、赌博盛行、毒品泛滥也有关。② 但宗教原教旨主义的兴起既无助于民众道德的提升，同时又引发了破坏社会稳定和谐方面的问题。

正如前面所言，对于绝大多数宗教而言，"敬神"或"爱神"才是第一位的，因此回归经典并不能提升道德。恩格斯曾在《乌培河谷来信》中指出，工场主中间对待工人最坏的就是虔诚派教徒，他们大量雇用童工，但没有任何愧疚之心。恩格斯这样讽刺他们："虔诚派教徒的灵魂还不致因为一个儿童如何衰弱而下地狱，假如这个灵魂每个礼拜日到教堂去上两次，那就更没有事了。"同理，对宗教的虔诚也难以克服欲望的膨胀。在作为伊斯兰教原教旨主义的发源地和重镇的沙特阿拉伯，很多人挥金如土，过着穷奢极欲的生活。极端武装"伊拉克和沙姆伊斯兰国"（ISIS）声称在其控制地区实行严格的伊斯兰教法，但其一位发言人的手表貌似为价格约为 42000 元人民币的欧米茄手表。③

更重要的是，不少宗教的经典并非只包含道德教诲，还有不少鼓动信徒消灭或仇视不信仰该宗教者的内容。一些极端分子就是利用宗教原教旨主义号召信众向所谓的"异教徒"或"异端"发动袭击的。据一位警方人士表示，新疆地区很多非法录像带和光盘都鼓动人们要按照《古兰经》去做。④ 这也是宗教原教旨主义往往被与宗教极端主义混为一谈的重要原因。在当前中国，不同的民族呈大杂居、小聚居的居住格局，宗教原教旨主义的兴起不但对当前的宗教建设并无太大裨益，还很容易使当地社会出现动荡。

小　结

如何提升中国人的道德水平是一个宏大的问题，不过可以肯定的是，就整体而言，宗教并不能提升道德。一位美国学者在 20 世纪 20 年代就指

① ［美］罗纳德·L.约翰斯通：《社会中的宗教——一种宗教社会学》，尹以黎、张蕾译，四川人民出版社 1991 年版，第 184 页。

② 吐尔文江·吐尔逊：《南疆原教旨主义思潮调查笔记》，《中国新闻周刊》2014 年第 19 期。

③ 秦轩：《新月沃土的溃败》，《凤凰周刊》2014 年第 22 期。

④ 王维博：《在色力布亚寻找"暴恐分子"》，《中国新闻周刊》2014 年第 19 期。

出："历史证明，信仰暗示了一种僧侣的优越性，这种优越性常常是同公共利益背道而驰的。来世的观念无论它在过去管制野蛮人方面如何的有用，但在今天，使用超自然制裁的手段，似乎只是社会控制形式衰退的表现。"① 这段话值得我们深思。

---

① ［美］爱德华·罗斯：《社会控制》，秦志勇、毛永政等译，华夏出版社 1989 年版，第 106 页。该书英文版出版于 1920 年。

宗教遗产与文化继承

——论任继愈先生认识与继承传统的智慧

周　赟

摘　要　任继愈先生主张儒家是宗教，中国传统文化是高度宗教性的文化。然而，传统文化必须得到继承，任先生就积极主张继承传统文化。那么问题是，任先生作为中国马克思主义宗教学的奠基者，一名无神论者，在宗教遗产与文化继承这两边，他是如何协调与处理的呢？其实在认清宗教性本质的同时，任先生并不讳言宗教，而是极力主张学习历史、整理国故，既批判有神论，又积极地去粗取精，尤其是继承爱国主义的文化精髓，改造传统文化的宗教性。这就是任先生的智慧，其对于今天我们该如何继承传统文化，服务社会，有着现实的意义。

关键词　任继愈　宗教遗产　文化继承　爱国主义

中国传统文化究竟是怎样的，这是传统文化的性质问题。传统文化以儒、释、道三教为支柱，释、道二教为宗教无疑，但儒家是否为宗教却争议很大，而当代儒教问题的提出者就是任继愈先生。任先生关于儒家性质的结论就是："儒家是宗教。"进一步说，中国传统文化和其他民族的传统文化一样，也是宗教文化。此外我们知道，任继愈先生是马克思主义宗教学的创始人，而马克思主义宗教学的核心就是批判神学。任先生曾任中国无神论学会的会长，批判宗教神学是任先生一生的事业。问题也随之而来，任先生是一位主张继承传统文化的学者，要继承传统文化又要批判宗教神学，那么他就必须面对并处理好宗教遗产与文化继承这对矛盾。这是一个现实问题，习近平主席在孔子诞辰 2565 年纪念大会上的讲话曾呼吁要科学对待传统文化，"要把弘扬优秀传统文化和发展现实文化有机统一起来"①，这就必须在弄清传统文化性质的基础上处理好宗教遗产与文化继承的问题。因此，任先生处理这一问题的智慧或许能给我们今天的工作带来一定的启发。

一　认识传统文化的特性

1. 传统文化具有宗教性

要继承传统文化，首先要弄清传统文化的性质、内容、内核，然后才能找到正确的继承方法。其中，弄清传统文化的性质尤为重要，性质是一物是其所是的内在原因，对于一物的存在与发展起着决定性作用，所以弄清传统文化的性质至关重要。

任继愈先生是一名马克思主义宗教学者。毛泽东曾在 1963 年 12 月 30 日发表的《加强宗教问题的研究》一文中指出，当时我国用历史唯物主义的观点研究宗教的文章很少，而"任继愈发表的几篇谈佛教的文章，已如凤毛麟角"。任继愈先生是少有的自觉运用马克思主义基本原理研究人文社会科学的学者。何祚庥先生评价任先生说："任老是第一位真正用马克思主义的'立场、观点和方法'科学地、周密地、系统地、创造性地研究中国传统思想文化的学术大师。"② 其实，还有很多学者不止一次地以此赞许过先生，只是何先生的评价最长。

那么什么叫用"马克思主义的立场、观点和方法"研究中国传统思想文化呢？简言之，就是用"社会存在决定社会意识""实事求是"等马克思主义基本原则来剖析传统文化，认识传统文化。

任先生用马克思主义基本原则剖析中国传统文化得出的结论就是："儒家是宗教。"儒家作为最大的主流文化，是否是宗教具有很大的争议性，因为这直接关系到整个传统文化的性质问题。但任先生通过比较分析，肯定并坚持"儒家是宗教"的结论。这也进一步点明了中国传统文化的性质，意即中国传统文化是宗教的文化，或者说中国传统文化具有宗教性。

---

① 《习近平同志在纪念孔子诞辰 2565 周年国际学术研讨会暨国际儒学联合会第五届会员大会开幕式上的讲话》（以下简称《讲话》）。

② 何祚庥：《一位用马克思主义"立场、观点和方法"研究中国传统思想文化的学术大家》，《我们心中的任继愈》，中华书局 2010 年版，第 282 页。

自古儒家与释、道并称三教，它是否是宗教本不是问题。"儒家不是宗教"的思想始自梁启超，此后蔡元培、陈独秀都对儒家的宗教性进行过否定。在这些学界、政界都有话语权的人物的影响下，"儒家不是宗教"遂成定论。

在这样的情况下，任先生提出"儒家是宗教"，自然反对者无数。然而，这个结论的理论意义却相当深刻。从宗教学角度讲，这表现了任先生深厚的宗教学素养，即是否只有类似基督教的宗教才是宗教，一般宗教学原理究竟是什么。从文化学角度讲，这体现了任先生对中国传统文化性质的深刻理解①，即中国文化是否是非宗教的，中国文化是否能脱离人类思想发展普遍规律而成长起来。所以讲，对儒家是宗教的认定，是一个非高度掌握马克思主义理论水平的马克思主义宗教学家所不能得出并始终坚持的。

质言之，任先生主张中国传统的主流文化是宗教文化，中国的文化遗产实质是一份宗教遗产。因此，我们紧接着要追问的就是，这份遗产的价值在哪里？

2. 传统文化的优点

任先生始终坚持要继承传统文化，因此他很明确传统文化的价值所在，他认为至少有四点优良传统值得称道②：

第一，"中国文化有着对外来文化融合交流的优良传统"。中国文化是在不断融合与交流的过程中发展起来的，魏晋、隋唐、元明清文化都包容了大量汉以外的文化传统。佛教文化的中国化，敦煌壁画里的西方文明，云南的多民族传统，都体现了华夏文明开放包容的优良传统，因此中国文化是丰富的，是活的。在哲学上，董仲舒的儒学就是吸收孔孟、道家、燕齐方术、阴阳五行等各派思想而形成的，宋明理学则是儒、释、道三教汇通的结果。所以中国文明在分裂、统一、再分裂、再统一的过程中，不断综合、创新、升华。今天我们必须继续秉持开放的心态、包容的胸怀，努力吸纳其他文化的优点，才能再创中华文明的辉煌。

第二，"中华民族有唯物主义、无神论的优良传统"。从老子、范缜到王夫之，有一个无神论传统。当然，受限于历史，这条系统只是一个朴素

---

① 李申：《任继愈——中国马克思主义宗教学的开创者和奠基人》，《上海师范大学学报》（哲学社会科学版）2014 年第 1 期。

② 任继愈：《发扬中华民族优良传统　建设社会主义精神文明》，《任继愈自选集》，北京师范学院出版社 1990 年版，第 410 页。

的唯物论传统，不可能达到费尔巴哈的唯物论高度，但这已是难能可贵了。其实，笔者以为，还有一个作为过程性的无神论传统也很值得称道。从孔子"敬鬼神而远之"的不再迷信鬼神，王充否认天人感应的可能性，再到张载、王廷相等儒者的气论哲学，都是对鬼神去神秘化的努力。虽然这条系统没有彻底否认鬼神的存在，但却是走向无神论的过程，可以算是一种过程性的无神论传统。这对于中国文化中理性传统的形成大有裨益。

第三，"中华民族有丰富的辩证法思想的优良传统"。任先生认为，中国的辩证法思想主要有两个传统：一条是以老子为代表的"贵柔"体系，强调以柔克刚、以进为退等思想；另一条是《易传》的辩证法体系，强调变化、发展、刚健等思想。其实，庞朴先生专门研究过儒家的辩证法，他的《儒家辩证法研究》就专门提出了仁义、礼乐、忠恕、圣智、中庸、三分六种辩证法范畴。可以说，庞朴先生的研究对中国辩证法思想做了进一步发展，体现了中国辩证法思想的丰富性。

第四，"中华民族有爱国主义的优良传统"。爱国主义传统是中国文化中最为突出的优良传统。当然，爱国主义也有很多种，农民起义中的爱国主义主要反对专制、暴政，屈原、文天祥的爱国主义以忠君为核心，现代的爱国主义以反对霸权主义、帝国主义、殖民主义为宗旨。虽然古今的爱国主义有所不同，但这份满腔的爱国热情是一以贯之的。甚至任先生在评价马克思主义时说："中国的马克思主义和外国不一样，马克思主义是三个来源，中国的马克思主义只有一个来源，就是爱国主义。"[1] 所以说，把爱国主义落到实处，其实是马克思主义中国化的重要环节。

当然，优点归优点，任先生不忘告诫说："我们要有清醒的认识，不要以为我们的一切传统文化都是什么灵丹妙药，包医百病，比西方高明万倍。我们要正确地看待我们的传统，给予适当的地位，既要看到我们封建文化的优良传统，又不能停留在封建文化优良传统的水平上自满自足，以为人家还要学我们的封建文化，到底是我们比人家高明，那是很危险的。"[2] 他从辩证的角度看到的传统文化有问题，其实就是宗教性的问题。因此，尽管传统文化有很多优点，但宗教性始终是作为理性与智慧的阻

① 任继愈：《世纪老人的话——任继愈访谈之二》，《任继愈对话集》，人民日报出版社2009年版，第199页。

② 任继愈：《正确对待传统文化》，《天人之际》，人民日报出版社2010年版，第306页。

碍。宋、元、明、清时，儒教因其强势地位而拒绝一切其他思想，让世人迷信皇权上帝，最终沉沦于无知的自大，近代的屈辱已是有目共睹了。

总而言之，任先生对传统文化是有感情的，但不是盲目的。所以，他看到了我们文化的性质，懂得我们文化的优劣，有自己的鲜明立场，因此他的认识与继承传统的智慧对我们是有启发的。

二 继承传统文化的意义

1. 与传统隔绝很"悲哀"

2014 年 9 月 9 日习近平主席考察了北京师范大学，在全国课标展厅内，他说："我很不赞成把古代经典诗词和散文从课本中去掉，'去中国化'是很悲哀的。应该把这些经典嵌在学生脑子里，成为中华民族文化的基因。"习主席有很好的传统文化修养，他深知文化立国的道理，"去中国化"的"悲哀"指的就是国将不国的局面。

传统不仅仅是诗词歌赋，还有很多东西，比如汉字文化。在《祖国的语文，为什么不学?》的访谈中，任先生就指出汉字简化带来的问题，造成了当代与传统的隔断，情况很严重。他认为，汉字简化，方向是对的，但做得太粗糙。他举例说："繁体字你应该叫他认识，不认识是不行的。有一次颐和园办慈禧太后生活展，'太后'那个'后'，主办方以为是繁体字的那个'後'，结果就写成'慈禧太後'。"[1] 其实，笔者发现曲阜孔庙里新立的"後土神位"也闹了这个笑话。"后"是帝王的意思，与作为方位的"後"意思迥异，简化汉字时本不该把两字合并。任先生还批评说"鬥争"的"鬥"与"北斗星"的"斗"不是一个字，"幹部""才幹"的"幹"与"干戈"的"干"也本不是一个字，合并了就乱了。

这些事例告诉我们，传统文化要普及，要从小抓起。而且改造过的文化有这样或那样的问题，更应该抓紧普及传统文化，否则要闹大笑话。就文字而言，任先生主张要"识繁用简"，不能把"本"给忘了。

对文字的讨论只是一个很小的方面，其实任先生一直在致力于传统文化的普及工作。在他主编的诸多丛书中，有一套丛书价值很高，尽管其影

---

① 任继愈:《祖国的语文，为什么不学?》，《任继愈对话集》，人民日报出版社 2009 年版，第 221 页。

响力很小，这就是《中国文化史知识丛书》。这套丛书包括考古、史地、思想、文化、教育、军事、文艺等 10 个门类，100 个专题，共 100 册。每个专题皆由一流学者撰写，每册约 7 万字，相当于一部中国历史文化的小百科全书。这套丛书的编纂缘起于任先生 20 世纪 80 年代参观中国科技大学少年班时的感受，他觉得国家只重视科技不行，5000 年不中断的历史文化被轻视了，实在太可惜，必须要普及。

其实对于继承好传统文化他还更有深意，任先生说："我觉得有了中国文化历史知识基础以后，爱国主义就有了根，而且比政治课更有效。"① 质言之，"去中国化"的悲哀就在这里，没有了历史文化，国将不国，没有历史感的人民也不懂得真正爱国。所以说，普及历史文化是最好的爱国主义教育。

2. 传统文化是民族认同的基础

什么是爱国，爱国不同于爱物，人与国的关系不是并列关系。国是人的属性，所谓爱国，就是认同自己的民族文化与身份这个属性，并自觉地把这种民族属性彰显出来。每一个民族都有属于本民族的标志，中国人之为中国人的标志就是中国传统文化。所谓爱国主义教育，就是弘扬中国传统文化，让每个中国人都对中华民族有自觉的认同，让中国人和其他民族的人区别开来，使中国人成为中国人。

任先生在谈到基础教育中重理轻文的现象时曾强调说："新中国成立后出生的孩子对古代的东西非常隔膜，尽管数理化考得非常好，奥林匹克竞赛得过奖。我去看过安徽的少年班，他们征求我的意见，我说少年班要熟悉中国的历史文化，光学这个科技不行，这跟外国孩子没有什么区别。"② 重视科学技术没错，但其他国家也重视科学技术。科学技术是没有民族性的，如果中国的孩子只懂得科学技术，那么中国人之为中国人的根据在哪里呢？就是说，中国人要成为中国人，就必须学习传统文化。尤其要从娃娃抓起，民族认同要从小培养。

无独有偶，习主席在纪念孔子诞辰 2565 年大会上的《讲话》中也说道："研究孔子、研究儒学，是认识中国人的民族特性、认识当今中国人

---

① 任继愈：《一位中国历史文化学者的心愿》，《任继愈对话集》，人民日报出版社 2009 年版，第 231 页。

② 任继愈：《祖国的语文，为什么不学？》，《任继愈对话集》，人民日报出版社 2009 年版，第 220 页。

精神世界历史由来的一个重要途径。"儒、墨、道、法等"这些最基本的文化基因，是中华民族和中国人民在修齐治平、尊时守位、知常达变、开物成务、建功立业过程中逐渐形成的有别于其他民族的独特标识"。这里的重点就是"有别"，中国人之所以是中国人，必有区别于其他民族的根据所在。无疑，这个根据就是中国传统文化，这是中国人独有的，是中国人的标志。

所以说，习主席、任先生都不是就文化谈文化，而是站在民族认同的高度来谈传统文化的，这就赋予了传统文化以历史使命与民族大义，意义非凡。

3. 继承传统文化是现实需要

虽说传统文化有这样或那样的问题，但许多传统的价值对今天的时代仍有不小的裨益。比如说忠孝两个概念，古代讲忠君，现代没有君主，但忠于国家还是必要的；古代要孝敬父母，那种极端的孝今人也学不来，但最基本的赡养、敬老是可以一脉相承的。

改造后的忠孝，对现实需要也很有价值，如任先生说："国家是维护一个族群、一个地区生存和发展的最高的基本组织。失去国家保护的民族只好任人宰割，'爱国主义'就是今天对'忠'的新诠释。……今天，'忠'的涵义在延伸，旧社会的功能要保留，有些还有所发展，比如现代企业诚信精神，对中国人来说，它与传统的'曾子三省'的'忠'就有着传承与革新的关系。"① 今天的孝也一样，由于社会保障制度还不完善，无力自养的老人还是需要依赖家庭的保障，以缓解社会救济的压力，所以"孝"也适应现代的中国。

忠孝只是传统文化中诸多价值的一种，全面整理、诠释、发展传统文化里的各种价值，对现代社会种种问题的解决不失为一种方法。如习近平主席在《讲话》中说："当今世界，人类文明无论在物质还是精神方面都取得了巨大进步，特别是物质的极大丰富是古代世界完全不能想象的。同时，当代人类也面临着许多突出的难题，比如，贫富差距持续扩大，物欲追求奢华无度，个人主义恶性膨胀，社会诚信不断消减，伦理道德每况愈下，人与自然关系日趋紧张，等等。要解决这些难题，不仅需要运用人类今天发现和发展

---

① 任继愈：《说忠孝：儒学的回顾与前瞻》，《任继愈讲演集》，人民日报出版社 2010 年版，第 272 页。

的智慧和力量，而且需要运用人类历史上积累和储存的智慧和力量。"

除了解决社会问题外，理论问题的解决也需要传统文化。习主席在《讲话》中说："马克思主义基本原理必须同中国具体实际紧密结合起来，应该科学对待民族传统文化，科学对待世界各国文化，用人类创造的一切优秀思想文化成果武装自己。"任先生认为中国文化最大的优点与精神就是爱国主义，而中国的马克思主义只有唯一的来源，就是爱国主义。所谓马克思主义中国化，就是将爱国主义融入马克思主义理论，这就是用传统文化解决理论问题。

社会需要、理论需要这都是中国的需要，其实世界也需要中国传统文化。发扬中国传统文化，不仅是中国人自己的事情，还应该具备世界眼光，看到它也是一份属于世界的遗产。

任继愈先生在《国际汉学》辑刊的开卷语中写道："中国文化是世界文明的发祥地之一。她悠久的文化传统对世界产生过重大影响。东学西渐已有上千年的历史。汉学（sinology，又称中国学）现已成为一项国际性的学术事业，中国文化属于全世界。"这就是国际视野，中国文化属于中国人民，也属于世界人民，所以他说："对于孔子的研究，不光是中国人的事，也是全世界关心文化事业学者的事。"① 要知道，中国文化是世界文化的组成部分，是世界文明多样化的重要环节，与其他文明一道共同为人类文明的进步作出过巨大贡献。

质言之，"我们对传统文化研究得愈透彻，对建设新文化就愈有利。'文革'时期我们走过弯路，搞什么评儒批法，走回头路。这是倒退。现在我们走上了正轨，前途一定是光明的，大家要努力"②。新文化不仅是中国的，也是世界的，所以继承传统文化源于现实需要。

三　如何继承有宗教性质的传统文化

1. 学好历史，整理国故

继承传统文化大体有两个最基本的方法，即学好历史与整理国故，前

---

① 任继愈：《已具备了研究孔子的条件》，《天人之际》，人民日报出版社 2010 年版，第 54 页。

② 任继愈：《继承传统文化的精华，迎接文化建设新高潮》，《任继愈讲演集》，人民日报出版社 2010 年版，第 302 页。

者是对普通人来说的，后者则是对文化学者而言的，不论是否关涉宗教，都要学习、研究。

在《祖国的语文，为什么不学?》的访谈中，任先生明确说，继承传统的方式就是"学历史，历史可以补充政治课"。他说："中国孩子不知道'九·一八'、'南京大屠杀'、'七七卢沟桥事变'怎么行?"①

在另一篇访谈中，就年轻人的危机意识，任先生说了这样的话："现在最缺的是历史教育，我们在骂日本人的时候说不要忘记历史，可我们自己却在忘记，我很担心。南京的学生就不知道南京大屠杀的地点在哪里，也不知道'九·一八'事变发生在什么地方。我们的历史非常值得讲。有些国家一讲就讲到外国去了，美国讲他们的历史，讲200年以前就讲到欧洲去了，或者讲印第安人去了，没它的事儿。只有我们能一直讲我们自己的历史，成功的、失败的、犯过错误的，多得很；英雄人物、克服困难的、年轻有为的、创造发明的，太多，太丰富了。学习历史非常要紧。"②传承文化是一个方面，树立危机意识是更深层次的东西。学好历史，就能知道兴替，文化的继承就已经在其中了。这是针对普通人，尤其针对年轻学生而言的。年轻学生能学好历史，那对于传统文化的继承是具有决定性意义的。

关于整理国故，其实不仅是任先生对学者的要求，他是亲力亲为、以身作则的。任先生的右眼早年就几近失明，左眼视力也只有0.2，但在异常艰难的条件下，他仍坚持主持完成了各类古代文献总集的编纂工作。

其中，任先生主编《中华大藏经（汉文部分）》呕心沥血15年，于1997年完成了106卷，共1.2亿字。此后，任先生又继续为续编奔走呼号。在一份向中央领导报送的《论证报告》中，他指出：编辑出版《中华大藏经（汉文部分）续编》（简称《续编》）可以"进一步增强中国传统文化资源的开发和利用，进一步发挥中国文化建设的积极作用"，这"是使整个《中华大藏经》事业的社会效益和国际影响力进一步扩大的需

---

① 任继愈：《祖国的语文，为什么不学?》，《任继愈对话集》，人民日报出版社2009年版，第225页。

② 任继愈：《对话哲学家任继愈：穿越古今的旅行》，《任继愈对话集》，人民日报出版社2009年版，第213页。

要"①。任先生称编纂这一文献总集为"事业",这是令我们动容的。在他看来,整理传统典籍,不是一项普通的工作,而是需要花一生的心力去做的。然而,令我们遗憾,更令先生遗憾的是,《续编》还没来得及完成,先生就与世长辞了。

任先生主编的另一套关于古代文献的类书是《中华大典》,始于1989年,2010年全部出齐,共7亿字,规模是《永乐大典》的2倍,《古今图书集成》的4倍。其实,编纂《中华大典》初期,编委会的经济压力非常大,没有资金,只能向国家借钱,借了1800万元,最后只还了720万元。后来国家正式拨款了,才解决了经费问题。在一次采访中,任先生回答了为何条件如此艰苦却还要坚持做这项工作,他说:"形势很紧迫。我们国家的文化经过'文革'的摧残,文化已经形成断层。我们的传统文化在滑坡,这些都需要我们认真解决。"② 说到底,整理古代文献,就是为了继承传统文化。

任先生的古代文献整理工作何止这两项,此外他还主编了《道藏提要》《中国科学技术典籍通汇》等类书。这些文献整理工作,都是利在当代功在千秋的大事业。为什么一定要做文献整理,这与任先生的文化高潮观密不可分。他说五千年中华文明的第一次高潮是汉朝,开通了丝绸之路;第二次高潮是唐朝,开辟了海上丝绸之路。21世纪必将迎来第三次文化高潮,今天积累资料,就是为第三次文化高潮做准备。③ 其实整理国故并不讨好,任先生为此放弃了大多数写自己东西的机会,其他编委会成员也面临着这样的问题。但他们仍坚持这份执着,这是从国家文化发展的大局着眼,是值得我们敬佩的。

质言之,继承文化传统有两个最基础的方法,其一是学好历史,其二是整理国故。习主席在《讲话》中呼吁社会各界对传统文化要在"继承中发展,发展中继承"。我想,按照任先生的意思,要真正做到继承与发展,首先就要加强历史教育,尤其是大中小学生的历史教育。只有让年轻人牢

① 张新鹰:《"没有什么比事业更重要"》,《我们心中的任继愈》,中华书局2010年版,第91页。
② 任继愈:《任继愈:民间力量17年推动盛世修典》,《任继愈对话集》,人民日报出版社2009年版,第66页。
③ 任继愈:《关于中文古籍的保存保护》,《任继愈讲演集》,人民日报出版社2010年版,第200页。

记历史，才能从根本上传承文化。同时整理古代文献，不断弄清我们祖先的心路历程，总结先人的思想经验，由此方能有效地弘扬我们的文化。

2. 去其糟粕，取其精华

学好历史与整理国故是对传统文化的整体性认识，在认识了以后，就需要明辨与取舍。这就是去其糟粕，取其精华。

儒教作为中国传统主流文化，同其他文化一样，也有功与过、进步与局限两方面。很明显，儒教作为宗教传统，其惰性很突出，胡适当年主张全盘西化就因为这一点，因此说儒教对社会发展是有阻碍作用的。在谈到现代化的阻力问题时，任先生说："我找到的结果就是封建的残余势力太大了。""干部子女经商从政靠关系，这就是封建的东西。""《国际歌》说'从来就没有什么救世主，也不靠神仙皇帝'。而我们的《东方红》却唱大救星。就是因为我们差一个社会发展的阶段，我们是直接从封建社会过渡到社会主义社会的。"①

任先生曾举过一例说，华人王安创办的王安公司，与 IBM 同时起家，此后多年间王安公司不论是经济还是技术实力都超越 IBM 数倍。然而 1992 年，庞大的王安公司却宣告破产。其根本原因就在于，王安坚持要让自己的子女接掌他的公司，而非选择他身边最有才干的家族外的人。家族世袭成为王安公司最终失败的根本原因之一，这就是儒教的致命问题。

但儒教真的一无是处吗？任先生说："光靠儒教是救不了国的，可中国没有儒教传统也不行。"② 任先生对科举制度的形式就情有独钟，他几次提到："可以考虑'恢复'科举，我们不考科举的内容，但是那种形式值得借鉴。"③ 他认为，科举制至少有两点好处：其一，科举制度严格公平。清朝后期虽然腐败，但教育还是抓得很严，尤其是科举舞弊，不会轻饶，鲁迅的家族就是受科举舞弊案的牵连而没落的。1949 年以前，胡适的孩子三次没有考上北大，蒋梦麟的女儿也没考上西南联大。但是现代，"我就看北大解放以后有变化，高干子弟可以随便进。……没有照顾就进不去，

---

① 任继愈：《世纪老人的话——任继愈访谈之一》，《任继愈对话集》，人民日报出版社 2009 年版，第 152、161 页。

② 任继愈：《对话哲学家任继愈：穿越古今的旅行》，《任继愈对话集》，人民日报出版社 2009 年版，第 218 页。

③ 同上书，第 214 页。

我眼看着北大滑坡的"①。因为严格所以也公平。② 其二，科举制度鼓励自学。国家需要创新人才，但没有给出造就创新人才的条件。任先生主要质疑中小学生的作业压力大，没时间自学，"没有学生自己的时间，不能发挥自己的爱好，跟蒸包子一样一屉一屉的，出来一个模样，这样不会出人才，有人才也埋没掉了"③。

　　除了科举这一具体机制的价值，任先生还认为，中国文化的基本特点是持续发展。他说："中华文化有一个特点，就是持续不断地前进，与时俱进。这一点很特殊，只此一家。""中国有时候会出现暂时的左右徘徊，但总趋势是前进的。……（中国）是亡过国的，不过它是亡在自己兄弟之间的斗争中。一会儿是老大当家，一会儿是老二当家，但传统没有变，文字没有变，意识没有变。不但没变而且持续发展。"他举例说，现在的马字、鱼字和甲骨文都是差不多的，而希腊人已经不认识柏拉图时代的希腊文了，印度人也不认识梵文了。在物质层面上是持续的，在精神层面上更是持续的。"我们的意识形态也是持续不断地在发展，团结一致、不受屈辱，一致抵抗外国侵略，形成了一个坚强的传统。"④ 他举例说，中国人被骂汉奸，这是比骂祖宗还要严重的事。秦桧考上状元，做过宰相，书法也写得很好，但是一幅字都没留下来。他说，有个姓秦的人到无锡寻根，钱锺书说他就是秦桧的后裔，但那个人不愿意承认，说自己是秦少游的后裔。这就是一种重视人品的传统，只要人品不好，其他的成就是不被承认的，这就是一种好的传统，几千年不曾中断。

　　质言之，只有懂得取舍才能学会继承，正如习近平主席在《讲话》中强调的："传统文化在其形成和发展过程中，不可避免会受到当时人们的认识水平、时代条件、社会制度的局限性的制约和影响，因而也不可避免会存在陈旧过时或已成为糟粕性的东西。这就要求人们在学习、研究、应用传统文化时坚持古为今用、推陈出新，结合新的实践和时代要求进行正

---

① 任继愈：《祖国的语文，为什么不学？》，《任继愈对话集》，人民日报出版社 2009 年版，第 225 页。

② 任继愈：《哲学家任继愈：我看教育》，《任继愈对话集》，人民日报出版社 2009 年版，第 71 页。

③ 任继愈：《祖国的语文，为什么不学？》，《任继愈对话集》，人民日报出版社 2009 年版，第 223 页。

④ 任继愈：《对话哲学家任继愈：穿越古今的旅行》，《任继愈对话集》，人民日报出版社 2009 年版，第 210 页。

确取舍，而不能一股脑儿都拿到今天来照套照用。要坚持古为今用、以古
鉴今，坚持有鉴别的对待、有扬弃的继承，而不能搞厚古薄今、以古非
今，努力实现传统文化的创造性转化、创新性发展，使之与现实文化相融
相通，共同服务于文化人的时代任务。"

3. 理解历史性，悬置有神论

以上总结了任先生继承传统文化的两种方式——学好历史与整理国
故，是对传统文化进行打包式的全面认识，不论它的好坏对错，我们都要
认真面对、分析。在此基础上取其精华，去其糟粕，把有用的东西继承发
扬出来。比如：科举制度的形式是好东西，可以借鉴；以人品评价作品是
好传统，应该继承。这两点给我们的启示是，尽管中国传统文化具有高度
的宗教性，但围绕宗教的还有大量的一般价值，因此我们在认清传统文化
的宗教性之外，不必谈宗教色变。任先生对待宗教遗产与文化继承的大智
慧就在这里，他清楚地知道主流文化的宗教性，所以他坚持批判有神论；
同时他也知道，在宗教的外围，还存在着现代人也亟需的具有高度民族性
的一般价值，所以他坚持呼吁继承传统。

通过以上两点，我以为任先生有他文化继承的一般原则。

首先是，理解历史性。

任何思想、价值都有历史性，唯心主义有历史性，宗教也有历史性。
所谓历史性，就是说某种理论既有历史的局限性，也有历史的进步性。任
先生举例说："五四时代提出'打倒孔家店'，要打的不是鲁国孔丘，而是
经过朱熹改造过的，巩固封建社会的儒教。按照思想衰减现象，孔子的言
行不可能长久不衰。戴震提出'以理杀人'，禁止寡妇再嫁，干涉子女婚
姻，家长绝对统治，族权武断乡曲，孔子对此毫无责任。鲁迅笔下的'四
铭'、'鲁四老爷'之类的人物是儒教铸成的典型，与孔子思想无关。"①
这就是说，不能因为后期的儒家有各种不是，便对早期的儒家也进行否
定，进而对整个传统文化全盘否定，这是错的。所以，在认识传统文化时
一定要注意历史限定性的问题，不能因为它在今天有负面效应就简单否认
它的价值，也不能因为它在过去是进步的，就肯定它对今天也是有益的，
这就是实事求是。

任先生一贯注意到历史性的问题，20 世纪 80 年代初期，任先生率先

① 任继愈：《文化遗产的增益现象》，《天人之际》，人民日报出版社 2010 年版，第 41 页。

打破哲学研究中两军对阵的局面，认为唯心主义也具有历史进步性。他说："人类从没有宗教到有了宗教，表明人类已经有了一个自己异化的精神世界。这个异化的精神世界，动物就没有。从不知道有宗教到产生了宗教，这应当看作人类的一大进步。""宗教是如此，与宗教相伴而生的唯心主义也标志着人类的进步。"[①] 这就是对历史限定性的正确理解，是实事求是地做研究。

今天我们来回顾儒家的传统，也应该秉持这种实事求是的态度。殷商的宗教风气极盛，遇事必占卜。到了春秋，孔子主张"敬鬼神而远之"，既继承祖先崇拜的传统，又不囿于对祖先神灵的迷信。这个"远"字既体现了"祭不欲数"的虔敬，又彰显了人的主体价值，是典型的对历史的继承与发展，这就是孔子的智慧。是故，孔子的宗教改革就是历史性的进步。

到了宋明时期，理学家说："鬼神，二气之良能。"（《正蒙·太和篇》）在理学家看来，鬼神不能仅仅是超验的存在，而一定要将鬼神之为鬼神的本质解释清楚。结果，理学家找到了气论，并以此为现象背后的根据。如此，尽管理学家仍相信鬼神的存在，但他们观念中的鬼神已不是单纯的神秘存在者了，而是一种可以认识的、向常人敞开的存在，这又是一种历史性的进步。

所以讲，传统文化的主流是宗教的，但经历宗教阶段是文化发展的一般规律，中国概莫能外，不必讳言。重要的是，中国文化始终处于一种革新的、进步的过程中，这是需要肯定的。理解了这一点，就能正确地继承传统文化了。

其次是，悬置有神论。

我们知道任先生对有神论的批判是一以贯之的，但是传统文化的主流是宗教的，宗教的核心是有神论。要继承这样的文化，批判继承是一方面，面对具体情况还需要一种独特的对待有神论的方法。任先生主张学习历史、整理古籍、利用好科举的形式、继承好优秀的道德等。在这里，任先生做的就是继承好有神论外围的一般价值，至于有神论，则先放一放。我称此为"悬置有神论"的方式。

---

① 任继愈：《如何看待哲学史上的唯心主义》，《中国哲学史方法论讨论集》，中国社会科学出版社1980年版，第216页。

　　"悬置"是现象学认识世界的重要方法，指看待事物不受束缚的状态，即认识者放弃一切对该事物所拥有的先前的认识，让认识对象如其所是地存在。就传统文化而言，其宗教性是在研究以后赋予它的一种认识，悬置的目的就是让我们把所有的前认识放到一边，即把它的宗教性放到一边，把我们需要的传统如其所是地呈现出来就好。如任先生说："中国人十分看重祭礼，认为它是宗教仪式的一部分，这在无形中也增强了中华文化的凝聚力。"① 所以有些祭礼是可以恢复的，比如祭祖、祭先贤。在祭祀过程中，我们可以悬置有神论，强调仪式的神圣性，从而增强仪式本来所要达到的凝聚力培养的目的。其实，每年的 9 月 30 日被确定为烈士纪念日，这就是国家层面的祭祀先贤，所以悬置有神论是可以做到的。

　　进一步说，有神论本是作为核心存在的，因为宗教必以有神论为核心，所以悬置以后的呈现，总的来说是一种没有实质、灵魂的"形式"。为了解决这个问题，笔者以为，可以在抽离有神论后，填补入"爱国主义"这个新灵魂。

　　"爱国主义"是任先生全部思想的精华所在。在抗战期间，他参加"湘黔滇旅行团"徒步从长沙走到昆明，一路上他体会到了中华民族的凝聚力，这就是爱国主义。后来他主张中国的马克思主义只有一个来源，就是爱国主义。他对冯友兰、熊十力等老先生的最高评价就是爱国主义，他认为汤用彤、贺麟、金岳霖等先生能接受马克思主义，也是爱国主义在起作用。② 因此我们可以认为，任先生的所有学术贡献、教育贡献背后的实质就是爱国主义，这是任先生的灵魂。职是之故，我们完全可以用爱国主义这个灵魂来替换有神论，注入传统文化，从而改造传统文化，使传统文化在今天继续发挥它的光与热。

　　总的来说，继承传统文化是建立新文化的必由之路，另起炉灶是没有出路的。拿中国哲学来说，"中国哲学的新体系，是中华民族优秀遗产的继承，不能脱离旧的传统构建一套与旧哲学完全脱节的体系"③。就是说，要建立新文化就必须以改造旧文化为先导，马克思主义中国化也必须以传

---

　　① 任继愈：《国学大师任继愈访谈》，《任继愈对话集》，人民日报出版社 2009 年版，第 45 页。

　　② 任继愈：《实说冯友兰》，《任继愈对话集》，人民日报出版社 2009 年版，第 117 页。

　　③ 任继愈：《总结传统哲学，发展马克思主义》，《天人之际》，人民日报出版社 2010 年版，第 111 页。

统文化为基础，离开了传统，一切都是空谈。然而，旧文化有糟粕也有精华，我们先不要盲目地作价值判断，随意取舍，而是要全面认识，然后去粗取精，这就是任先生的智慧。接着任先生的逻辑再往下走，我们还可以改造宗教传统的实质，即用爱国主义这个文化精髓取代有神论这个文化旧灵魂，从而彻底改造我们的传统文化，让传统文化焕发出新的光芒，适应时代发展的需要。

《寻乌调查》中的宗教批判与现实意义

包大为

摘　要　作为马克思主义理论在中国早期实践和发展的成果，《寻乌调查》为今天的宗教批判和唯物主义理论研究提供了独特的历史视角。通过阶级分析而展开的社会经济批判，既将宗教批判放置于物质生产关系之中，又使得宗教批判成为了进一步分析批判阶级社会的有效方法和途径。在全球化的今天，中国的现代化进程更需要对马克思主义宗教批判理论进行创新和实践，而《寻乌调查》中宗教批判的立场和方法仍是不可忽视的宝贵经验。

关键词　寻乌调查　宗教批判　毛泽东　历史唯物主义

毛泽东在 1930 年完成的《寻乌调查》是马克思主义的重要阶段性成果，是中国共产党人运用历史唯物主义进行社会分析和理论批判的早期尝试。在《寻乌调查》中，对文本概念的忠诚并没有成为主宰社会调查和理论叙述的第一标准，具体实践和回归生活的经验分析充实了理论命题和范畴。宗教批判作为资本批判的重要前提，同时作为马克思主义意识形态批判的核心内容，在《寻乌调查》中也占有不可忽视的文本地位。在《寻乌调查》中，通过社会经济批判而得到论述的宗教批判，不论其研究方法还是具体内容，至今都鼓励着理论工作者勇敢地坚定历史唯物主义的立场，创新批判的方法和意义。

一　《寻乌调查》中宗教批判的方法和立场

《寻乌调查》是毛泽东组织和开展城市（城镇）调查研究的初步尝试，通过寻乌县委书记古柏以及当地百姓代表的配合与协助，该调查主要系统地梳理和分析了寻乌县社会经济、政治、交通和文化等方面的现状与问题。在这当中，关于群众的宗教信仰状况、宗教组织的发展程度及其经济基础之调查分析，一方面是社会经济批判的重要辅助内容，另一方面也是意识形态批判的自觉展开。关于宗教和唯心主义的批判古已有之，但是从古至今的朴素唯物主义之所以无法推动社会文化的总体变革，究其理论的内在矛盾，主要是因为停留于朴素经验或者概念诡辩而脱离了物质生产关系。《寻乌调查》中的宗教批判之所以能够成为指导土地革命时期宗教工作的理论源头之一，最重要的原因就在于从方法论和立场两方面对历史唯物主义的深刻理解。

首先，《寻乌调查》中的宗教批判立场是鲜明的，即坚持科学理性的历史观和阶级解放的价值观。在土地革命初期，革命所面临的核心阻力是旧生产关系及其政治力量，宗教问题不过是半封建半殖民的社会生产关系在意识层面的反映。因此，贯穿整个调查的主要立场就是要通过数据和事例来揭露"旧的社会关系就是吃人关系"这一事实。同时，通过分析这些事实背后复杂的阶级关系和社会意识，从而得出关于城市阶级矛盾现状的客观评估，用以达到"正确对待商业资产阶级和争取城市贫民群众"的革命目的。因此，该调查虽然在行文中无处不表达着毛泽东对贫民之极大同情、对逼人"卖妻鬻子"的旧社会关系之愤慨，但是这些模糊的人道主义情怀并不是该调查的主线。毛泽东清晰地认识到，革命的胜利、宗教的消亡，仅凭人道主义情怀是不够的。只有科学的方法和坚定的立场才能"让受现实压迫的人意识到压迫，从而使现实的压迫更加沉重"，才能最大限度地激发起人民的阶级意识，扫除物质和意识层面的革命阻力。

其次，《寻乌调查》引入宗教批判的方法论是唯物主义的，最大限度地发挥了直接、间接经验材料的客观价值。《寻乌调查》完成于1930年5月，几乎同一时期毛泽东又写作了《反对本本主义》。从时间点出发，在寻乌县的调查可以说是对社会调查方法论的初次实践，而《反对本本主义》则是在调查过程中和结束之后对实践的进一步总结和提炼。不论是针对社会经济问题，还是社会意识问题，毛泽东所推崇的方法论唯有一条，即客观真实性。就总的原则而言，"没有调查就没有发言权"，而"调查就是解决问题"，所有脱离了调查研究的主观猜想实际上与客观唯心主义的宗教迷信无异——"一定要弄坏事情，一定要失掉群众，一定不能解决问题"。就寻乌县一地的调查方法而言，毛泽东指出了城市调查与农村调查的共性，即"要拼着精力把一个地方研究透彻，然后于研究别个地方"，一定不能"走马看花，如某同志所谓'到处只问一下子'"。毛泽东之所以如此重视调查对于革命工作的意义，认为"调查就像'十月怀胎'，解决问题就像'一朝分娩'"，从根本上而言，不过只是唯物主义世界观和方法论对社会实践和理论研究的基本要求。尽管一切从客观实际出发这一标准是如此的浅显和基础，但是在极端缺乏科学启蒙和工业洗礼的旧中国，即使是在共产党员群体内仍然有许多人无法摆脱宗教意识或主观主义的影响。因此，《寻乌调查》既是通过实践对各种形式的唯心主义进行批判，也是对"颠倒的世界意识"的揭露。

另外，以历史唯物主义为理论根据的社会调查，究其对象始终是"社会的各阶级，而不是各种片断的社会现象"，更不是个体的特殊生活经验。这一点在宗教批判中显得尤为重要。在阶级社会，由生产资料占有情况所决定的阶级地位决定了个体的意识倾向，包括了个体的政治倾向、宗教信仰以及价值准则。宗教批判的着眼点因此就始终不能脱离具体的生产关系，对于社会总体而言即阶级关系，对于某个特定群体和阶级而言则是利益。所有的批判理论如果脱离了利益"就一定会使自己出丑"，宗教批判亦不例外。如在《寻乌调查》中，贫民纷纷闹着要废除保证祖先祭祀费用和荫庇后代的公田，表面上看来似乎是缺乏教育的贫民与"孝"为核心的传统道德体系的矛盾，但是在毛泽东的历史唯物主义的调查分析中，则确认了"贫农群众因为他们苦得没有米煮，便把什么'祭扫'呀，'慎终追远'等封建思想逐渐地不要了"的残酷事实。这不是群众自觉主动的宗教批判，而是走入绝境的物质生活所倒逼的"氏族内部的阶级斗争"。又如毛泽东对于群众长期以来自发总结的社会阶级分层之俗语的借用，即"上九流"与"下九流"的划分，这看似作为次文化的民间俗语，实质上反映的是群众对于半封建半殖民阶级关系的直观经验。在这"上下九流"的划分中，宗教神职人员（堪舆、僧道）的地位并不低，但是与手工业者（医、丹青、匠）相比，则是上层阶层中唯一一个靠作为"抽象意识"的宗教信仰谋生的群体，是比旧士人（举人）更具寄生性——剥削性的阶层。因此，在分田斗争中，毛泽东敏锐地发现了当群众经历了革命的教育和引导，对依赖于宗教意识的剥削关系便有了批判意识，就要求"僧尼、道士、传教士要改变职业，方许分田"。从根植于阶级分析的社会经济调查到具体的革命实践，寻乌调查中群众的宗教批判自觉性在革命这一时间分隔点的前后有着鲜明的转变，这体现了宗教批判始终服务于社会总体变革的革命功能，即"对宗教的批判使人不抱幻想，使人能够作为不抱幻想而具有理智的人来思考，来行动，来建立自己的现实"。

二 宗教批判在《寻乌调查》的历史逻辑

马克思认为"统治阶级的思想在每一时代都是占统治地位的思想……占统治地位的思想不过是占统治地位的物质关系在观念上的表现"，这个命题在 20 世纪 30 年代的中国应该在何种语境下进行描述？在半封建半殖民的中国，不论是"三民主义"还是"马克思主义"，都因为缺乏相对应的经济基础而无法被群众通过日常交往所接受，那么这个时期占统治地位的思想的存在形式如何？这些问题所针对的是《寻乌调查》中宗教的历史条件，既包括了决定当时宗教形态的物质关系，也包括了当时宗教意识所能够采用的文化资料。总的来说，《寻乌调查》并没有非常系统地指出宗教与反宗教、男权传统与女性解放等社会文化现象的具体发展线索。但是从经济基础决定上层建筑这一历史规律出发，调查所详细梳理的社会经济关系及其批判，实质上已经为所在时代的宗教批判之历史逻辑给出了明确的答案。

从宏观来看，落后的生产力和文化教育水平决定了宗教意识必然成为旧中国的主导意识形态。晚清直至新中国成立的一个多世纪，中国的经济始终作为帝国主义世界体系的附庸而存在。在没有完整工业体系和自主的国民经济体系的情况下，中国农村和依赖于农产品加工贸易的小城镇不仅抗国内外经济波动的能力很弱，更无法为农村社会摆脱封建窠臼催生出足够的物质基础。依附于封建土地所有制和买办经济的落后局面在"介在闽粤赣三省的交界"的寻乌县尤为典型。一方面，寻乌县生产力水平落后，经济结构较之晚清没有多大改善，而商业规模甚至比光绪年间更为凋零。另一方面，普通群众知识文化水平极差且文盲率高，封建士族文化仍然主导着地方知识权威与舆论权威。在寻乌调查中，全县人口中不识字的约占 60%，识字二百的约占 20%，能写信的约占 3.5%，而大学生只有 30 人，但是秀才竟然有 400 人。另外，与旧中国的大多数山城一样，寻乌交通极为落后，与外界的商贸和文化交流非常困难。直至 1930 年，寻乌与外地的交通"不论什么道路一概没有车子，陆路运输工具大多数是活人的肩胛，其次是骡马"。可见，寻乌作为一个身处帝国主义时代却陷落于封建经济文化的山城，加之民国资产阶级革命与文化教育与群众的疏离，客观上为宗教意识主宰局部社会意识形态创造了充分的条件。在没有经历以工业化为主题之经济变革、以土地革命为主题之政治变革洗礼的半封建半殖民地的旧中国村镇，其经济基础与文化结构能且只能成为宗教意识和宗族道德观念的土壤。

因此，在文化教育水平落后和信息闭塞的情况下，宗教便不自觉地成为了旧生产关系压迫和剥削人民的工具。宗教之所以长期充当着维持旧生产关系的文化工具，不仅是因为旧生产关系是产生宗教意识的物质土壤，更因为宗教能够通过这种寄生性功能而获得直接的物质利益。在《寻乌调查》中最为典型的例子就是公堂经济中以宗教为名的地主经济，其中包括祖宗地主、神道地主和部分政治地主。

首先，祖宗地主所依赖的意识形态工具是以祖宗信仰和宗族道德为核心的宗教意识。祖宗地主所占有的土地占全部土地的24%，占全部"公田"的60%，其出发点一是保证祖宗祭祀的费用，二是让将来潦倒的子孙后代得到一定的周济。但其实质不过是被宗教道德观念粉饰了的封建土地所有制，是以大多数群众承受贫困和剥削为代价的土地兼并的一种形式。因此，当宗教道德无法说服人们用信仰与德性去克服饥饿，争取分田的斗争就成为了颇为普遍的经济现象。

其次，神道地主是专门以宗教神职人员、宗教权威和宗教组织为产权合法性的地主经济。神道地主所占有的土地数量和宗教信徒的人数比例是悖论式的。通过调查，寻乌县"所谓宗教徒是耶稣教十人，天主教三人，斋公六人，和尚三人，共二十二人"，占全县总人口极小一部分，远不到1%。在人数上看起来如此微不足道的群体，却占有了"占全部土地的百分之八，占全部公田的百分之二十"。通过调查与分析，毛泽东发现这些神道地主的主体是由富农地主出钱办的"神会"，而"社坛"则是由农民出于虔诚或精神寄托而供养的小部分神道公田。因此，相比社坛与庙，神坛对应的是地主精神生活和文化统治的需求，对农民造成了一定程度的经济剥削。毛泽东更是认为"寺是和尚的巢穴，是剥削厉害的地方"，因为它不仅挤占了本已稀少的土地资源，更通过信仰权威以香火供奉的形式进一步榨取农民的利益，并且在精神上成为了维持封建意识的反动力量。

最后，部分政治地主也借用神怪的名义办起了盘剥人民的宗教机构。

最为典型的就是所谓"公益性质"的大小桥会，不仅影响了从大桥到村落小桥的村镇交通，更成为了一个剥削机关。这些桥会"每年十二月算数、敬桥神"，而"捐主都来吃一餐，吃了之后还分猪肉"，不仅加重了农民本已沉重的生存负担，更阻碍了地区之间的经济文化交流，是封建社会地区性人为阻隔的典型。

另外，由于中国经济的半殖民性，当以上海为中心的城市经济被国际资本主义经济危机所波及，农村的资金和土地不可避免地要为大资产阶级和买办资产阶级的自救而提供支持。如《大公报》所报道的农村金融危机："数十年来内地与都市之贸易，常居入超地位，都市运输机制品者，只吸收内地之金钱，同时内地之生产者，苦于无法以挽回既溢之漏卮，以致农村贫瘠，每况愈下。"① 因此，20 世纪 30 年代席卷中国农村的经济危机一方面加重了农民的贫困程度，破产农民和城市贫民数量迅速增长；另一方面也使得村镇的剥削阶级的统治力量受到削弱。走投无路的农民和城市贫民不得不依靠高利贷，甚至"卖奶子"② 而维持生存。

在这种结构性经济危机中，宗教诚然是"被压迫生灵的叹息，是无情世界的感情"，成为了群众安放现实痛苦的精神场所。但是从历史发展规律来看，宗教更多地成为了人民的"精神鸦片"，迟滞了人民的社会反思，阻碍了革命自觉性和阶级意识的产生。因此，当土地革命燃烧至寻乌县以及苏区各个村镇，由平均地权所保障的物质生活，以及基于革命政权的平等政治权利，立刻就冲破了宗教所编织的掩盖现实压迫的迷网。通过土地革命，半封建半殖民的生产关系被扬弃了，宗教意识和封建道德观念也就失去了经济基础。这是进行宗教批判最为彻底和根本的方法，也是历史唯物主义所要求的必然途径。当宗教意识在物质根源上被革除，农民曾经被由"阴间系统"以及"神仙系统"所构成"鬼神系统（神权）"所束缚的手脚就立刻投入土地革命的实践当中。祖宗地主、神道地主和政治地主被农民要求将其各种以宗教名义霸占的田产"一概分完"，并完全不"赞成政府留出公田"。由此可见，当人民的革命意识被唯物主义所解放和激发，其所代表革命意志是完全不被旧的神权和道德权威所阻碍的，其所推动的革命力量既是人民求生存、求尊严的直接途径，同时也是历史进步的必要

---

① 宫玉松：《三十年代农村金融危机述论》，《中国经济史研究》1995 年第 4 期。
② 当地人称儿子为"奶子"。

条件。

三 《寻乌调查》对当代宗教批判的启发

宗教的发展，不在于宗教信徒人数的增长，而在于宗教本身从教义、组织和仪式上与现代社会生产力发展逐步适应，并为自我扬弃积累相应的历史准备。新中国成立至今，中国的宗教事业得到了快速发展，这一点体现于爱国宗教团体的蓬勃发展，更体现于公民信仰自由的权利得到了切实的保护。以基督教为例，新中国成立之初约有信徒 70 万[①]，然而在此后的 60 多年中却增长了 30 多倍——2305 万人（2009 年）[②]。如果从静态的历史维度上来看，这不过是公民个体根据宪法赋予的权利而做的自由选择。但是从历史唯物主义的角度出发，宗教信徒在各个社会群体（乃至共产党员）中快速增长的现象却必须引起当代理论工作者的重视。在经济全球化的今天，宗教意识随着信息化的文化交往而被放置于开放的传播平台，宗教组织也随着国际资本（而不是 19 世纪的殖民者及其军队）的触角而在世界各地生根发芽。在宗教信徒人数庞大、宗教历史错综复杂的中国，立足于唯物主义的宗教批判不得不首先解答以下两个问题：今天的中国何以需要宗教批判？如果需要，又应该如何借鉴过往的经验？对于这些问题，可以从以下几个方面进行思考。

首先，宗教批判是马克思主义世界观和历史观所提出的重要命题，也是对马克思主义方法论进行理论应用不可或缺的组成部分。从文艺复兴至今的世界历史说明，作为客观唯心主义的宗教从来都不可能作为历史进步的积极指标。相反，通过调查分析宗教信众的阶级构成及其动机却可以作为理解社会经济矛盾的一个途径，因为作为社会意识的宗教不过是对物质生产关系的反映。在《寻乌调查》中，毛泽东就通过对基督教信徒进行阶级分析而将社会现象还原至物质基础，这对今天的宗教批判工作仍有其理论意义。毛泽东通过调查分析发现，在寻乌县的基督信徒中，"寡妇（内有贫农）及老年妇人（地主婆）占百分之三十，刁钻古怪的绅士及其家属占百分之三十，弱房小姓的农民占百分之二十（强房大姓的农民不入教），

[①] 王作安：《中国教会发展中面临的挑战》，《中国宗教》2006 年第 2 期。

[②] 金泽、邱永辉：《中国宗教报告 2010》，社会科学文献出版社 2010 年版，第 191 页。

地主出身没有出路的青年知识分子占百分之十，其他百分之十"。但是这些比例构成仅仅是"表"，宗教批判要做到"由表及里"，就必须将抽象的信徒个体还原为物质生产关系中的个体。毛泽东分析指出，入教的群众主要分为两类，"一部分是很坏的"，即"那乡村中奸猾阴险想当霸主的，他们进教为了利用它达到自己的目的"；另"一部分是很弱的"，即"受人压迫贪图保护的贫弱的人，他们的目的在于避祸"。由此可见，在旧生产关系中，宗教一方面成为了剥削阶级的组织工具和文化工具，另一方面也成为了被压迫者自我慰藉的避世场所。但是，在社会主义市场经济的今天，在宗教信徒人数成倍增长的现象之下，是否也包含着"一部分很坏"的信徒和"一部分很弱"的信徒各自迥异的信仰动机？信徒中不同群体的动机是否可以作为分析解决社会矛盾的有效途径？这些问题无疑蕴含着现实价值，有待于现代理论工作者发掘。

其次，对于执政党的中国共产党而言，宗教批判还意味着要严格划清党员干部与宗教信仰之间的界限。这是共产党保证队伍性质的必要条件，也是遏制以宗教为表现形式之政治腐败的重要内容。辩证唯物主义是一个共产党员最基本的世界观要求，是正确的价值观、认识观乃至群众观的基础。因此，尽管出于具体历史条件的限制，中国共产党长期采取与爱国宗教人士和团体组成统一战线的策略，但是这绝不意味着共产党员能够"赞同他们的唯心论或宗教教义"。尤其在执政60多年后的今天，共产党更不应该允许党员干部信教和加入宗教团体。历史证明，政治权力与宗教神权的媾和，除了为权力腐败提供了神圣的庇佑，更为宗教神权攫取物质利益做了"政治广告"，提供了"保护伞"。在《寻乌调查》中，毛泽东通过搜集历史材料分析发现，具有浓厚民间宗教组织性质的同善社之所以在民间威望甚高，一方面是由于其严格的入会标准，另一方面则是由于官员与商界人士的积极参与。如寻乌的同善社的擅长多是"秀才"和"拔贡"，又如在国民党军队驻扎期间，"林虎、许崇智，林虎部下营连长有七八个进了同善社"。久而久之，作为宗教团体的同善社的信众当中将近70%都是商人和地主，而贫农则无法加入同善社。商人之所以如此热衷于同善社的"宗教事业"，并不是因为"天恩先生"或"达摩祖师"的神明灵验，而是因为"进了同善社，得些朋友，可以做官"。

最后，在依法治国的框架中开展宗教批判能进一步保证信仰自由，同时也是促进公民理性，推动社会主义精神文明建设的重要力量。马克思主义认为宗教的消亡是历史的必然，但是这种消亡只能是随着生产力发展而达到的自然消亡，是"政治斗争和经济斗争胜利以后自然而然的结果"。因此，在社会主义初级阶段乃至更远的未来，宗教仍有其存在的经济基础和历史合理性，"我们不能用行政命令去消灭宗教，不能强制人们不信教。不能强制人们放弃唯心主义，也不能强制人们相信马克思主义"。但在此前提下，理论层面的宗教批判和唯心主义批判却必须随着现代化的进程而不断发展，这既包括了坚持以科学理性和唯物主义来捍卫公共教育事业，又包括了创新理论的内容和形式为人民自觉的世界观构建提供精神武器。作为"世界工厂"的中国，社会经济在深化改革和国际市场中经历着巨变，人们的意识形态也不断承受着形形色色的宗教意识和价值观念的冲击。"理论在一个国家的实现的程度，总是决定于理论满足这个国家的需要的程度"，相比土地革命时期的寻乌县，当下的中国对于马克思主义的理论需求并没有丝毫减弱。物质文明、政治文明、精神文明和生态文明的现代化必须建基于对旧生产关系之"赘生物"——宗教的彻底批判。当然，马克思主义的"本本"的确是现代宗教批判的理论来源之一，但更重要的是要同我国的实际情况相结合。唯有如此，才能够正确"对待人民内部的思想问题"和"精神世界的问题"；《寻乌调查》以及土地革命时期的理论调查和研究的优良作风与坚定立场，才能够被21世纪的共产党员和理论工作者继承和发展下去。

科学无神论的宣传教育

"防止(中国共产党党员)在封建迷信和宗教的影响下失去自我"论

李 申

中共中央组织部最近印发了《关于在干部教育培训中加强理想信念和道德品行教育的通知》，批评有些党员干部"不信马列信鬼神，从封建迷信中寻找精神寄托，热衷于算命看相、烧香拜佛，遇事'问计于神'"，要求加强理想信念教育，坚定对马克思主义的信仰，防止在西方宪政民主、"普世价值""公民社会"等言论的鼓噪下迷失方向，"防止在封建迷信和宗教的影响下失去自我"。本文的宗旨，意在论述"防止（共产党员）在封建迷信和宗教的影响下失去自我"指示的意义，并试图提出防止的做法，以供从事党的建设的人们参考。

一 什么是中国共产党党员的"自我"

中国共产党党员的自我，就是中国共产党党纲、党章上对于党员的要求。做到了，就是保持了党员的自我；没有做到，就是失去了党员的自我。

中国共产党党纲对于共产党员在思想上的要求，首先是要把马克思主义以及后来的一系列发展"作为自己的行动指南"。马克思主义及其以后的一系列发展，直到三个代表、科学发展观等，其共同的思想基础，就是唯物主义的世界观。唯物主义世界观在宗教问题上的基本表现，就是无神论的，即认为以往及现在仍有许多人信仰的鬼神，是不存在的。无产阶级以及一切被剥削、被压迫的阶级，直到整个人类，要求得最后的解放，不能依靠鬼神，只能依靠自己。正如《国际歌》中所唱的："从来就没有什么救世主，也不靠神仙皇帝，要创造人类的幸福，全靠我们自己。"

《国际歌》之所以把这一思想放在歌词的第一句，是有意或无意地认为，科学无神论的世界观，乃是马克思主义的思想基础。假如没有这个世界观，不是把求解放的希望寄托于自己的艰苦努力，而是寄托于鬼神，寄托于如《国际歌》中所说的救世主、神仙等，其他一切马克思主义的理论建树也就无从谈起。如果一个共产党员，口头上说他是马克思主义者，甚至可以对马克思主义的许多理论讲得头头是道，但却相信鬼神的存在，热衷于烧香拜佛，遇事问计于神，那么，他口头上所有的"马克思主义"就都是建立在沙滩上的，或者都是假马克思主义。

历史地考察，正是由于17—18世纪欧洲科学无神论思潮的诞生，才有后来的马克思主义。在马克思、恩格斯的著作中，直接论述科学无神论的文字不多，那是因为在他们之前，科学无神论者，以及对于宗教观念持批判态度的思想家们，在这个问题上已经讲得很充分了。但是在需要的时候，恩格斯与列宁，都曾经严肃地指出，要对工人阶级，对党员和一般的人民群众，进行科学无神论的思想教育。中国共产党从建立之初，就把传播科学无神论的思想作为自己的重要任务之一。无论在革命还是社会主义建设时期，科学无神论思想的宣传教育，对革命和建设事业都发挥了重要作用，做出了重要贡献。

至于中国共产党党员，特殊情况例外，原则上，都必须坚持唯物主义的世界观，也就是都必须是一个无神论者。这就是中国共产党党员的"自我"在思想领域里的表现。如果不是这样，如果相信鬼神，搞封建迷信活动，或者受宗教观念影响，遇事问计于神，就是丧失自我。

二 "失去自我"的种种表现

中共中央组织部印发的通知中指出，中国共产党党员在封建迷信和宗教影响下失去自我的表现，总体上就是"不信马列信鬼神"。其具体表现有：(1)"从封建迷信中寻找精神寄托，热衷于算命看相"；(2)热衷于"烧香拜佛"；(3)"遇事'问计于神'"。

"从封建迷信中寻找精神寄托，热衷于算命看相"，是某些共产党员在"封建迷信和宗教的影响下失去自我"的第一种表现。"算命、看相"之类的迷信活动，包括"风水"，是封建迷信中巫术活动的三种主要形式。然而近三十年来，这些传统巫术却大行其道，并且被包装上科学的外衣。

算命术成了"预测学"，风水术成了"环境科学"。一个时期，不少地方都出现了所谓"算命一条街"，以学术为名行宣传之实的风水会议竟开到了人民大会堂。以一本《周易预测学》成名从而成为算命、风水术代表人物的邵伟华，竟被收入中央党校为庆祝建党八十周年所编的《丰碑》一书的《风采卷》，和中国共产党的许多领袖人物并列其中。曾为中央候补委员、四川省委副书记的李春城大搞封建迷信活动，为迁坟竟耗资千万，可以作为某些共产党员"从封建迷信中寻找精神寄托"的典型代表。

热衷于"烧香拜佛"，是某些共产党员"在封建迷信和宗教的影响下失去自我"的第二种表现。烧香可以是拜怪力乱神，属于封建迷信一类；也可以是拜佛，属于宗教信仰一类。封建迷信和宗教信仰在政治上和社会影响上有所不同，但是在思想上都是有神论的。由于政治和社会影响上的区别，所以我们党对待的政策也有区别：封建迷信是坚决破除的对象，宗教信仰是我们要尊重的对象。由于它们都属于有神论体系，所以我们尊重的，仅仅是人民群众的信仰。至于共产党员，则不能信仰宗教。正如毛泽东主席所说，我们可以和宗教徒在政治上结成统一战线，但决不能赞成他们的世界观。然而这些年来，某些党员，特别是某些党员干部，重大节日时抢先"烧头香"，家里设佛堂供佛像，几乎已经是人们见怪不怪的现象。

"遇事问计于神"，是某些共产党员"在封建迷信和宗教的影响下失去自我"的第三种表现。河北省原常务副省长丛福奎拜僧人为师，为求神保佑，周游名山、遍访名刹，在家里供佛像、设神台，堕落为贪官。山东省泰安市原市委书记胡建学听信"大师"指点，为求升任副总理，下令将正按计划施工的国道改道；被称为"河北第一秘"的河北省国税局原局长李真，多次找"大师"算命，卜问前途；广东省清远市公安局原局长为"避邪"，请"大师"看风水，重建公安局门楼；铁道部原部长刘志军长期在家设佛堂拜佛，每逢重大项目开工，都要请"大师"选择黄道吉日。不少媒体都报道，许多贪官背后，都会发现有所谓"大师"指点。其效果也显而易见，这些"大师"不仅未能使他们实现升官发财梦，反而是促使他们走上不归路的重要因素。

正是鉴于封建迷信和宗教观念使某些共产党员丧失自我、堕落为贪官的严重形势，中共中央组织部才发出通知，要求各级党组织防止共产党员在封建迷信和宗教的影响下失去自我。

三 "失去自我"的原因和性质

某些共产党员在封建迷信和宗教影响下失去自我的原因，首先是政治思想上的腐败，对共产主义事业丧失信心。他们不明白，共产主义不是像革命战争时期经过长期奋斗终于胜利入城建立全国政权那样的过程，而是像工农业发展那样的不断前进的过程。每一块土地的丰收，每一个建设项目的完成，就是工农业生产向前迈进的一步。同样，中国革命的胜利，中国社会主义事业在今天所取得的成就，都是共产主义理想实现的部分，都是完成了共产主义社会建设这个伟大工程的一个子项目。即使在这个项目可以宣布完成的时候，也不是今天完成明天只要入住就可以了，而是还要继续巩固和完善。就像今天城市的发展，虽然一个城市的建设可以说已经完成，或者早已完成，但却永远没有说可以不再改进和完善的时候。虽然新中国是 1949 年 10 月 1 日宣布成立的，但我们在革命战争时期，建立的红色政权、边区政府，也都是建立新中国理想已经实现的部分。这些共产党员对于共产主义理想丧失信心，是完全没有理由的。

某些共产党员在封建迷信和宗教的影响下丧失自我的另一重要原因，就是看到在改革开放中某些人发了财，自己也忍不住心动神往。历史经验告诉我们，每当革命事业处于和平发展、敌我关系缓和的时期，就会有一些意志薄弱的分子，因为迷恋高官厚禄、金钱美女，而意志衰退，甚至蜕化变质。过去在国共合作时期，就有一些共产党员喜欢到所谓国民政府里去做官，不愿再过艰苦的生活。他们把个人利益置于党的事业之上，把物质享受置于远大理想和高尚情操之上，趣味低级、思想庸俗，有的就堕落为腐败分子，其教训深刻而沉痛。

某些共产党员在封建迷信和宗教的影响下丧失自我的第三个原因，就是认识愚昧、思想糊涂。他们不知道，鬼神是不存在的。不仅土地、龙王不存在，神佛菩萨也不存在，上帝（God）也不存在。向这些对象去请求指引，好一点的，所得到的仅是各种各样神学家的指导。这些神学家即使是高明和善良的，也是不了解你个人情况的。给你的指导，大多也不着边际。如果是恶劣的，则只能使你落入陷阱。更下一等，则是那些纯粹以骗钱为目的的所谓"大师"的胡言乱语。从那些求神的贪官不断地落入法网，就可见封建迷信和宗教思想影响的效果。

说那些贪官们愚昧,他们或许不会服气。然而中国有句古语,说神是"聪明正直"的。即使神存在,聪明正直的神能够为贪官污吏指点迷津吗?假如神为贪官们服务,那神就是贪官的同党。这样的神,也是谁给的钱多就给谁办事。这样的神,是可以信赖的吗?

史书记载,晋代时,一群小孩玩耍,发现路边一棵树结满了李子。大家争先恐后去抢,只有一个小孩不动。他说,路边的李子假如好吃,早该被人吃光了。今天的那些贪官们,连小孩这点分析判断能力都缺乏,不是愚昧,又是什么呢?

四 "失去自我"的危害

一个共产党员,特别是党的领导干部,如果失去自我,危害的不仅是自己和家人,首先和主要的,是党的事业、人民和国家的利益。

无论是在革命战争年代还是在社会主义建设年代,共产党员的模范作用始终都是党的事业成败的重要因素。同样,共产党员如果做了坏榜样,也会败坏党在群众中的形象。许多情况下,说起党员的言行给党的形象所造成的影响,十个好榜样往往抵不上一个坏榜样。这些年来党在人民群众中那些不好形象的造成,主要就是某些丧失了自我的党员干部特别是那些贪官们所造成的。这些丧失了自我的党员干部"不问苍生问鬼神",热衷于算命看相等等,也是造成"有神论有人讲,无神论无人讲"的重要因素。而有神论思潮的泛滥,也是造成邪教和宗教极端主义坐大成势的基本原因。那些在封建迷信和宗教影响下丧失了自我的党员干部,当年曾经是推动法轮功邪教坐大成势的重要因素。当前,他们仍然在推动有神论思潮泛滥,推动邪教和宗教极端主义的坐大成势。

某些党员干部未必信神,但是却热衷于宣传有神论的优越性,鼓吹发挥有神论的积极作用和社会影响力,但是如何发挥共产党员在宣传科学世界观中的模范作用,自己如何在宣传科学世界观、抵制有神论思潮中发挥积极的和模范的作用,几乎从来就没有进入他们的思考范围。他们的脑袋中,在世界观、人生观这块地方所盘踞的,全是有神论的观念和有神论的好处,说他们丧失了共产党员的"自我",名副其实。这些失去了自我的党员干部,败坏了党的形象,损害了人民群众和国家的利益,甚至危害着国家的安全。这样的人多了,最后的结果,就是党的整个事业的失败。因此，党中央发动的震惊中外的反腐风暴，在反腐风暴中组织部提出的要"防止（共产党员）在封建迷信和宗教的影响下失去自我"的指示，都是非常正确和非常重要的。

五　如何防止"失去自我"

要"防止（共产党员）在封建迷信和宗教的影响下失去自我"，首先当然是要加强政治思想教育，坚定马克思主义的信念和共产主义的理想。因为是"在封建迷信和宗教影响下"所造成的自我的丧失，所以应该对症下药；其次要进行科学无神论的思想教育。

在革命战争年代，由于处于旧社会、旧思想的包围之中，不少共产党员在入党以前都有程度不同的有神论的迷信观念。在接受马克思主义教育的同时，也逐渐改造着有神论的观念，成长为坚定的无神论者。许多情况下，不仅一个共产党员，甚至一个革命战士，也都是无神论思想的宣传员。他们走到哪里，就会把无神论的观念带到哪里。

现在情况不同了。国际国内形势的变化，使得一些共产党员在有神论和无神论问题上缺乏马克思主义的基本常识，而随着中国的国际影响力日益扩大，国外敌对势力利用宗教有神论观念作为颠覆我国政权的工具的险恶用心也日益凸显，对于广大人民群众特别是共产党员进行科学无神论的教育，就显得日益迫切。就目前情况来看，要开展更加广泛的科学无神论教育还有困难，但对共产党员进行科学无神论教育，则不仅是可能的，而且是必要的。教育党员，又首先要教育党员干部。各级党校、团校，还有行政学院，都应该开设科学无神论的课程，至少应该有科学无神论的讲座。如果缺少这一环，其他理想信念和道德情操的教育，就可能在有神论的影响下，归于失效。

宣传科学无神论，合法合理

华　夏

2010 年 6 月 26—27 日中国无神论学会、中国社科院科学与无神论研究中心、新疆社科院和新疆师范大学法经学院在乌鲁木齐联合召开了"中国无神论学会 2010 年年会暨科学无神论的理论与实践研讨会"。来自全国各地的专家学者 60 余人及列席学者共百余人参加了研讨。此次会议适逢"7·5"事件将近一周年后，因而具有特殊意义。然而，近日有学者撰文称，在宗教信仰集中的民族地区召开全国性的"无神论研讨会"违反了《宪法》第三十六条"宗教信仰自由"的条款。这种论断并不准确。

一　贬低无神论宣传是对宗教信仰自由的曲解

该学者在文中称："我国宪法第三十六条明确规定的宗教信仰自由条款，在一些地方被漠视，有些人竟然在宗教信仰者集中的民族地区召开全国性的'无神论研讨会'，号召有宗教信仰传统的少数民族群众'淡化宗教情结'，鼓励甚至强制人们不信仰宗教、不参加宗教活动。"这里所称的"无神论研讨会"显然指"中国无神论学会 2010 年年会暨科学无神论的理论与实践研讨会"。

中国无神论学会是我国无神论研究的群众性学术团体，成立于"文化大革命"之后的 1978 年，由任继愈先生创办，后因故停办，1997 年，鉴于以伪科学、有害气功为代表的"新有神论"思潮的泛滥，中国无神论学会重新组建，并在反对"法轮功"邪教的运动中发挥了独特作用。中国社科院科学与无神论研究中心则是该院 2010 年成立的无神论研究与学科建设的专门平台。近年来，由于各种原因的影响，中国无神论研究一直处于被"边缘化"状态，① 不仅话语权缺失，人才断层，而且因经费短缺，正常运转都颇感吃力。说它"号召有宗教信仰传统的少数民族群众'淡化宗教情结'，鼓励甚至强制人们不信仰宗教、不参加宗教活动"，显然言过其实，与事实不符。

我国《宪法》第三十六条规定，中华人民共和国公民有宗教信仰自由。任何国家机关、社会团体和个人不得强制公民信仰或者不信仰宗教，不得歧视信仰宗教的公民和不信仰宗教的公民。具体地说，公民有信仰宗教的自由，也有不信仰宗教的自由；有信仰这种宗教的自由，也有信仰那种宗教的自由；在同一宗教里，有信仰这个教派的自由，也有信仰那个教派的自由；有过去不信教而现在信教的自由，也有过去信教而现在不信教的自由。② 因此，绝不能将宗教信仰自由单方面理解为只能信教，不能不信教。正如任继愈先生在《理直气壮地宣传科学无神论》一文中指出的："在政治上维护和尊重宗教信仰自由的公民权利，与思想上坚持和宣传科学无神论，是对立的统一，而不是形而上学的矛盾：如果只有信仰宗教有神论的自由，而没有宣传科学无神论的自由，那是自由的缺失，公民就失掉了最重要的选项；相反，如果以无神论名义，向信教民众发动政治上或人格上的攻击，那就是侵犯公民的神圣权利，就会破坏人民的团结，干扰党的总路线和总任务的实施。"③

就民族地区来说，《中华人民共和国民族区域自治法》第十一条除重申《宪法》第三十六条的相关条款外，又在第五十三条中规定："民族自治地方的自治机关提倡爱祖国、爱人民、爱劳动、爱科学、爱社会主义的公德，对本地方内各民族公民进行爱国主义、共产主义和民族政策的教育。教育各民族的干部和群众互相信任，互相学习，互相帮助，互相尊重语言文字、风俗习惯和宗教信仰，共同维护国家的统一和各民族的团结。"④ 毫无疑问，科学无神论的宣传与研究是进行"爱国主义、共产主义

---

① 参见李申《科学无神论与建国六十年（提纲）——在中国无神论学会 2009 年学术年会上的发言》，《科学与无神论》2010 年第 5 期。

② 参见中共中央文献研究室综合研究组、国务院宗教事务局政策法规司编《新时期宗教工作文献选编》，宗教文化出版社 1995 年版，第 59 页。

③ 任继愈：《理直气壮地宣传科学无神论》，载杜继文等主编《任继愈宗教论集》，宗教文化出版社 2010 年版，第 233 页。

④ 国家宗教事务局政策法规司编：《宗教政策法规文件选编》，宗教文化出版社 2012 年版，第 6 页。

与民族政策"教育的应有之义。在新疆召开无神论研讨会完全符合《宪法》与《民族区域自治法》有关条款的要求。

1982年中共中央在《关于我国社会主义时期宗教问题的基本观点和基本政策》（19号文件）中指出："用马克思主义哲学批判唯心论（包括有神论），向人民群众特别是广大青少年进行辩证唯物论和历史唯物论的科学世界观（包括无神论）的教育，加强有关自然现象、社会进化和人的生老病死、吉凶祸福的科学文化知识的宣传，是党在宣传战线上的重要任务之一。……学术界要尊重宗教界的思想信仰，宗教界也要尊重学术界对于马克思主义的宗教理论的研究和宣传活动。"① 19号文件比较系统地总结了新中国成立以来中国共产党在宗教问题上的正反两方面的历史经验，对党在宗教问题上的基本观点和基本政策进行了权威性的阐释，是迄今为止我国宗教工作最全面、最客观的纲领性文件，具有划时代的历史意义。该文件的指导原则应当得到真正的贯彻实行。

1991年《中共中央、国务院关于进一步做好宗教工作若干问题的通知》（中发〔1991〕6号）中还指出，在多数人不信教的地方要注意尊重和保护少数信教群众的权利，在多数群众信教的地方要注意尊重和保护少数不信教群众的权利，使信教群众和不信教群众团结起来，共同致力于社会主义现代化建设事业。② 从全国情况看，沿海地区信教群体属于少数，而新疆、西藏等边疆地区则相反。应该说，尊重和保护少数不信教群众的权利理应包括科学无神论的宣传、教育与研究；对于世界观尚未形成的青少年而言，这一点尤为重要。

2004年5月28日，中央组织部、中央宣传部、中央文明办、中央党校、教育部、中国社会科学院六部委联合发布的《关于进一步加强马克思主义无神论研究和宣传教育工作的通知》（中宣发〔2004〕13号）中再次明确："各级各类学校是进行马克思主义无神论宣传教育的重要阵地，要围绕培育'四有'新人的目标，坚持国民教育与宗教分离的原则，把马克思主义无神论宣传教育列入政治理论课、思想品德课和有关专业课程的教学大纲，根据不同年龄段学生的特点，有针对性地开展宣传教育，切实保

---

① 参见中共中央文献研究室综合研究组、国务院宗教事务局政策法规司编《新时期宗教工作文献选编》，宗教文化出版社1995年版，第52—73页。

② 同上书，第215页。

证教学内容和教学要求落到实处。各级党校、行政学院作为党政领导干部和国家公务员培训的主阵地，要把马克思主义无神论宣传教育作为重要内容列入教学计划，通过多种形式开展宣传教育。西部和边疆地区的党校、行政学院，要结合多民族多宗教的实际情况，适当加大对本地区领导干部马克思主义无神论宣传教育的比重。"白纸黑字，岂能无视？

2011 年 5 月 15 日，中共中央办公厅、国务院办公厅转发中央统战部和教育部等部门《关于做好抵御疆外利用宗教对高校进行渗透和防范校园传教工作的意见》（18 号文件）中又提出将马克思主义无神论教育作为抵御渗透和防范校园传教的基础性工作。文牍俱在，清楚明白。

需要指出的是，多年来，新疆维吾尔自治区政府相关部门严格贯彻执行宪法与有关法律法规保护公民信仰自由的条款，坚持在全区学校中进行科学无神论的宣传与教育。2000 年自治区党委宣传部主编了《干部无神论读本》；同年，自治区党委高校工作委员会和自治区教育委员会联合组编了《坚持教育与宗教相分离——坚决抵制宗教对学校的渗透和影响》，2002 年又在自治区教工委和教育厅组织指导下，由李建生任主编、田文任副主编撰写出版了《科学无神论教程》，将其作为教育系统进行马克思主义宗教观和无神论教育的参考教材。十余年来，他们不仅培养了一批懂政治、有学养的大、中、小学优秀干部教师队伍，也在启发民智、抵御宗教渗透、和谐民族关系方面做出了可贵的探索。[1] 喀什师范学院从 20 世纪 90 年代到现在，一直坚持科学无神论的宣传与教育活动。1990 年 6 月，政法系副教授玉提库尔·达吾提根据学院领导安排，针对全院学生作《正确认识宗教的本质，用科学无神论思想武装自己的头脑》的学术性、教育性报告，前后作了三次，反应良好。[2]

新疆维吾尔自治区主席努尔·白克力在《大力发展教育事业努力构建和谐新疆——新疆教育事业发展的回顾与展望》一文中也指出："加强民族团结教育，维护祖国统一，反对民族分裂是各级各类学校长期的战略任务和重要的教育内容。各级各类学校都要以无神论教育为基础，以民族团结教育为重点，深入开展意识形态领域反分裂、反渗透教育活动，持之以

---

① 参见杜继文《一届联系实际思想开阔的学术聚会——记中国无神论学会 2010 年年会暨科学无神论的理论与实践研讨会》，《科学与无神论文集》，中国社会科学出版社 2014 年版。
② 参见玉提库尔·达吾提《对高校科学无神论教育的几点思考——以新疆与内地部分高校为例》，《科学与无神论》2013 年第 2 期。

恒地开展马克思主义'五观'和'三个离不开'、'四个认同'教育,不断增强广大师生反对民族分裂主义和非法宗教活动的自觉性和坚定性,为构建平等、团结、互助、和谐的社会主义新型民族关系夯实基础。"①

2014 年《求是》第 14 期发表了新疆维吾尔自治区党委常委、中华全国总工会副主席、自治区总工会主席尔肯江·吐拉洪的文章《宗教极端思想是毒害青少年健康成长的最大危险》,他在文中说:"长期以来,新疆教育战线始终坚持宗教不得干预教育,在各级各类学校大力加强马克思主义宗教理论和党的宗教政策教育,全力抵御和防范宗教极端思想对校园的渗透、对学生的影响。贯彻第二次中央新疆工作座谈会精神,自治区将进一步在各级各类学校加强马克思主义宗教理论和党的宗教政策教育与科学无神论教育,把法律许可、符合教义精神、适应社会发展要求的宗教思想讲清楚,把伊斯兰教主张的爱国、和平、团结、中道、宽容、善行等内容讲明白,帮助学生了解宗教基本知识,引导学生正确看待宗教,破除对宗教的神秘感,增强抵御宗教极端思想渗透影响的免疫力和能力,筑牢抵御和防范宗教极端思想向校园渗透的坚强思想防线。"②

综上所述,科学无神论的宣传与教育早已是新疆内生性的客观要求和既成事实,并非中国无神论学会主动去新疆"推动"的结果。相反,中国无神论学会理应关注他们的实践,重视他们的经验。从这一意义上说,在新疆召开科学无神论研讨会,无论从保护公民宗教信仰自由的角度,还是从宣传马克思主义世界观的角度看,都是一种正当且必要的学术活动。

二　矮化无神论宣传是对科学无神论价值的误解

《宪法》第二十四条规定,国家提倡爱祖国、爱人民、爱劳动、爱科学、爱社会主义的公德,在人民中进行爱国主义、集体主义和国际主义、共产主义的教育,进行辩证唯物主义和历史唯物主义的教育,反对资本主

---

① 参见天山网(http：//news. ts. cn/content/2009 - 09/21/content_ 4469838_ 2. htm),访问时间：2014 年 11 月 29 日。"五观"是指：国家观、历史观、民族观、宗教观、文化观；"三个离不开"是指：汉族离不开少数民族,少数民族离不开汉族,各少数民族之间也互相离不开；"四个认同"是指：对祖国、中华民族、中华文化、中国特色社会主义道路的认同。

② 尔肯江·吐拉洪：《宗教极端思想是毒害青少年健康成长的最大危险》,《求是》2014 年第 14 期。

义的、封建主义的和其他的腐朽思想。可以说，马克思主义科学无神论不仅是辩证唯物主义、历史唯物主义世界观的思想基础，也是社会主义核心价值观的内在组成部分，是当代先进文化的重要体现，因此，在国民教育体系中进行科学无神论的教育、宣传与研究，既是宪法赋予教育工作者的光荣职责，也是推进科教兴国，建设社会主义文化强国的必然要求。

杜继文先生在《科学无神论和它的社会责任》一文中指出："科学无神论不是反宗教的，而是贯彻宗教信仰自由的；科学无神论不但是一种世界观和思维方式，而且也是一种人生态度和生活方式；科学无神论是马克思主义宗教观的基石和起点，与科学社会主义有血肉联系。它服从和服务于工人阶级政党的历史使命和国家的整体任务，着重为'科教兴国'贡献力量，让社会摆脱愚昧迷信的负担，家家过上健康和谐幸福的生活，每个人得到独立自由而全面的发展。"① 这一论断客观公允，对科学无神论在当代中国社会的价值给予充分肯定。

首先，宣传科学无神论可以更好地贯彻党的宗教信仰自由政策。如前所言，宗教信仰自由包含信教与不信教的自由。科学无神论的宣传与研究既是对后者需求的回应，也给前者提供了一面深入思考与启发的镜子。更进一步说，它也增加了"以前信"现在"不信"的人的信心与勇气，给他们的选择提供理论与道义支持。当然，在宗教信仰浓厚或信众密度较高的地区进行科学无神论的宣传与教育，无论在内容还是方法上，都要设身处地，入乡随俗，避免僵硬教条，"不近情理"。

现代社会是文化多元、价值多元的社会，唯物与唯心、无神与有神、宗教与非宗教、此教与彼教这些观念与信仰上的差异不应妨碍人们之间的交流与合作。习近平总书记在联合国教科文总部发表的演讲中指出，一花独放不是春，百花齐放春满园，如果世界上只有一种花朵，就算这种花朵再美，那也是单调的。文明因交流而多彩，文明因互鉴而丰富，只有相互尊重，各美其美，美美与共，才能"天下大同"。有神论与无神论也是如此，中央 19 号文件指出："在世界观上，马克思主义同任何有神论都是对立的；但是在政治行动上，马克思主义者和爱国的宗教信徒却完全可以而且必须结成为社会主义现代化建设共同奋斗的统一战线。"

---

① 杜继文：《科学无神论和它的社会责任》，《科学与无神论文集》，中国社会科学出版社2014 年版。

其次，作为一种人生观与方法论，无神论反映了人类对宇宙、自然与人身认识的深入与发展，是人性自觉、自立的重要表征。马克思主义科学无神论是无神论发展的最高形态，① 它既是无产阶级政党改造旧社会、建设新社会的强大思想武器，也是人民群众改变自身命运、追求幸福生活的必然要求。"从来就没有什么救世主，也不靠神仙皇帝，要创造人类的幸福，全靠我们自己。"（《国际歌》歌词）无论是大禹治水还是愚公移山，无论是科学发明还是理论创新，依靠的都是人类自身的劳动与实践，是辛勤与汗水。任何将命运寄托于虚无缥缈的神灵的想法与做法都是有害无益的。科学无神论既要尊重差异、包容多样，又要批判与抵制各种错误思潮和腐朽没落的生活方式，提倡科学、健康、文明的现代生活。

最后，无神论既是中国传统文化的底色，也是中国共产党保持强大战斗力与凝聚力的内在要求。与西方文化的"神本主义"基质不同，中国传统文化的"人本主义"特色源远流长。这一优势不仅使中国古代没有发生类似西方社会的宗教战争，也养成了中国人宽容乐观、中庸务实的民族性格。在世界四大文明古国中，中华文明一以贯之，没有中断，除了得益于"天时""地利"等自然因素之外，"人和"，即人文主义恐怕是其中最根本的因素。当前，"以人为本""民为贵"等优秀传统文化基因已经成为社会主义核心价值观的"合理内涵"。

2014 年 2 月 24 日，习近平总书记主持中共中央政治局第十三次集体学习时指出："培育和弘扬社会主义核心价值观必须立足中华优秀传统文化。牢固的核心价值观，都有其固有的根本。抛弃传统、丢掉根本，就等于割断了自己的精神命脉。博大精深的中华优秀传统文化是我们在世界文化激荡中站稳脚跟的根基。"5 月 4 日，他又在北京大学师生座谈会上的讲话中强调："中华优秀传统文化已经成为中华民族的基因，植根在中国人内心，潜移默化影响着中国人的思想方式和行为方式。今天，我们提倡和弘扬社会主义核心价值观，必须从中汲取丰富营养，否则就不会有生命力和影响力。"建设有中国特色的社会主义新文化，除了借鉴吸收当代世界先进文明成果外，根植本土文明是我们的优势，我们对此要有充分的"理论自信"与"文化自信"。

---

① 参见［苏］М. п. 诺维科夫等编著《无神论词典》，魏庆征译，中国社会出版社 2000 年版，第 405—413 页。

共产党员本应是坚定的无神论者，党的十八大报告指出："对马克思主义的信仰，对社会主义和共产主义的信念，是共产党人的政治灵魂。"但近年来，屡屡有人提出"开放"共产党员信教的呼声。客观地说，其中一些人的动机或许是好的，但它忽略了中国传统文化的特质与民族性格，它没能正确审视我国的现实国情与中国共产党的宗旨，不仅在理论上是矛盾的，而且在实践上也是有害的。全国政协民宗委主任朱维群同志指出："政治纲领和世界观高度一致是我们党的政治优势，也是我们实现全党团结的组织优势。没有这一世界观基础，党的全部思想、理论、组织大厦就要坍塌，我们就不叫'中国共产党'。"①

就宗教界而言，正因为中国共产党不信仰任何一种宗教，才能一碗水端平，不厚此薄彼，②才更有利于各种宗教之间的团结合作，共同致力于实现中华民族伟大复兴的中国梦。

毛泽东曾经指出："我们不能用行政命令去消灭宗教，不能强制人们不信教。不能强制人们放弃唯心主义，也不能强制人们相信马克思主义。"2003 年 8 月 19 日，胡锦涛同志在任继愈先生等《关于进一步加强科学无神论研究和宣传教育的建议》上批示："关于无神论研究和宣传教育是一项长期任务，需纳入科学研究规划和宣传思想工作的总体部署，锲而不舍地进行。尤其是共产党员应牢固地确立唯物主义的世界观。这与贯彻党的宗教信仰自由政策并不矛盾。"应该说，只要持守中华文化的和谐情怀与人文精神，不抱偏见，相互尊重，"有神"与"无神"等信仰上的差别完全可以求同存异，和平共处。

2014 年 5 月，习近平总书记在第二次中央新疆工作座谈会上说："要精心做好宗教工作，积极引导宗教与社会主义社会相适应，发挥好宗教界人士和信教群众在促进经济社会发展中的积极作用。"9 月，他在中央民族工作会议上再次强调，党员要坚决执行不信仰宗教、不参加宗教活动的规定，在思想上同宗教信仰划清界限，同时尊重和适当随顺民族风俗习惯，以利于更好联系信教群众，把他们紧紧团结在党和政府的周围。习近平总书记的重要讲话既强调党员干部的党性原则不能动摇，也要求他们尊重与

---

①　参见朱维群《"党员不能信教"原则不可动摇》，《环球时报》2014 年 9 月 14 日。另见朱维群《共产党员不能信仰宗教》，《求是》2011 年第 24 期。

②　参见王孺童《共产党员不信仰宗教更有利于宗教的发展》，中国共产党新闻网（http：//theory. people. com. cn/GB/17042228. html），访问时间：2014 年 11 月 30 日。

"适当随顺"民族地区的风俗习惯，发挥"宗教界人士和信教群众在促进经济社会发展中的积极作用"，这对今后进一步做好边疆民族地区的宗教工作具有重要的启发意义。

地方高校培育和践行
社会主义核心价值观现状及对策研究[*]

赵宗宝　李凤姝

摘　要　当前地方高校大学生赞同社会主义核心价值观，但内容掌握不够全面；憧憬"中国梦"美好愿景但具体问题认识模糊；认同无神论思想但内涵理解有失偏颇；对宗教的认识不清晰，人生观注重个人需求。究其原因，主要在于国际国内形势的影响，高校管理体制带来的弊端，学生在压力下更加务实，思想政治理论课成效不理想，党员干部无神论思想不牢固等方面。解决这些问题必须发挥好思政课、专业课和隐性课程的作用；扎实开展无神论教育，加强大学生的宗教工作；倡导廉政文化，营造健康清廉的育人氛围；调动和发挥学生的主观能动性，促进学生自我教育和提高。

关键词　高校　核心价值观　研究

高校是人才培养、科技创新、文化传承与发展的重要园地，也是各种意识形态、文化思潮、价值观念相互碰撞、激荡、交融的地方。把社会主义核心价值观融入大学生素质培养的全过程，让践行社会主义核心价值观变为学生自觉的要求和行动，是高校思想政治教育面临的一项重要而紧迫的任务。课题组以河北省一所普通本科院校——河北科技师范学院为例进行了专题调研，力求把握地方高校大学生培育及践行社会主义核心价值观的实际情况，提出相应的工作思路和对策。

＊　本文为2014年度河北省秦皇岛市社科联委托课题"用社会主义核心价值观统领高校廉政文化建设研究——以河北科技师范学院为例"阶段性研究成果之一，课题编号：2014WT058。

一 调研的基本情况

调研全部人数 1607 人，其中男 645 人，女 962 人，分别占总人数的 40.14% 和 59.86%；汉族 1525 人，占 94.9%，少数民族 82 人，占 5.1%；中共党员 73 人，占 4.54%，共青团员 1460 人，占 90.85%，群众 74 人，占 4.6%；专科生 455 人，占 28.31%，本科生 953 人，占 59.30%，硕士研究生 199 人，占 12.38%。从调研的总体情况来看，学生的主流是值得肯定的，但也存在值得关注、亟待解决的问题。

（一）赞同社会主义核心价值观，但内容掌握不够全面

数据显示：96.39% 的学生赞同"一个社会应当具有核心价值观"；84.49% 的学生认为社会主义核心价值体系是社会和谐稳定最好的指导思想。在对中央倡导培育和践行社会主义核心价值观的看法上，选择"具有重要现实意义和深远历史意义"的占 70.56%，但也有 19.80% 的学生态度悲观，认为是西方价值体系冲击下的无奈举措，甚至有 2.11% 的学生认为当代中国人价值体系已经崩溃，还有 7.54% 的学生说不清楚，也就是说，起码有近三成学生在这个问题上缺乏正确认识。当然，大学生对党和政府培育、践行社会主义核心价值观的成效给予了积极评价，52.36% 的学生对当前我国社会主义核心价值观建设状况的评价是"好"，32.34% 的学生认为是"较好"，两者合计占 84.7%。

在对社会主义核心价值观内容的了解上，75.05% 的学生认为基本了解；69.64% 的学生"知道"社会主义核心价值观是社会主义核心价值体系的内核。但也应看到，学生对社会主义核心价值观的具体内容了解得还不够全面和深入。比如，在关于社会主义核心价值观公民个人层面的内容方面，所列的全部 6 个选项中，只有 70.18% 的学生选择了"爱国"，70.55% 的学生选择了"诚信"，选择"友善"的占 38.38%，选择"敬业"的只有 37.07%。在社会层面的认识上，只有 12.96% 的学生选择其中的"自由"一项，笔者认为，这可能和我们在以往的教育实践中过于强调统一、集体、有序，极少提到甚至避讳"自由"一词有关。在国家层面选项中，选择"文明""和谐"选项的也均未超过 50%。又如，在"党的哪一次会议提出社会主义核心价值体系建设"问题上，只有 18.19% 的学

生回答正确，这都说明学生对社会主义核心价值观只是了解大概，对具体内容掌握得还不够清晰、完整。

（二）憧憬"中国梦"美好愿景，但具体问题认识模糊

多数学生对爱国主义的理解比较到位，有85.12%的学生赞同当代爱国主义应当是爱党、爱国和爱社会主义的统一；认为共产主义一定能实现的占53.88%，认为可能实现的占32.88%，总计占86.76%。同时，大学生赞同"中国特色社会主义"作为全国各族人民共同理想的占87%，认为"爱国主义"应成为民族精神核心的占88.67%，认为"改革创新"作为时代精神核心的占88.44%，可以看出，这三个方面已经基本成为大学生的共识。数据显示，多数学生对"中国梦"有充分的理解和认识，77.49%的学生认为"中国梦"就是要实现中华民族的伟大复兴；16.67%的学生认为是实现共产主义。当然，在回答"实现中国梦必须坚持的'三个自信'"这一问题时，只有25.56%的学生回答正确，也反映出宏观清楚、微观模糊的特点。

在对我党提出的"两个一百年"奋斗目标的看法上，66.15%的学生认为一定能够实现，31.14%的学生认为可能实现。此外，66.93%的学生认为一定能在"一国两制"框架下实现祖国和平统一，认为可能实现的占27.29%，在这两个问题上，大学生的认识是比较客观，充满信心的。

腐败是社会的毒瘤，也关系到党和政府在青年中的形象。治理腐败的力度与成效对于大学生爱国、爱党、爱社会主义有着极为重要的影响，也是学生能否自觉践行社会主义核心价值观的关键因素。从调研情况看，党的十八大特别是十八届三中全会以来，中央不断加大反腐倡廉的力度，赢得了青年学生的积极拥护。46.66%的学生认为当前党和政府的反腐倡廉工作力度很大，33.05%的学生认为力度比较大。对于中央"打老虎拍苍蝇"的成效，有37.99%的学生认为成效显著，36.65%的学生认为有些成效，但也有15.9%的学生认为成效还不够大。同时，在对腐败问题的态度上，85.91%的学生对腐败行为十分痛恨，但也有4.02%的学生表示羡慕，4.23%的学生是"羡慕嫉妒恨"的复杂心态。对于廉洁奉公问题，90.1%的学生认为应该大力弘扬，也有6.65%的学生表示说不清。对于腐败问题滋生、多发的原因，有54.42%的学生认为是因为法制不健全，33.88%的学生认为是因为人们缺乏信仰没有底线，也有11.06%的学生认为是缺乏

政党监督造成的。

（三）多数认同无神论思想，但内涵理解有失偏颇

我们的学校教育一直在努力培养共产主义事业的接班人并对学生开展马克思主义教育，但大学生中的无神论的思想并不牢固。数据显示，有56.99%的学生支持无神论观点，但也有28.46%的学生认为世界上有神，还有14.54%的学生表示说不清楚。可以说，学生中四成以上的人在是否有神的认识上是模糊的，也说明了宣传无神论思想的必要性和紧迫性。对于学校开展无神论教育，学生基本持支持态度，65.54%的学生欢迎学校进行无神论宣传教育，24.29%的学生认为无所谓，只有10.17%的学生明确表示反对，这和2010年该校调研中信教学生占全体学生8.99%的比例基本相当①，分析认为其中可能有信仰宗教的学生。而本次调研数据显示，没有信仰的占学生总数的62.03%，这与该校2010年调研数据"没有信仰和不知道信仰什么的共占51.68%"②的比例相比又提升了近10个百分点，这是应该警惕的。同时，67.39%的学生认为共产党员、共青团员应是无神论者。从与学生的交流来看，虽然有接近六成的大学生接受无神论的观点，但其本身对无神论特别是科学无神论知之不多，有的学生仅仅是不知道信什么，感觉这就是无神论，实际上并没有坚定清晰的无神论知识和主张。

（四）对宗教的认识不清晰，教育和引导需加强

调查显示，多数学生对宗教的认识较为模糊，65.83%的人认为宗教信仰与共产主义信仰不冲突。在另一选题中，甚至有53.76%的学生认为宗教是"良好的社会稳定剂"，另有31.31%的学生表示说不清楚。在考察学生对唯物主义与唯心主义的看法时，多数学生对唯物主义和唯心主义的分野不了解，认为两者都有"有益"一面的占46.39%，单纯赞同唯物主义的占24.76%，单纯赞同唯心主义的占12%，说明我们学校教育中对辩证唯物主义世界观以及宗教知识的宣传教育是欠缺的，这一点从另一方面也能说明，有62%的学生表示没有接受过宗教知识方面的教育，

---

① 赵宗宝等：《大学生宗教信仰现状及对等研究》，《中国青年研究》2012年第6期。
② 同上。

57.86%的人希望学校加强这方面的宣传教育。

在考察大学生对同学信教的看法时，49.23%的学生认为同学信仰宗教是"为了精神有所寄托"，21.20%的学生认为是受家庭和朋友影响，还有6.63%的学生认为是思想减压手段。而在对信教者进行信教原因调查时，39.86%的学生表示是为了心有所依，29.22%的学生表示是受家庭影响而信教，23.46%的学生认为信仰宗教会增长智慧，还有学生认为信教能让人乐观向上。同时，调查了解到，信教学生中43.94%的学生主要是通过网络和境外的广播电台了解宗教，33.49%的学生是通过阅读书籍，9.5%的学生是通过与教会或教职人员接触，还有13.3%的学生是通过宗教组织发放的资料。

在信教学生参加宗教活动的频率和场所方面，经常参加活动的占36.39%，定期参加活动的占17.08%，偶尔参加活动的占18.07%。学生参加宗教活动的场所在教友家庭的占39.01%，临时确定的占37.53%，在正式宗教场所的仅占14.32%，甚至有9.14%的人是在校园。从我们与信教学生交流的情况来看，学生到正规宗教场所参加活动的不多，主要原因是前往正规的宗教场所不方便。从学生参加宗教活动的目的上看，占第一位的是表达信仰，占31.74%，为学习宗教知识的占29.36%，15.75%的学生认为是服从宗教权威，15.51%的学生是为了心灵慰藉，7.64%的学生是为了祈求神的保佑。

（五）支持高校德育工作，人生观注重个人需求

从学生对高校德育工作的态度看，多数学生持肯定态度，75.34%的学生认为很有意义，20.70%的学生认为有点意义，当然也有学生认为作用不大。从调研反映看，学生对思政课的不满意主要在于部分课程内容与中学接受的知识重复过多，也有的是对教师授课能力有意见，觉得教师只是介绍知识，但很少与社会现实接轨，达不到解疑释惑的目的。对于开展了几十年的学雷锋活动，76.19%的学生认为当今时代开展学雷锋活动具有现实意义，11.81%的学生认为有一点意义。在个人人生目标的选项中，选择追求生活多姿多彩的占46.66%，选择为了博得社会尊重的占27.29%，选择为人类和社会进步做贡献的占25.56%，追求个人目标的占比较大。

二　原因分析

（一）国内国际形势的影响

随着经济全球化、政治多极化、信仰多元化、教育国际化的快速发展，人们的价值观更趋多元。高校师生作为思想开放、崇尚自由、勇于思辨的人群，不再轻易接受简单的理论灌输并盲目遵从，喜欢对社会的现实进行分析、研究甚至批判，在对社会主义核心价值观的培育和践行上也不会一纸通知就立竿见影。

从国内来讲，改革开放以来，我国一直坚持以经济建设为中心，在国家经济、社会快速发展的同时，一些问题也接踵而至，拜金主义、贫富差距、环境破坏、贪污腐败、发展不平衡等问题不断出现，社会伦理和规范缺失，社会评价体系出现偏差，人与人之间感情淡漠，金钱、权力地位成为衡量成功与否的重要标志，这些都使人们的世界观、人生观、价值观出现巨大的嬗变和碰撞，不断冲击着大学生血脉基因中传承下来的朴素价值观。加之社会上和高校中普遍存在的重技能训练，轻全面发展的人才选择和培养现象，使得部分学生片面追求专业知识的积累与职业能力的提高，而忽视了政治信仰、国家观念和民族精神的塑造与追求，淡化了探求真理的意志和行动，减少了对人格境界的自我修炼和完善。

从国际上来讲，东欧剧变之后，社会主义国家屈指可数，共产主义运动进入低潮期。特别是随着信息技术的改进和更新，世界不同地方的人们可以随时随地进行方便快捷的交流，西方的意识形态、文化思潮传播扩散逐步加快，对马克思主义的指导地位和权威性造成一定程度的冲击。以美国为首的西方世界凭着科技、资讯上的垄断地位，不断变换手法对发展中国家施加影响，导致社会主义的社会转型、价值认同和规范整合更加曲折困难[①]。应当承认，现在的年轻人对苏联、东欧等原来的社会主义国家了解不多，除了课本上关于社会主义革命的记录及新闻中军事冲突、武器、石油等报道外，青年人日常生活中很少和这些国家地区发生接触。而美国大片、流行音乐或是苹果手机等这些文化、科技产品，正在受到包括大学生在内的众多年轻人的追捧，加之从幼儿园到大学这一条龙的外语特别是

---

① 徐秦法、田莉：《当代大学生信仰问题根源探究》，《人民论坛》2011年第5期。

英语训练，潜移默化中使美国国家形象在青年头脑中得到强化。伴随着美式文化的流行，价值观的较量悄然展开。

（二）高校管理体制的弊端

虽然改革开放已经进行了三十多年，但和经济领域相比，教育领域的改革开放进展不大，甚至《高等教育法》也得不到彻底的落实。大学缺乏应有的自主权，官僚化、功利化、世俗化不断加剧，普通教授在学校缺少话语权，诸多事项要唯校长、处长马首是瞻。同时，市场经济对高校的冲击愈演愈烈，大学不仅办教育甚至还开办房地产公司，严肃的科研工作成为聚敛钱财的途径和手段，课题要跑、评奖要送、论文能买，一些学生沦为教授赚钱的工具。在这样的背景下，个别教师的世界观、人生观、价值观发生偏差甚至严重扭曲，甚至学生组织也开始出现官僚行为和腐败现象。生活环境的污染是显性的，容易引起全社会的关注和重视，而育人环境的污染不显山露水但危害更甚。这种环境下难以培养出思想进步、人格高尚、道德有范、追求真理的大学生。

（三）学生在压力下更加务实

现在的大学生虽然物质条件越来越好，但精神世界并不轻松。高考之前是一门心思考出好成绩进入好大学，对外界很少接触，更缺乏对社会的深入思考。进入大学后，一下子面对那么多纷纷扰扰的信息，短时期内难辨真伪，况且学习的、生活的、竞争的、就业的压力接踵而至，使得大学生心事重重、"压力山大"。从座谈情况看，学生一、二、三年级基本忙于过级考证，课堂授课在大三基本结束，大四主要是考研、实习、找工作。他们对共产主义、对人生理想考虑不多，更注重现实问题的解决，以往屡屡奏效的愿景激励在今天显得十分无奈和乏力。

（四）思想政治理论课效果不理想

近年来，伴随着改革开放的逐步深化，马克思主义理论在不断地丰富和发展，新思想、新观念、新论断常令人目不暇接，思政课教学内容始终处于调整、补充和更新的状态，理论与实践、课堂与社会反差很大，教师学习、领会、传播、解释的任务繁重。加之新进年轻教师多，他们对世界、对人生的思考与感悟还不成熟，在书本与现实出现矛盾的时候往往不会利用新理论、新观点、新方法去阐释和说明，导致教学成效不理想。究其原因，一是地方院校对思政课实际投入有限，远远达不到教育部"两课"评估的标准，学科建设水平低。二是生师比过大。该校思政课教师缺编20余人，教师课时多、班容大，仅能进行一般知识的宣讲，很少有精力和时间个别指导，因材施教。三是有的高校借改革的名义随意删减授课内容、压缩授课时间、简化考核形式，思政课不仅没有加强反而被变相削弱了。例如，大量增加所谓实践课时，老师讲的少、学生不真做，考核往往一篇心得了事。目的是省出授课时间调整给专业课程，除了教学效果不好，其余皆大欢喜。该校理论课与实践课的比例基本是5∶5，《马克思主义基本原理概论课》一般只讲到第三章"人类社会及其发展规律"，以后的内容被不同程度地压缩，导致课程体系不完整。四是课堂讲授与大学生思想实际、与学生工作实践联系不够紧密。虽然各门课都有社会主义核心价值观的内容，但仅仅是蜻蜓点水，没有真正地入脑入心。

（五）党员干部无神论思想不牢固

马克思曾指出："共产主义是径直从无神论开始的。"毛泽东同志也强调："共产党员可以和某些唯心论者甚至宗教徒建立在政治行动上的反帝反封建的统一战线，但是决不能赞同他们的唯心论或宗教教义。"可以说，党员干部本来应该是坚定的无神论者，但在现实生活中一些人自觉或不自觉地就显露出"信神"的种种表现来，社会上的这种风气对高校也有一定的影响，一些隐性的信神或迷信思想，逐渐在高校党员干部身上有所体现，有的教师信仰宗教后或明或暗地将宗教知识介绍给大学生，也有出访回来的党员教师将宗教宣传资料赠送给他人的情况。"教师不仅是知识的传播者，而且是模范。"教师在课上课下有意无意间就会将自己的人生哲学价值观念传递给学生。

三 工作对策

大学生社会主义核心价值观的塑造、践行牵涉面很多，本文仅就高校的工作做阐述。

（一）发挥"三课"作用，做好引导带动

本文所讲的"三课"是指思政课程、专业课程和隐性课程。从培育践行社会主义核心价值观的角度来讲，首担重任的是思政课。思政课是高校用课程形式系统地开展思想政治教育的主阵地，目的是让大学生全面系统地掌握社会主义核心价值观基础知识并引导自己的价值判断和选择。为此，高校一要建设一支政治坚定、业务精湛、师德高尚、结构合理的教师队伍，这是思政课取得良好教学效果的重要基础。二要在教学内容、模式、方法等方面不断探索、与时俱进。党的十八大提出的"三个倡导"要有机整合到教学环节中，同时要考虑"三个倡导"并不是社会主义核心价值观的终极版，仍有一个发展完善的空间，所以，教学时要紧密结合当代马克思主义理论发展的最新成果，把中央精神及时传达给学生，让学生学得快、弄得懂、跟得上。三要注意理论与实践的结合。前哈佛大学校长博克在《大学教了没》一书中讲道，道德领域与知识领域最大的不同，就在于不仅是思辨，更重要的是行动。因此，必须靠以身作则、环境塑造、行动方案等方式，强化学生道德实践的意愿，培养学生同理关怀、公平正义、正向纪律等态度与心向。我们的思政课就承担着这样的任务，检验教学成效的标尺不仅仅是学生的考试成绩，更重要的是学生的认同度和践行情况，所以，思政课教师要充分了解学生，懂得学生的思想需求，熟悉学生工作基本规律。"善歌者使人继其声，善教者使人继其志。"既要将教学内容传授给学生，又要注意教学形式，用贴近学生的语言、学生喜欢的方式灌输教育的内容，引导学生的实践。

其次，充分发挥专业课程优势进行价值观教育。中共中央、国务院在《关于进一步加强和改进大学生思想政治教育的意见》中强调，要深入发掘各类课程的思想政治教育资源，在传授专业知识过程中加强思想政治教育，使学生在学习科学文化知识过程中，自觉加强思想道德修养，提高政治觉悟。

大学生专业课在学生课程体系中所占比重大、涉及教师多、学生重视程度高。专业课教师在从事教学、科研工作时展现出来的热爱祖国、忠于事业的进步思想，勤奋敬业、求真务实的奉献精神，追求真理、探索规律的创新魄力，自由民主、精诚合作的科学素养，和谐共处、友善待人的高尚品格等，对大学生都有着潜移默化、润物无声的影响，也是培育践行社

会主义核心价值观的宝贵资源。当然，这些优秀的精神、境界和品格仅仅靠人格魅力的自然带动还不够，仍需要专业课教师积极主动地在教学中对学生进行有目的、有针对性的指导，将"三个倡导"的内容通过授课讲出来，通过指导点出来，通过示范带出来。只有把专业课教育与社会主义核心价值观培育有机统一起来，才能使大学生在获得专业技能的同时让思想和人格提升。

最后，高校应积极构建符合学校实际的综合教育模式，除了课堂授课灌输以外，还应强化隐性课程对学生的熏陶培育作用。所谓隐性课程，我国出版的《教育大辞典》对其下的定义是：学校政策及课程计划中未明确规定的、非正式和无意识的学校学习经验，与"显性课程"相对。美国教育学家杰克逊在1968年出版的《班级生活》一书中首先提出这一观点，他认为，如果说显性课程是学校教育中有计划、有组织地实施的正式课程或官方课程的话，那么隐性课程则是学生在学习环境中所学习到的非预期的或非计划的知识、价值观念、规范和态度等。在社会主义核心价值观培育的问题上，显性课程无疑是重要的，但隐性课程具有受众的广泛性、教育的渗透性、作用的间接性、参与的主动性等特点，这是显性课程无法比拟的①。实际上，美国的高校并不是不讲爱国主义，不讲核心价值观，但它是将核心价值观巧妙地融入典礼、仪式以及各种各样的社团活动中。现阶段大学生对显性教育有一定的排斥心理，所以构建思想教育的隐性课程体系显得尤为重要。

我们认为，高校一要以大学章程建设为契机，建立起符合现代高等教育发展规律和学校特点的制度文化，并通过制度文化引导建立高尚、健康的大学文化。在庆祝全国人民代表大会成立60周年大会上，习近平同志指出，要防止人民形式上有权实际上无权。高校也是一样，要逐渐纠正官僚味道过浓的情况，让师生真正"有权"，形成依法办事的组织习惯。特别要建立或完善教授治校制度，使学校的政治权力、行政权力、学术权力和民主权力相互协调，减少高校的腐败行为，在干部升迁、论文评审、课题申报评奖等方面按科学规律和程序规矩办事。在此基础上，高校应充分挖掘办学历史传承中积淀下来的各种有益元素并加以提炼、升华，重塑或锻造内涵丰富、独具特色的大学精神。大学精神是校园精神文化的核心，

---

① 何玉海：《课程改革中隐性课程的作用不容忽视》，《教育理论与实践》2004年第2期。

其所形成的弥漫于整个校园并体现了学校风范正气的精神氛围，对学生具有强烈的启迪、感化作用。要让大学生在经常遇到的评优、入党、保研、当干部、得奖学金甚至特困生的评定等工作中切身感受到法治公正的可爱、诚信友善的可贵和自由平等的快乐，而不是首先想到用找人、行贿、作弊等方式来解决。二要努力增加大学校园软、硬环境的文化气息。大学本来应该是高尚文化产生、融合、传播的基地，是应该引领社会进步潮流的。但现实中一些大学却被社会上的流行文化所感染，屡屡做出没文化的事情。所以，高校要制定社会主义核心价值观培育践行的专项规划，将社会主义核心价值观作为党员干部教育培训的重要内容、作为党员干部考察使用的重要标准、作为校园文化活动的永恒主题、作为大学生思想政治工作综合考评体系的重要指标。同时，在校园规划建设上要注重文化内涵，让学生在朝夕相处的优美环境中得到美育熏陶和心灵教化。三要完善考评监督制度和动力激励制度，确保社会主义核心价值观教育实践工作有法可依，有章可循。

（二）开展无神论教育，让无神论思想在师生中生根发芽

无神论是马克思主义的基础和前提，也应该是开展马克思主义理论教育的重要内容。我国《宪法》第二十四条明确提出："国家提倡爱祖国、爱人民、爱劳动、爱科学、爱社会主义的公德，在人民中进行爱国主义、集体主义和国际主义、共产主义的教育，进行辩证唯物主义和历史唯物主义的教育。"继毛泽东之后，邓小平、江泽民、胡锦涛等几代党和国家领导人都对开展无神论教育有过重要论述。邓小平提出："我们建国以来历来实行宗教信仰自由。当然，我们也进行无神论的宣传。"[1] 江泽民指出："共产党人是无神论者，任何时候都要坚持无神论，宣传无神论。"[2] 胡锦涛同志讲道："我们中国共产党人是无神论者，不信仰任何宗教。"[3] 习近平同志强调，理想信念是共产党人的精神之"钙"，必须加强思想政治建

---

[1] 中央文献研究室编：《邓小平思想年谱》（1975—1997），中央文献出版社1998年版，第134页。

[2] 江泽民：《必须树立马克思主义的民族观和宗教观》，载中共中央文献研究室综合研究组等编《新时期宗教工作文献选编》，宗教文化出版社1995年版，第184—185页。

[3] 胡锦涛：《在全国统战工作会议上的讲话》，《十六大以来重要文献选编》（下），中央文献出版社2008年版，第554页。

设，解决好世界观、人生观、价值观这个"总开关"问题。

课题组调研时发现，不仅大学生对无神论思想知之不多，即使校领导和部门负责人对无神论思想也是一知半解，这就更需要高校加强科学无神论的宣传教育工作。我们认为，一要从培养接班人的高度来看待这一问题，切实解决教师身上存在的无神论思想不用讲、不会讲、不敢讲的问题。同时在学科建设上增加投入，以理论研究的成果提升无神论教育教学水平。二要密切关注党员、干部的精神生活，加强对他们精神需求多样化、个性化和时代化的研究指导，强化马克思主义理论特别是无神论的宣传教育，提高运用辩证唯物主义和历史唯物主义分析解决问题的能力。习近平同志强调，干部的党性修养、思想觉悟、道德水平不会随着党龄的积累而自然提高，也不会随着职务的升迁而自然提高，需要终生努力。这种努力既需要个人的主观改造，更需要组织的要求和约束，确保党员干部在宣传和践行无神论思想方面发挥引领作用。三要利用校园宣传阵地，如党校、团校以及校园媒体等加强科学无神论知识的宣传和普及。要邀请无神论研究的专家学者到校做研究指导和辅导报告，提高工作艺术和水平。

（三）加强大学生宗教工作，扩大统战工作范围

我国是宗教信仰自由的国家。近年来受社会上信仰宗教人数增多的影响，高校大学生信教人数也呈逐步增多之势。据 2010 年该校调研数据显示，信教学生比例接近 1/10，相对数值不大，但与该校 24000 人的在校生规模相比，绝对数字并不小。大学生有不同于一般人群的特点，思想开放、崇尚个性、从众性强。加之新中国成立后一段时期特别是"文化大革命"期间，我国对宗教信仰者采取的是限制甚至打击的政策，所以一般人对宗教信仰者有种莫名的距离感，也带来了宗教神秘感，衍生出一定数量的"望教者"。河北省是宗教大省，据官方统计，全省有天主教信众 100万人，占全国天主教信徒人数的 1/4，其他四大宗教也都有存在。尤其是近些年来，信教人数在青年人尤其是大学生中发展较快，在一些特殊的宗教节日，往往有大规模的群体聚集。我们认为，一要充实高校统战工作力量，改变现在地方高校统战部有机构没编制的状况，同时扩大统战工作范围和领域，将工作视角从干部教师延伸到大学生。二要做好信教学生的工作，教育他们依法信教，按照相关规定参与宗教活动，不允许在校园传教。三要开设有关宗教知识的课程，让更多的学生了解宗教，正确地评价

宗教，消除宗教神秘感，熟悉有关宗教的法律法规和方针政策。四要加强对学生进行人文素养的熏陶，完善人文关怀和心理疏导，引导他们以科学思维和方法破解人生难题、以正确方式处理人际关系、以积极心态面对人生挫折。五要严厉打击非法宗教特别是"法轮功"邪教，消除对学生的干扰和影响。对信教的党员团员要从组织的角度进行教育和相应的处理。

（四）倡导廉政文化，营造健康向上的校园氛围

近年来，社会上腐败案件频发，甚至高校领导、知名教授也因违法违纪而身陷囹圄，既引起全社会的广泛关注，也极大地败坏了党员干部和教师在学生中的形象，影响到学生对党和政府的信任以及对教师的人格尊崇，甚至动摇了学生对公平、正义、诚信的期许和追求。我们认为，高校一要加强党风廉政建设，倡导校园廉政文化。通过形势政策课、校园文化活动以及校园宣传媒介加强廉政文化宣传，营造依法从政、廉洁从教的氛围。同时积极引导学生正确认识当前的腐败问题，客观评价党和政府依法依纪惩治腐败的力度和成就，克服社会腐败现象给学生造成的消极心理暗示和参与社会生活的恐惧感，相信党和政府的领导力，相信未来前途的光明。二要加强制度建设，依法规范权力运行，将高校的权力真正关进制度的笼子，构建不能腐、不敢腐、不易腐的工作机制。高校要加强与地方纪检、检察等反腐败专门机关的沟通和联系，借助外部的力量加强廉政教育，堵塞制度漏洞，强化追责措施，预防职务犯罪。这是管理的需要也是育人的要求。三要全面推进"阳光治校"。深入推进党务、校务公开和办事公开，特别是与师生切身利益密切相关、关注度较高的重要事项，如学生的入党提干、评优推先、确困报奖等，一定要让师生能真正地知情、参与、评议和监督，确保公平、公正、有序。四要加大纪检监察部门办案力度，严肃惩治师生身边的违纪违规行为，举案说法，警示激励，营造清廉清正的校园环境。

（五）发挥学生主体能动性，促进自我教育和提高

德国教育家洪堡认为，追求完美人性必须进行自我修养，自我教育。在社会主义核心价值观的教育实践中，大学生既是受教育的主体，也应该成为自我教育的主体，所以，学校要尊重学生主体地位，培养学生自我教育、自我调控和自我提高的意识；要以塑造学生主体人格为目标，通过榜

样引领、制度规范、考核激励等措施引导大学生在日常生活细节中,在服务同学成长成才、服务学校建设发展、服务社会进步繁荣中认同、体验、实践核心价值观;要开展适合青年、形式多样的教育实践活动,让大学生在参与中见贤思齐,崇德向善,努力将自己锻炼成信念坚定、追求真理、乐观上进、全面发展的人才。

参考文献:

1. 朱维群:《共产党员不能信仰宗教》,《科学与无神论》2012 年第 1 期。
2. 侯勇、孙奇昂:《思想政治理论课教学改革的现代转型》,《思想政治教育研究》2014 年第 1 期。
3. 赵宗宝、卢亚君等:《大学生宗教信仰现状及对策研究》,《中国青年研究》2012 年第 6 期。
4. 赵宗宝、李晓梅等:《大学生宗教观现状分析及良性变化对策——基于河北省五所高校的抽样调查》,《河北科技师范学院学报》(社会科学版)2007 年第 1 期。
5. 何玉海:《课程改革中隐性课程的作用不容忽视》,《教育理论与实践》2004 年第 2 期。

让无神论成为党员的基本信仰

赵晓呼　时绍祥

近年来，党员领导干部封建迷信活动有愈演愈烈之势，很多地方纷纷爆出令人啼笑皆非的封建迷信活动。最近，王林"大师"的高超法术被披露于世，在他的神秘面纱被揭开的同时，我们看到了一个个党的领导干部的魅影。实际上，这只是通过"拔出萝卜带出泥"的方式带出的一些问题，而现实生活当中，领导干部大搞封建迷信活动的还大有人在。这种活动从根本上背离了马克思主义的指导思想，与党的要求是根本对立的，与人民群众的期待是背道而驰的，与社会的发展进步是格格不入的，如果任其发展，将会严重损害党的形象，侵蚀党的肌体，进一步危害国家，危害社会。

一　党员领导干部迷信活动问题严重

我们的党员领导干部，本来应当是中华民族和中国人民的先锋队中的杰出代表，具有先进的文化理念，具有较高的思想境界，具有较强的分辨是非的能力，同时也应当是彻底的唯物主义者，不能信仰各种宗教，更不能信各种迷信活动。这本来不应当成为一个问题，但是，近些年来，随着文化发展多元化趋势的日益明显，在尊重知识、崇尚科学的大潮中，在整个社会中，却不断涌动着愚昧迷信的浊流，拜神、风水、占卜和各种迷信活动等有神论在不断蔓延。这些活动并不仅仅在农村落后地区存在，而且在我国各级党政领导干部中也颇有市场，部分党政领导干部不信科学信神灵，不信马列信鬼神，这种活动在各级领导干部中已经不是个别现象，必须引起我们的高度关注。

近些年来，有一批领导干部因为各种问题倒下了，在他们倒下之后，却屡屡曝光他们对迷信活动的热衷。

简单搜集了几个案例：原铁道部部长、党组书记刘志军和王林"大师"似乎过从甚密，对鬼神颇为敬重，他为求"平安"，长期在家烧香拜佛，还在办公室布置了"靠山石"。一些项目的开工竣工，他都会请"大师"选择黄道吉日。

河北省原省委常委、常务副省长丛福奎为求仕途升迁，曾找"大师"算命，还将贪污受贿来的大笔钱财捐给寺庙，并送给寺庙住持一部轿车。此后，他遍访名山，周游名刹，同时在住宅内设佛堂、供佛像，还专设供道台、供神台。

河北省国税局原党组书记，被称为"河北第一秘"的李真，也是一个迷信的"贪官"。李真在仕途升迁过程中，曾多次找"大师"算命，卜问仕途。在其被"双规"前夕，已是自觉大事不好，于是电话咨询"大师"，问自己此时去省委开会是否会有事，"大师"曾向其保证没事，而当天，李真就被"双规"。

山东泰安市原市委书记胡建学曾被"大师"预测有当"大官"的命，起码要做到国务院副总理，可命里还缺一座"桥"，于是他下令将正在建设中的国道改变原来设计线路，要经过水库，这样就可以建起一座桥，这就是那座著名的"岱湖桥"，意欲把自己"带起来"，得到更高的职位。具有讽刺意味的是，没有多久胡建学就东窗事发，这座桥也因此被人们戏称为"逮胡桥"。

内蒙古赤峰市原市委副书记、市长徐国元被称为"草原巨贪"。明知自己罪不能赦，徐国元还幻想寻求佛的保佑。他在家中设立佛堂供奉佛像，夫妻俩每天烧香拜佛，甚至荒唐地幻想"放生"一条蛇，期待佛陀赐他长命百岁、逢凶化吉。

一些地方官员，往往非常迷信"大师"指点、信奉所谓的"风水"，甚至在一些公共决策时也要烧香拜佛，请"风水师"代为参谋，一些地方屡屡传出党员领导干部在办公室设"镇邪兽""转运石"，甚至请风水大师对办公室重新摆设或对办公楼周围作出调整，以换来好运保官位"不倒"。他们往往还将这股风气带到自己掌握的公权力上，大造"风水工程"。

近日曝出的湖南省双峰县国土局花费重金购买一个直径达3米多的硕大圆球"顶"在办公楼上，寓意"转运风水球"；后院还有一块价值10万余元的巨石用来"辟邪",这引起舆论一片哗然,被称为"花公家的钱,请自家的神"。

多年前在山西交口县,时任县委书记房吉华、县长李来福因数年不得升迁,于是找来风水先生到县委大院看风水。来人称政府大院"风水"不好,提出破解之道。根据风水先生的指点,在县委大院设香案跪拜,在政府院内挖了9个坑,将画有五岳灵符和写着符字的方砖、铜镜等所谓"镇邪物品"埋入,还举行补奠基仪式,上香、烧裱、奠酒、燃放鞭炮,埋镇邪物和升官符。后又以各种理由改造了一些建筑物,均是按风水先生所言一一照办。

湖南省双峰县人民法院一干警从办公楼摔下意外死亡。事隔两天,有关人员请"法师"在人民法院内为死者做起了"道场",并由干警在前面引路,对法院办公楼和审判庭办公楼的部分房间进行"净淤"(即驱鬼),晚上又对下午未"净淤"的办公楼房间进行"净淤"。

我们随便走一走各级党政机关的办公场所,就会发现很多地方都有各式各样的和风水相关的设置,有些单位门前还摆放成对的狮子和麒麟,院里立着消灾避祸的转运石,构筑"两道防线",他们不是为了保一方平安,而是为了保自己官位不倒,保自己贪而不被发现,保自己庸而仍被提拔。他们使公权力与迷信"勾肩搭背",迷失了共产党员的基本信仰,更迷失了为民造福的肩头责任。他们认为有了好的风水保佑,有了鬼神的庇护,就可以畅通无阻,为所欲为,肆意贪腐也无所畏惧了。然而,实践反复证明,不问苍生问鬼神,鬼神不会保佑,人民不会答应,党纪国法更加难容。

二　党员领导干部迷信活动危害极大

迷信是粗俗化的宗教伪种,是一种缺乏理性实质的信仰,是人对事物的一种痴迷信任状态,是对自然和社会现象的迷惘信服和盲目相信。迷信活动往往存在于知识文化层次比较低的人群当中。在这类人群当中,由于强烈的好奇心和缺乏鉴别力,面对一些难以解释的自然现象,存在迷信现象是可以理解的,其对社会的影响也是有限的。而对于党员领导干部来说,他们的迷信影响的不仅仅是自己或自己身边的人,还会把影响从"私域"带入到"公域",会产生巨大的社会危害。官员迷信将带来负面示范效应，传导社会负能量，会带来更多并发症，引发更多的社会问题，为滋生官场腐败提供土壤。一些官员的迷信会造成权力滥用、决策失衡和社会财富的消耗，更有可能影响一个地区社会经济的科学可持续发展。

第一，严重地损害了党在人民群众中的形象。共产党建党之初，即宣称自己崇尚唯物论，反对封建迷信，是彻底的唯物主义者。封建迷信思想与党的指导思想是根本相违背的，是与我们党的理想、性质和宗旨水火不容的。作为一名共产党员，必须树立唯物主义的世界观，用马克思主义的世界观认识世界，解释社会现象和自然现象，做一个彻底的无神论者。反对封建迷信，也是党的纪律的要求。党员参加迷信活动，不仅仅是党员个人的信仰问题，而是一个事关我们党的形象的政治问题。党员违犯党的规定参加迷信活动，就是违犯党的纪律，就会降低党在群众中的威信，甚至助长各种反动势力的蔓延。作为党员领导干部如果迷信，就不可能从内心里真正信党、爱党、忠于党，也就不可能对党忠诚、对党负责。一些腐败分子，他们用党的身份做掩饰，把对党的信仰放在武装嘴巴、装饰门面和包装自己上，背地里却干起了与党的要求格格不入，与党员身份极不相符的坏事，最终走上违法犯罪的道路，影响了党的形象，降低了党的威信。所以，当一些党员、干部不仅不带头抵制各种封建迷信活动，反而热心参与其中并乐此不疲，以神的奴仆形象叩拜在地时，也让党的形象威风扫地了，必然在人民群众中造成极坏的影响。

第二，严重影响党和政府的公信力。领导干部和政府部门不同于普通百姓，是社会的管理者，领导干部扮演着社会事务管理者和协调人的角色，掌握着许多行政、组织和物质资源，掌握着国家机器的运转。政府的每一项决策都与广大人民群众的利益休戚相关，政府决策时需慎重，并要讲究科学精神。作为党的各级领导干部，必须把广大人民的利益放在首位，定政策、做决策必须看是否能够代表广大人民的利益。领导干部的迷信行为，一方面严重损害党和政府在公众心目中的良好形象，另一方面严重影响政府运行机制的严肃性、工作决策的科学性和方针政策的执行力。如果决策者是一个把迷信当作真理的人，把风水先生的胡言乱语当作决策依据的人，事事都要请教大师，事事都要求签问卜，势必影响决策的科学性，给人民造成重大的损失，导致社会资源的巨大浪费。迷信的领导干部会自觉或不自觉地把迷信思维渗透到工作角色之中去，将国有资源配置到迷信的事项中去，导致巨大的资源浪费和损失。有些地方修庙立佛成风，有的党员领导干部建办公楼都要求神拜佛看风水。一些党员领导干部在工作决策时，不是坚持科学民主决策，看看人民群众拥护不拥护，答应不答应，而是求神拜佛。如此种种，怎么能够科学决策？怎么会有昂扬向上、开拓进取的精神，怎样带领人民群众推动经济社会的发展？这就势必削弱我们党的执政能力，影响党和政府在人民群众中的威信和影响力。

第三，严重败坏社会风气。普通群众迷信影响的是身边的一少部分人，而党员领导干部因其特殊身份及其对社会生活的影响力，其迷信会对社会风气造成极大影响，他们的行为不仅仅是名人效应那么简单，他们把这种迷信现象披上了"合法"的外衣，提供了"保护伞"，甚至大力开发，极力弘扬，起到示范和引领作用。这种"官方形象"与风俗习惯相融合，强化了公众对迷信现象的深信不疑，必然造成其进一步的扩展和蔓延。我们经常可以听到"某某庙宇非常灵验，某某高官每年都要烧头炷香，某某高官都经常来"，等等。这些往往是这些庙宇敛财的噱头，也说出了党员领导干部在其中的作用。党员领导干部、政府官员作为社会的一个独特群体，其行为对周围的群众具有较大的示范作用。这些年来，一些地方迷信活动猖獗一时，屡禁不止，就是因为有少数党员干部在其中起了推波助澜的作用。

第四，进一步诱发了腐败现象的滋生蔓延。研究一下近期落马的官员们，可以发现一个奇怪的现象，他们基本具有两个共性：其一是都离不开女人，或者说离不开色；其二就是基本都迷信，有些官员倒下后没有去挖掘，比如薄熙来，通报了他和多名女性发生或保持不正当关系，但搞封建迷信活动在人们看来可能就不值得一提了，其实他把苏联红军塑像挪离广场恐怕在当时的大连是一件众所周知的事情。对于这些人来说，既然共产主义理想和信念已丧失，其他的意识形态必然会乘虚而入。这样一来，他们成为封建迷信的俘虏，醉心于算命卜卦、求神拜佛，工作上不思进取，成天只想升官发财，最终走上腐败堕落的道路。迷信和腐败是社会健康肌体上的两颗毒瘤，两者互为对方提供生存和滋长的环境，领导干部自身迷信为社会迷信现象提供了"护身符"，扩大了迷信的范围和空间，而迷信又成了领导干部寄托对官运、财运无限憧憬的最好载体。有些领导干部认为有了神灵的保佑就可以不择手段地去追逐名利，有恃无恐，导致腐败现象蔓延。由于他们的腐败有了资本反过来又供养着这些所谓的大师、所谓的神灵。他们往往表面上信党，背后信神，会上说党好，私下埋怨党，把对金钱、权力、地位的追求视为一种信仰，把财富的积累当成人生唯一目的，把金钱的多少看成是成功与否的标志，从而走向贪污腐败的道路，最终与党离心离德，走到人民的对立面。

三　党员领导干部迷信活动原因分析

近年来，这种鼓吹神秘现象、消极、错误的东西充斥媒体，流布社会，毒化着人民群众的灵魂。有的党员也耳濡目染、习以为常，是非不分，思想观念动摇了，"宁可信其有，不可信其无"。甚至忘记了自己是一个共产党员，加入了鼓吹神秘现象的行列。

第一，理想信念不坚定。坚定的理想信念是以信仰为基础的，人总是要有所信仰的，这样才有前进的动力。作为党员领导干部，必须有坚定的马克思主义理想信念，必须坚定不移地信仰马克思主义。人有了信仰，就是有了精神力量。如果信仰出现偏差，那他的人生观、世界观就是扭曲的，人也会为他扭曲的信仰做出疯狂的举动，从而危害自身、危害社会。迷信的党员领导干部不能说没有信仰，但是其信仰是非理性和非科学的，建立在这种信仰基础之上的理想信念自然与党和政府所倡导的理想信念背道而驰，是一种理想信念的极大错位。正是因为没有正确的理想信念，没有科学的正确的信仰，才有了这样或那样的偏差，而且，往往越走越深，正确的理想信念就越淡漠。

第二，价值观念多元化。随着社会的深刻变革，各个国家、地区间的文化交流也会越来越密切。价值观念作为文化的核心内容，在文化的交流与互动过程中必将产生价值观念的多元化。这既给我们带来了解放思想、促进发展、开拓创新的积极力量，同时也带来了多重价值观念的出现。这些不同的价值观念在社会上不同程度地存在着，往往使人们无所适从。有些错误观念也趁机沉渣泛起，严重冲击着马克思主义的世界观、人生观和价值观，导致社会价值观念多元和人们思想混乱。封建迷信活动也趁机渗入我们生活的方方面面，有些理想信念不够坚定的领导干部也就难以独善其身。

第三，长期封建迷信文化影响。我国具有悠久的历史传统，具有博大精深的文化，当然，有些封建糟粕也深深地植入人们心中，有些也是人们对美好生活的寄托，对人们思想的影响根深蒂固，短时间内还无法彻底改变。只要有了合适的环境就会重新滋生出来。而随着科学技术的发展，有些迷信活动还披上了科学的外衣，有了更便捷的蔓延传播途径。

迷信活动往往是人们对客观自然现象无法解释而做出的歪曲的反映，而现实生活中，我们也不可能对所有自然现象和社会现象都能做出合理的解释，这也就很难铲除迷信现象存在和滋生的土壤。领导干部虽然应该是人民群众中的先进分子，但其社会属性是不可改变的，也必然受到社会各种因素的影响，在自身不够坚定的情况下，往往会为这些迷信活动所俘获。

第四，不能正确对待自己。有些党员领导干部，没有正确的价值观，当官不是为了更好地为人民服务，而是为了进一步升官发财，由于价值取向发生扭曲，导致心理心态严重失衡，当自己的欲望不能得到实现时，往往不择手段。有些人由于无法把握未来，就去求签问卦，寻求大师点拨，从而陷入迷信的泥潭不能自拔。有些人则是因为当官利用了不择手段的方法，总怕丑行败露，寻求神灵的庇护保佑，有些人则是贪污腐败，惶惶不可终日。做了亏心事，就怕鬼叫门。所以给鬼送点礼物，贿赂一下鬼，让神鬼再来保护自己，利用人的规则来行神鬼之道。

第五，党的自身工作不到位。这里边有多重含义，党本身必须对党员领导干部进行无神论教育，进行马克思主义基本理论教育，进行理想信念教育，使党员领导不断坚定信仰，但这些年我们在这方面教育得不够，各级党校教育也偏向了技能教育，在党性教育方面严重缺乏。再比如，在干部制度方面，干部的选拔往往不是看真正的政绩，不是看老百姓的口碑，缺乏科学性，往往是那些热衷于溜须拍马的人得到提拔重用，那些跑官要官的人带病提升。这必然使一些同志找不到方向。既然正当途径不能实现个人升官发财之愿，信仰鬼神之说，寻求佛祖保佑就成为一些官员最后的精神依托。钱能通鬼神，命中有"贵人"，什么脚踏实地，什么执政为民，怎比得跑关系、找门路来得实际，怎比得送礼送钱立竿见影，于是寻求生命中的"贵人"帮助，等等。

第六，社会舆论的误导。近年来，各种迷信的书籍等印刷品大行其道，互联网上也随处可见，甚至有些电台、电视台的节目当中也屡屡出现相关内容，有些甚至还有专题节目，这些文化舆论宣传部门起到了很坏的作用，这是一种恶性循环。某些掌握舆论工具的人利用舆论工具大肆宣传，同时这种宣传也给相信这些东西的人打气鼓劲。前些年从耳朵识字开始的灵异现象、特异功能的研究风靡一时，和某些人物的支持有很大关系，那些出版物曾随处可见，严重毒化了人们的心灵。20 世纪八九十年代成长起来的这一代人受害尤甚，他们现在已经成了社会的中坚，在各个领域掌握着话语权，这一问题必须引起高度重视。

四 党员领导干部迷信活动破解之策

第一，各级领导干部自身必须坚定马克思主义无神论思想。各级领导干部必须自身是无神论者，才能真正做到用无神论的思想指导我们的各项工作，不管是制定政策还是做决策，都会自觉地体现马克思主义无神论思想。所以，必须要求我们的各级领导干部从心理上树立正确的无神论的观点，要真信而不是假信，要心里信而不是嘴上信。

第二，各级领导干部必须重视有神论思想的危害。如前所述，有神论思想造成广大党员干部的思想混乱并进而给我们的事业带来各种危害，所以，我们必须把它当成一件大事来抓，制定相关政策和法律法规，投入必要的精力和财力，把无神论教育工作抓好抓实，营造良好的社会氛围。

第三，搞好无神论教育是一项系统工程。无神论教育应当成为终身教育，要从娃娃抓起，小学、中学、大学都要开设相应课程，使无神论思想在每个孩子的世界观形成中打下牢牢的根基。这是长远大计。同时，各级党校必须加强党性教育，加强马克思主义基本原理的再教育，强化马克思主义无神论教育。同时，必须注意教育手段的有效性，要真正使其入脑入心。

第四，加强纪律约束。中国共产党是一个有着严明纪律的党，作为党员领导干部，必须严格遵守党的纪律，对于那些表面上相信马克思主义，实际上信仰封建迷信的党员干部，要加强教育，对于不能根本改正的，必须坚决清除出党的队伍。

第五，完善法律制度。对于滥用职权，为封建迷信活动"大开绿灯"的，甚至打着为民爱民的幌子大兴封建迷信活动，给我们的事业造成损失的，坚决予以查处，绝不姑息。

应高度重视新时期迷信蔓延态势

郑　念

迷信是与科学相对立的信念和行为，是一种非理性无根据的信念，尤指盲目的信仰和崇拜，包括传统世俗迷信、鬼神迷信、人体功能迷信和特殊迷信活动。目前，中国社会处于城镇化、工业化、信息化转型发展期，人们出现了信仰迷失而乱信的现象。"法轮功"邪教和西方宗教则借机大肆入侵和渗透，对党、国家和人民生命财产造成严重威胁，应当引起高度重视。

一　新时期迷信活动的主要特点和蔓延态势

（一）迷信蔓延速度加快，威胁党的执政之基和国家稳定

新时期迷信表现出以下特性：第一，搭上高科技发展快车，借助网络等新媒体传播，流传广，危害大，极具迷惑性；第二，侵入新贵阶层，为腐败和犯罪"庇护"；第三，娱乐和牟利共存，危害未成年人；第四，与西方敌对势力相掺杂，侵害主流意识形态，对社会主义核心价值观造成潜在危害。

值得重视的是：迷信传播与谣言相伴随，敌对势力借机传播西方宗教信仰，拉拢、扩大信众，腐蚀社会主义文化和科学世界观、价值观，其矛头直指党的领导；流窜海外的法轮功分子也乘机大造谣言（他们借助"神谕""天启"等迷信思想，通过邮件、冲破网络封锁等手段，大肆造谣传谣），企图煽动内乱，推翻共产党的领导，分裂国家。

（二）迷信群体发生新变化，高知化、年轻化明显

现有的调查研究表明，新时期迷信危害的主要群体是未成年人、大学

生和领导干部，具有年轻化、高知化趋势。更加值得注意的是，西方宗教借"信仰自由"大肆入侵，妄图在意识形态上实行"和平演变"，侵袭对象直指在校大学生。

一半未成年人具有迷信行为：据调查，未成年人相信各种迷信的比例大约为50%，其中完全相信的占10%—20%，将信将疑的占30%—40%。而相信星座等类迷信的行为就更多，高达81%的高中生和91%的大学生知道自己的星座，其中认为星座决定自己命运的人数在30%以上。

就业难度加大、人生变数增加导致大学生迷信人数骤增：调查表明，我国大学生迷信群体的比例较10年前有较大程度增加。1997年，大学生迷信的比例为2%—3%，目前上升到10%—20%，是增长最快的迷信群体。另据有关方面调查，大学生中仅基督教信徒就超过了10%，还有20%左右的人是"有点相信"。我国宗教信徒中，70%—80%都是20世纪80年代以后入教的，其中青年信徒占到30%左右。在新增青年教徒中，文化层次较高者有明显上升趋势，目前的信教群体正是以大学生等为代表的"知识精英"群体。

腐败与迷信相伴随，社会影响极坏：有关研究表明，一半以上（52%）的县处级干部存在或多或少的迷信现象，且腐败与迷信几乎是相伴随的。在被查处的干部中，几乎都有迷信行为和倾向，有的甚至虔诚到了痴迷的程度。由于他们是领导干部，其迷信行为容易产生"示范带动"作用，在群众中造成的影响也十分恶劣。

二　新时期迷信回潮可能带来的社会危害

当前的迷信回潮，由于其侵害群体的重要性，将直接影响党的执政之基，进而危及社会稳定、国家安危和民族兴衰。

1. 侵害国家利益，动摇党的执政之基。一些迷信活动，利用我国社会转型、经济发展中存在的一些暂时性的问题，作为其传播的"佐证"，极易迷惑群众，从而动摇我党执政的群众基础。如陕西"全能神"邪教公开叫嚣，要与"大红龙决战，建立全能神统治的国度"①。一些异见分子利用

---

① 《陕西现"全能神"邪教煽动信徒与党展开决战》，《21世纪经济报道》（广州），《华商报》2012年12月14日。

我国改革开放初期的宽松政策，致富以后，为了在政治上捞取资本，散布各种谣言，扰乱人心，借机成立自己的组织，一方面进一步骗取钱财，一方面当起了教主。有的人把财产转移到海外以后，以为没有后顾之忧，进一步有恃无恐，招摇生事；有的人在国内遭到打击，逃到海外继续发展组织，专门与党和政府作对。这些人虽然是少数，但不得不引起重视，因为他们利用了我国社会经济发展中存在的一时困难，产生的一些暂时性的矛盾，容易迷惑群众、蛊惑人心，如果不注意防范，就可能给国家的利益、党的事业带来重大损失。

2. 影响社会稳定，阻碍社会发展。迷信人群由于受到洗脑，基本失去理性，与社会现实格格不入，他们没有理想、不思进取，只要稍不如意，就会制造恐怖、引起暴乱。一些极端分子置人的生命财产于不顾，对无辜群众实施暴力，有的甚至殴打致死。"在邪教宣传起初，一般会缜密掩饰邪恶行径去发展教众，达到精神控制的目的，如若不然就翻脸，甚至侵害别人的生命。"① 这不仅阻碍生产力发展和社会进步，而且影响创新型国家、和谐社会的建设和民族复兴大业的实现。

3. 滋生邪教和其他非法组织，导致社会动乱。20 世纪末"法轮功"的产生和蔓延，就是李洪志等"法轮功"头目利用大众的迷信心理，欺骗群众的结果。这些邪教组织有严密的组织体系和内部制度，如"全能神"组织体系以"祭司"为首，下设"监察组""牧区""区""小区""教会""小排"六个层级，其中"监察组"组长、副组长是"全能神"邪教组织在我国境内最高头目，通过互联网直接接受赵维山的指令。在"监察组"中，设有电脑组、文字组、诗歌组、资金组等小组，分别负责网上勾连、宣传煽动、转移财产等工作②。目前，国家有关部门公布的邪教组织就有 14 个，有的已经发展到数十万人，最小的也有数千人之众③。所有这些组织都有一些共同的特点：大多从国外传入，制造谣言、宣扬迷信思想，敛财骗色等。无辜善良的群众，只要上当受骗，就会家破人亡，从而极大地破坏社会安定和人们的生活稳定。

4. 破坏社会生产力，危害人民生命财产。各地用于迷信活动的金钱不

---

① 《山东招远杀人案背后的全能神：他们缘何如此残忍》，《21 世纪经济报道》（广州），2014 年 6 月 4 日。

② 同上。

③ 《我国已明确认定的邪教组织有哪些？》，《青年时报》2014 年 6 月 3 日。

计其数，修庙宇、塑菩萨，不仅耗费甚巨，而且占用大量耕地，大面积毁坏山林。更为严重的是，一些农村地区和基层政府，为了所谓的搞活经济，把本来清静的宗教场所加以包装上市（已被叫停）；一些地方以发展地方经济为名，把寺庙周边的土地进行拍卖，使本来清静无为之地也被进行商业化改造，成为发展经济的手段；有的地区，在一些风景胜地，开山建庙，修造神像，以求游客去烧香拜佛，达到发展经济的目的。

三 繁荣科学文化，遏制迷信泛滥，保障社会 稳定和健康发展的对策建议

1. 大力开展科学与无神论教育，把它作为新时期科普工作的重要内容，在重点人群中切实开展做好。首先，要加强领导干部尤其是基层领导干部的科学与无神论教育，不仅要提升领导干部自身的科学思想和科学精神，而且要发挥他们的带领作用，带头弘扬科学思想和科学精神。为此，要把遏制迷信泛滥作为科普工作的重要内容，把提高公民科学素质纳入各级干部的工作目标责任制，进行逐级考核。领导干部科普具有特殊性，其特殊之处在于，他们是领导者，既可以兴"一方水土"，也可以坏"一方水土"，关键取决于领导者的素质，能否实现科学发展，领导干部起着关键作用。其次，要加强青少年的科学与无神论教育。近些年，由于学校竞争力加大，一些学生不信科学信鬼神，一到升学考试，从小学、中学到大学，一些学生烧香拜佛求神灵保佑，极大地损毁了科学在老百姓心中的形象。青少年学生处于世界观形成和发展时期，在中小学开展科学与无神论教育，对于他们形成科学的世界观，培养科学精神，具有重要的意义。

2. 大力加强科学文化建设，在全社会形成健康、向上、文明进步的文化氛围。文化是对社会个体乃至整个国家、整个民族的思想、精神、素质进行塑造的工具。只有先进的文化才能为国家和民族提供持续发展的动力。党的十八大、十八届三中全会提出，要发挥文化引领风尚、教育人民、服务社会、推动发展的作用，加强文化强国建设，建设面向现代化、面向世界、面向未来的，民族的科学的大众的社会主义文化。

科学文化建设是文化建设中的重要组成，在当今时代，也可以说是最重要的文化建设。科学文化坚持和宣传科学思想、弘扬科学精神，使社会

充满理性和智慧。一个科学文化氛围浓厚的社会，愿意继承前人的科学成就，不迷信、不盲从，愿意并积极地开拓进取、不停发展。当前社会上存在的迷信和愚昧现象，背后的原因很大程度上可以归结为科学文化的落后。

科学文化的落后，使得歪门邪道有市场，使得国家和民族的发展力量分散、思想涣散。唯有解决此问题，才能使整个民族朝气蓬勃、健康向上，才能保障我国在更加长的时期保持快速发展的态势，才能使国家发展真正有后劲、有长劲。

因此，中国科协作为科技工作者的组织，应该肩负起科技文化发展和倡导的责任，我们有必要认真思考，并协调各方力量，安排合理程序，尽快为科学文化的发展规划一个切实可行的时间表和任务书——科学文化发展规划纲要。

在出版界和新闻媒体中，选择影响力大、传播面广的媒体，通过项目资助方式，鼓励其传播和宣传科学文化。首先要促进科普手段和技术的创新。改革开放以来，我国的经济社会取得了较快发展，尤其是随着电信和互联网技术的进步，传播技术和手段取得了较大发展，但是，在科普方面，长期以来还是继续沿用传统的落后方式和技术手段，内容上仍然以传播普及科技知识为主，严重滞后于社会经济发展对科普的需求和要求，在技术上也未能及时进行创新，吸收利用信息技术发展所提供的手段，以致科普的效果很不理想。因此，建议尽快加大科普理论研究力度，积极创新科普的技术、手段、方式和内容。其次，充分开展尤其是新媒体科普的形式、内容和传播技术研究，为新时期科普工作提供理论支持和技术支撑。

3. 通过实施科普人才工程，对媒体从业人员进行培训，使之成为传媒科普人才。

4. 修改《科普法》，对媒体传播迷信的行为进行制裁和必要约束。

5. 加强对迷信活动的调查研究与跟踪监测。设立"弘扬科学文化、遏制迷信蔓延研究专项"，由中国科协牵头，组织社会力量对迷信及其传播进行长期跟踪研究；建立"全国科学素质建设监测网"，开发相应的监测工具，对迷信传播情况和科学素质建设情况进行监测评估；加强对经济领域"邪教"组织的研究，制定有关法律，确保群众财产和生命安全。

"微时代"科学无神论的
在场与现实担当

曹外成

摘 要 微时代的到来给科学无神论带来了机遇与挑战。无神论者要积极占领网络微博微信阵地,并以此为契机,通过开通多方微博微信、培养微时代意见领袖、设置舆论把关人等多种途径,让科学无神论走进微时代,增强其感染力。

关键词 微时代 科学无神论 微博微信 现实担当

互联网技术和3G技术的飞速发展将人们带入了以微博微信为代表的微时代。"'微时代'已经不再是一个简单的技术用语,而是一个蕴含着文化传播、人际交往、社会心理、生活方式等多种复杂语义的时代命题。"①对于"命运"问题,对于鬼神迷信和巫术,很多民众持认同态度,而作为科学世界观的科学无神论,部分民众未能形成正确认识。当代"有神论有人讲、无神论无人讲"的现象引起一些学者的忧虑,有必要强调让科学无神论走进微时代的问题。在以微博微信为代表的微时代,针对民众的信仰状况,应该从无神论教育的角度来强调辩证唯物主义、历史唯物主义和自然辩证法教育,要让无神论教育理直气壮地走进微时代。

一 科学无神论为何要走进"微时代"

当今世界已经步入信息化和网络化的社会,以微博微信为代表的网络传播平台和传播手段对于科学无神论的传播扩散和帮助民众自觉站在科学

---

① 杨威:《"微时代"中思想政治工作如何突破》,《思想政治工作研究》2010年第4期。

无神论的立场上有着举足轻重的作用。

　　首先，微时代信息监管困难，导致有神论信息泛滥。微博微信具有关注、转发、评论等功能，这使得微博具有高度的互动性，用户不用见面便可进行互动交流，对博主或微信用户发布的言论进行评论或是与其进行互动式的讨论，这就突破了传统媒介在空间和时间上的限制，让信息的接收者可以尽情地抒发自己的言论而不用顾虑直接面对面所造成的尴尬。微时代参与微博互动和发布朋友圈的已经不只限于个人，政府机构、社会组织、高校等都开通了微博，投身于微时代的浪潮中。人民网舆情监测室 2013 年 12 月发布的《2013 年新浪政务微博报告》显示，"截至 2013 年 10 月底，新浪平台上的政务微博有 100151 个，其中包括机构微博 66830 家，公职人员微博 33321 位。相比去年同期增长 4 万余个，增长率超过 60%，保持了较高的发展速度"。可见，微时代民众的互动与参与大大提高了。微时代信息的开放性使得人们对信息的发布和接收比以往更加自由，海量化的信息随时冲击着人们的头脑，同时也给信息监管部门带来一定的挑战。有神论宣传者利用微博微信这一平台，肆无忌惮地向人们传播有神论。一个不经意的有神论信息就会引起轩然大波，且被无限放大，人们在面对巨大的信息洪流时往往会丧失信息判断和思考的能力，导致有神论传播氛围愈演愈烈，而自己则彻底沦为这些有神论舆论的注意者和追随者，陷入"宁可信其有，不可信其无"的境地，严重影响了科学无神论的传播和社会的安全稳定。

　　其次，微时代信息获取自由，动摇了科学无神论的权威性地位。随着社会的进步和人们生活节奏的加快，社会传递的信息量日益增多且更新加快，人们迫切希望能在有限的时间内自由获取无限的新信息，或是随时随地都能将自己获得的第一手的信息在最短的时间内传播出去并与他人分享交流。微时代的到来恰好迎合了大众的需求，微博微信以其短小精悍的文字，快捷且高效的传播方式，深刻地影响着人们的思想方式和思想观念。"140 字以内的信息虽小，但若有无数人彼此关注、评论和转发，却能连接成与真实社会相对应的网络人际传播圈。微博虽小，但却引发了传播方式和生活方式的革命。"① 文字虽短，但言简意赅。当今社会已经逐步步入了微时代，微博微信改变了人们的生活，备受青睐，在社会发展进步的历程

---

　　① 殷俊、何芳：《微博在我国的传播现状及传播特征分析》，《河南大学学报》（社会科学版）2011 年第 3 期。

中扮演着重要的角色。在这种信息开放的平台，人们可以尽情地获取自己所需的信息。加之人们普遍都有挑战心理，崇尚自由，他们更愿意相信自己搜索获得的信息，而不愿意简单接受无神论宣传者对自己的权威教育。传统的无神论教育模式受到严峻挑战。自上而下单向主导的教育模式呈现出教育者积极引导、受教育者消极应对、表面热闹却无实质进展的尴尬境地。① 微时代信息内容的丰富性和开放性激化了人们对科学无神论宣传者单方面控制话语权的反感、抵触与抗争，导致科学无神论宣传者不再具有强制性的主体地位，传统科学无神论教育的掌控力降低。

最后，微时代信息纷繁复杂，引发民众认知偏差。传统的科学无神论教育更多的是以文字形式呈现，而微时代的到来，让科学无神论教育不仅仅拥有文字信息，还包括图片、声音、视频等多种元素，文字加图片或视频，使得内容更加形象、生动、立体，使得信息更加直观，让民众更易接受。而且"与即时通信工具、网络社区相比，微博以陌生人的单向跟随作为典型特征，摒弃了即时通信工具和网络社区的双向互动的紧密人际关系，具有更大的开放性"② 。微时代给人们提供了平等对话的平台，加大人际交往，让不同层次的人可以通过微信微博这个平台进行交流互动。纷繁复杂的信息可以瞬间映入民众的眼帘，让其难以辨别真假。有神论势力充分利用微博微信这个匿名的信息快速传送平台，通过微博微信对有神论资料反复转发来吸引大众的广泛关注，并扭曲事实、利用各种不实报道激发人们对社会现状的不满。在这个时候，自己再以上帝的代言人身份出现，对人们的思想困惑给出看似合理的解答，满足民众的心理需求，获取大家的认可；最后寻找时机对人们进行有神论思想的隐性渗透，同时夹杂着反社会主义、反科学无神论的论调，引发民众认知偏差。

二　科学无神论何以能够走进"微时代"

在我国这个多民族、多宗教的国家，五花八门的有神论的存在等，都对人们世界观的形成带来巨大挑战，并在一定程度上影响了社会主义核心

---

① 雷达、彪晓红、李都厚：《高校大学生党支部作用发挥影响因素与实践对策探索》，《理论导刊》2009 年第 9 期。

② 吴雨蓉：《简论微博的媒介融合意义》，《新闻爱好者》2012 年第 2 期。

价值观的践行，影响了人们对马克思主义的信仰。一些民众信鬼神、信邪教，部分领导干部信风水迷信的现象时而可见。因此，坚持用科学无神论武装人们的头脑，通过让科学无神论走进微时代解决人们世界观、人生观和价值观方面的问题，已经成为全面建成小康社会阶段我国思想意识形态领域一项重要而紧迫的任务。科学无神论的当代价值让其具有走进微时代的可能性。

第一，科学无神论是微时代社会主义核心价值观形成的哲学基础。科学无神论是世界观的范畴，是社会主义意识形态工作的重要组成部分。作为两个完全不同的理论体系和思想概念，它们形成于不同历史时期和不同文化背景。科学无神论是马克思主义无神论的基础，也是马克思主义理论体系的理论前提，更是社会主义核心价值观的哲学基础。微时代的社会主义核心价值观从国家、社会、个人层面提出倡导，相信是人民群众创造了历史，而不是神，强调要建设富强、民主、文明、和谐的国家，自由、平等、公正、法治的社会，实现中华民族伟大的复兴梦，需要大家爱国、敬业、诚信、友善，需要全体中国公民的共同努力。微时代通过微博微信这种平等的交流平台来倡导社会主义核心价值观，提出了对人们世界观、人生观和价值观的具体要求，本质上就是科学无神论的唯物主义世界观和积极人生观的重要体现。

第二，科学无神论是微时代和谐社会构建的重要途径。无神论否定一切超自然鬼神的学说，通过否定神的存在来肯定人的存在，来证明物质世界和人的世界的真实存在。它来源于社会生活，与人们的生活密切相关，是一种幸福的生活方式。无神论解放了人的思想，促进了科学的发展，指导人们正确地认识世界、改造世界，通过自己的努力改变自己的生活状态，而非依靠神。面对自然灾害的侵袭，尽管惧怕和敬畏，但更重要的是及早采取防御措施。微时代的社会和谐除了强调人与自然、人与社会和人与人之间的和谐外，还倡导网络微博微信上的和谐，即信息传播者与信息接收者的和谐对话。科学无神论倡导正确的世界观、人生观和价值观，让人能够正确地认识自己，把握自己，成为自己的主人，树立积极乐观的人生态度，建立和谐的人际关系。科学无神论通过推进这种积极健康的生活方式的建立，来促进微时代和谐社会的构建。

第三，科学无神论是抵制微时代有神论侵袭的有力武器。当今社会主义精神文明建设的重要任务之一，就是倡导科学无神论思想，抵制愚昧迷信。学术界各种新"有神论"相当活跃，比如打着"人体科学""特异功能"幌子的新有神论在微博微信平台泛滥成灾，"法轮功"等势力成为影响社会稳定发展的重要因素。此外，一些人打着研究马克思主义宗教观的旗号，运用微时代的便利，制造舆论，通过微博微信转发宣传有神论，力图把无神论从马克思主义那里阉割出去，这严重影响科学无神论的研究和宣传教育。这就要通过科学无神论批判宗教鬼神观，来树立科学的世界观。科学无神论提倡崇尚科学、反对迷信，从意识形态上给微时代民众正确的引领，让民众自觉站在科学无神论的立场上捍卫科学，抵制有神论，始终做一个彻底的无神论者，并以自己的行动去影响周围的人。

三　科学无神论如何走进"微时代"

让科学无神论走进微时代是一个系统工程，需要多方的共同努力，通过积极开通多方微博微信、培养微时代意见领袖、设置微时代舆论把关人等多种途径让科学无神论走进微时代。

第一，积极开通多方微博微信。一是开通政府官方微博微信，以大众关注的热点、焦点为中心设置专题板块，构建"科学无神论"的微信微博育人工作平台。二是开通科学无神论主管部门微博微信，以政府、无神论研究所、用户三级联动，实行分层管理，开通科学无神论开放式交流互动平台，帮助民众厘清无神论与有神论的区别，从而站在无神论的立场上看待社会问题。三是开通科学无神论研究工作者个人微博微信，无神论研究者要主动融入民众，做科学无神论的倡导者和代言人，用正面的观念引导微信微博舆论，勇于批判和辩驳鬼神有神论，充分利用微时代带来的各种便利，发挥释疑解惑、明辨是非的引路人作用，时刻旗帜鲜明地倡导科学无神论。把各种无神论的材料通过微博微信展示给人民群众，用多种方法影响他们，使他们摆脱鬼神观念，重振旗鼓，通过自己的双手来创造美好的生活。总之，作为科学无神论者，应理性利用微博微信，真正将微博微信的使用落到实处，切实发挥其在科学无神论宣传工作中的积极作用。

第二，培养微时代意见领袖。微时代微博微信海量化的信息和多样化的传播途径，常常让受众无所适从。当前，部分人对微时代风水迷信和牛鬼蛇神的崇拜，让人们在面对生活中的困境和自然灾害而无法及时解决时，就会转而寻求神灵的庇护，相信神的存在。这个时候，他们就需要意见领袖用科学无神论来释疑解惑，帮助其走出困境，并告知其自然灾害是一种自然现象，而非神主宰的。意见领袖作为网络世界中的舆论主宰和引导者，经常活跃在人际传播网络中，为他人提供信息、建议、发表评论，在微时代舆论表达中具有很强的号召力和感染力。让科学无神论走进微时代，培养微时代意见领袖，是一种行之有效的做法。要充分调动科学无神论研究者、专家、学者作为微时代意见领袖，有见地地发表言论，对于鬼蛇传说、风水迷信，意见领袖要进行有力的回击，强化科学无神论言论，孤立鬼神有神论言论，影响舆论走向，倡导科学无神论。面对民众中讨论热烈的有神论问题，也应根据自己的真实想法对其微博微信朋友圈进行评论，积极参与到民众的讨论中去。主动发表有代表性的科学无神论博文和朋友圈，吸引民众点击、跟帖和转载，让民众自觉站在科学无神论的立场上同鬼蛇有神论作斗争。

第三，设置微时代舆论把关人。微时代多是利用微博微信朋友圈发布信息，根据目前有神论在微时代的泛滥，一些违背科学常识的所谓"特异功能"成为打着"科学"旗号的"新迷信"出现，科学无神论研究者要落实微博微信实名准入制，对微博微信把好关。微时代的兴起，使受众由信息的接收者成为传播者，任何受众都可以有自己的微博和微信朋友圈，在微博微信上畅所欲言。无人把关，成为微时代的第一个重大挑战和问题，也使得微博成为有神论和一些负面信息传播的渠道。有必要强化微时代把关制度，净化微博环境，牢牢掌握微时代的主动权。一方面，要过滤微博微信所传递信息。一旦发现在微博微信上宣传鬼神迷信，对科学无神论进行恶意曲解、肆意诋毁的错误信息，必须立即采取行动对信息进行封堵，对相关责任人依法处理，并通过科学无神论研究工作者的微博微信平台对事件进行积极澄清和疏导。另一方面，利用微博微信正面阐述有神论。面对人们对有神论的好奇，将自身的前途命运都寄托在上帝的身上这种现象，无神论者要主动告知他们那种认为上帝就是救世主，可以帮助人们解除痛苦的想法是一种幻觉，是一种虚幻的想象。世界上是没有神的，神不能真正解放人类，只有自己才能解放自己，只有通过自己的努力才能让自己过上美好的生活。我们要时刻保持头脑清醒、立场坚定，要旗帜鲜明、理直气壮地宣传无神论。与其让人们因为好奇而信神，不如让其看清事实的真相转而相信科学无神论。

结　语

　　微时代的到来，给科学无神论工作带来了机遇和挑战。让科学无神论走进微时代的过程，就是运用微博微信对科学无神论进行获取、筛选和加工传播，用科学世界观影响、感染人们的主流意识形态的过程。让科学无神论走进微时代是宣传科学无神论的重要举措。微博微信作为微时代交流互动的主媒体，要充分挖掘微时代在科学无神论宣传教育中的积极作用，针对广大民众对于生活中困境的不解、对牛鬼神蛇的迷信、相信世界上有神存在等各种现象，通过官方微博的建立、意见领袖的培养、舆论把关人的设置帮助其释疑解惑，引导他们树立正确的世界观、人生观和价值观。通过微博微信双向互动把科学无神论教育由"平面"引向"立体"，从"灌输"转到"互动"，提高科学无神论教育的效果。

浅析财神与新财富观

李宏斌

摘　要　在我国大力加强社会主义核心价值体系建设的过程中，离不开对我国当代社会大众的财富观进行解构和重构。社会主义核心价值体系建设，既是一场具有中国特色的社会主义的整个国家的核心价值体系的重新建设，也是对整个社会大众的观念文化和价值体系展开的重新建设。本文在对中国传统的财富观、当今社会大众中的普遍财富观与马克思主义的财富观、无神论、社会主义核心价值体系进行对比研究的基础上，从三个方面具体提出我国社会主义财富观的核心观点，进一步阐释和丰富社会主义核心价值体系。

关键词　财神　财富观　观念文化　社会大众　无神论

在我国建设社会主义核心价值体系的进程中，第一个必须回答的现实问题就是对"富"的理论阐释，这个问题始终绕不过去，必须直面和精确阐述。本文从理论和现实、国家和大众、传统与现代三个维度分别进行以下基本讨论。

一　大众和马克思主义者眼里的财神与财富观

在自然经济和农业文明时代，社会大众习惯于从宗教角度来看待财富问题。财神被认为是主管世间财源、财富的神灵，是被我国社会大众广为喜欢和信奉的一类神仙，在中国的民间习俗和传统文化中具有十分重要和显要的地位。在我国的道教、佛教中，都有财神的类型和位置，如道教中的增福财神财帛星君李诡祖、佛教中的北方多闻天王和善财童子。尊信儒家文化的人群中，供奉子贡（孔子弟子，名端木赐）为儒商之祖。各个地区还有一些具有地方性特色或行业性色彩的财神，如范蠡（陶朱公，浙商）、管仲（徽商）、白圭（晋商）、关公（武财神）、比干（文财神，冀商之祖）等。在货币和商品广泛流通后，人们又开始普遍信奉赵公明（赵元帅）。很显然，中国的各路财神都是人化而来的，而非西方式的神化而来。中国人信奉财神，主要目的是祈福、获运和生财，表达了对个人财富的强烈拥有愿望和心态，"福、禄、寿、财、喜"也成为了中国社会大众心目中的人生核心追求目标。

中国传统社会的财富观是在小农生产方式为主、社会交往和交换不普遍、社会财富多表现为满足日常生活之用的使用价值的社会状态下的财富观，可以简称为儒道财富观。其中道家主要倡导安贫乐道，儒家主要倡导重义轻利，二者的共同点都是知足常乐、平均主义。"小国寡民与安贫乐道，曾经是中国古代财富观的重要观念。……儒家重德不重富，重义轻利，忧道不忧贫。……小农生产方式倡导知足常乐、安贫乐道，这种具有平均主义特色的财富观可以说是势所使然。"① 在生产条件和生产能力的硬约束下，节俭、勤奋、守财等成为了农耕文明时代人类普遍的财富行为特征。对于当代社会大众来说，中国传统儒道财富观尤其是儒家财富观也是很有借鉴价值的。如"在个人道德和品格的培育上，无论是庄子视相位如腐鼠、蔑视权贵的品格，还是儒家的'学而优则仕'，都不主张个人对财富的非分追求；尤其是儒家主张以义取利而不能见利忘义的观念，是一种正确对待财富的宝贵观念"②。

马克思和马克思主义者都是无神论者，不相信世界和宇宙中有神仙和鬼怪，但他们都认真对待财富、资本、资产、资源、货币、商品等现象和问题。马克思主义者认为，社会财富都是劳动者辛勤劳动所创造的，而非神仙创造的，但劳动不是创造财富的唯一源泉，管理、科技、工具、资本、资源等都在财富的创造过程中发挥着重要作用；劳动创造价值、制造财富的过程中，最为核心的要素还是劳动者的劳动能力的发挥、消耗和再体现；货币、资本、财富本无罪恶、美丑之别；自然财富是社会财富的物质基础；社会财富的发展是人的全面发展的必要前提条件。"按照马克思的观点，各种形式的财富因其产生的原因和衡量的标准不同，又可分为两

① 陈先达：《历史唯物主义视野中的财富观》，《哲学研究》2010 年第 10 期。
② 同上。

种尺度的财富，即以劳动为尺度的财富和以人的发展为尺度的财富。……把人的发展看作是衡量财富的尺度，或者说，人的发展本身就是一种财富。……在财富问题上，从'劳动时间'尺度向'人的发展'尺度的提升与转换，意味着从客体尺度向价值尺度的提升与转换"①，这就把财富的增加与人的全面发展联系了起来。马克思的财富观概括起来主要是：以劳动为财富的直接本源，以劳动主体的发展为价值取向，以人的能力和公平为基石。有学者认为马克思的财富观是劳动财富观、人本财富观、生成性财富观、积极财富观、历史性财富观②。

在尊信财神现象的深处，闪现着中国传统社会大众的财富观：其一，爱富敬富思富却不学富。羡慕那些经商成功的先辈们，希望成为像他们那样拥有丰富财富的人，希望他们能保佑自己及亲人的家财，但缺少了认真学习、研究他们的思想、方法、模式等的观念和行为。其二，比较重视"财运"——遇上获得财富的机会和财富降临到自己头上府上的运气，但对生财、理财的其他重要因素（如技术、管理、人才等）则在大多数人和大多数的情况下被忽略或省略了。其三，以富为荣、以穷为耻，但经常出现讨厌财富、仇视富人的心态和现象，甚至依靠杀富济贫，部分人不愿也不能正确地创造和积累财富。其四，人们心中强烈地追求财富和利益，但却苟于、耻于、羞于谈利。中国传统文化中的价值观简单来说就是"仁、义、礼、智、信"，即从"仁"心出发或一切围绕于此，人在社会上的一切言行均要做到"义、礼、智、信"。也正因为中国传统文化缺少了"利"，故社会上长期存在义利之争，社会大众在道义、道德和现实中利益、财富面前常常陷入二元对立的尴尬境地。其五，高度关注个人、自我利益和财富，低度关心群体/集体、他人的利益和财富。这些观点既有历史的闪亮光点，也有扭曲、漆黑、与时代不相容的成分。

二 大众和国家财富理想的时代化统一与实现

中国大众的财富理想比较单一，目的在于有充足的财富以便家庭能过上无忧无愁的好日子。从自然经济和农耕文明中逐渐走向市场经济和商工

---

① 丰子义：《树立新的财富观》，《光明日报》2007年10月12日。
② 韩庆祥：《马克思的财富观及其当代意义》，《哲学研究》2011年第4期。

文明，在我国改革开放 30 多年来的推动下，新型社会大众通过社会实践和社会现实，纷纷意识到：只有拥有丰厚的物质财富，才能拥有优裕生活和社会尊严；一改以往的安贫乐道、守贫斥富、均贫富、重农耻商等思想观念和行为。

国家的财富理想，是在"富"的基础上"强"，这也是我国社会主义核心价值观体系中把"富强"作为第一核心价值和第一价值目标的原因。我国的新民主主义革命和社会主义革命是围绕"求存"（即民族图存）、"求立"（即人民站立起来、国家成立和独立起来）两大主题展开和完成的，我国的社会主义国家建设是围绕"求富""求强"展开的，二者的核心追求还是"求存""求强"，"求立"是形式，"求富"是手段。改革开放以来，走的是先求富后求强的发展路径。求富，就是以改革和开放为主导政策，以经济为主要领域，以科学技术为主要辅助，以人民大众的积极性和创造性为主体，以改善人民生活和国家经济状况、增强经济实力和国力为主要目标的一场大型社会改革和历史性进步。

个人和共同体（如企业、组织、国家等）对财富的追求具有正当性，一方面能增强自身的生存条件和生活条件、竞争力等，另一方面能增加社会财富（包括国家财富）的总量。而社会物质财富总量不断增加，是经济繁荣、社会进步、大众生活水平提高的重要基础和前提。求财求富，是社会大众和国家当前的一个普遍共识和行为目标，当前统一于社会福利和公共产品的供给与公共利益的分享，最终统一于马克思主义的实现人的全面发展的社会理想和共产主义新型社会。我国当前仍然处于社会主义初级阶段，追求发展、追求财富等都是合理且正当的阶段性社会价值和社会目标，但最终不能偏离和脱离"促进人的全面发展"这个中心。财富是为人服务的，且财富的积累并不必然或充分地促进人的发展和进步，国家的综合实力和竞争力并非单纯是经济实力，最关键的还是人的全面发展程度。

尽管国家财富包括了大众财富，但大众和国家的财富理想和财富观念并不能完全重合。二者的分歧关键在于四点：一是谁为主，即国富还是民富；二是谁为先，即先让国家富起来，还是先让大众富起来；三是谁多少，即分配比例；四是干什么，即有了富裕财富之后，如何使用和运用、管理财富，如何合理流动和使用财富。只有这四个理论问题明晰了，才有利于社会共同财富理想的实现，才能有利于民富与国富的整体协调和良性发展。当前，我国社会也存在"藏富于哪儿"、国富与民富等争论，以及炫富、斗富、为富不仁、非法敛财、仇富、财富的异化与分化、货币异化与拜金主义和物质主义盛行等多重不当社会现象和社会失调问题。

社会大众和国家有了共同的财富理想追求，但财富理想的实现还有两个"软性"充要条件：一是"崇富"氛围的营造，二是社会价值观念的转型。氛围的营造，除了富起来的人群的良好示范和带动之外，还需要全社会的跟随和改进；观念的转型，在大众层面来说，就需要建立起与时代发展同步的、积极健康的现代财富观，要从造神者、拜神者转型为合理合法的创富者、用财者；在国家层面来说，就需要执政党和执政群体建立起符合时代要求和国家发展需求的现代利益观、财富观。社会大众和国家的财富观念、利益观念等及时转型，大众和国家都能科学地看待财富、正确地获取财富、理智地支配财富，从而能培养出一代具有良好财富品质的社会新人，能为社会整体财富的增长创造良好的社会环境，进而推动经济的发展和社会整体的进步。

三　加快建构大众新型财富观

财富观与利益观、道德观、法治观等紧密相关，是价值观的重要组成部分，也是与市场经济需要所匹配、与我国处于社会主义初级阶段相适应的核心价值观念，回避不得。改革开放以来，我国社会高速全面转型中的矛盾和冲突，最为集中的就是利益问题，如利益获得、利益保护、利益侵占、利益分配等，大众最为关心的问题是社会财富和个人财富。公平、正义、民主、群体事件、维稳等都是遮盖住了利益观这个核心的现象和表象之物、之词、之事。

当今片面的、扭曲的利益观、财富观是社会局部癌变中的毒瘤。当今处在社会转型期，在社会大众的焦虑情绪普遍弥漫的背后，是国家和社会中利益格局的深刻变化，是社会大众利益诉求的纠结和利益冲突的弥漫。除了从利益分配、利益表达、冲突解决等方面，协调各种利益诉求，兼顾各方面关切，以"利益杠杆"等消解社会矛盾和缓解社会焦虑的模式和路径之外，还必须通过树立新的利益观和财富观，依靠文化思想的力量和路径来化解矛盾和削减冲突，增强社会的和谐度和幸福感，有效引导和促进个人与国家财富的合理、合法增长。财富观本身就具有导向、协调、整合等作用。

新财富观是新利益观的主要组成部分，但利益观还包括了权益观（即对人的合法权利的尊重、获得、运用等方面的观念认识）。新的财富观是国家和大众所需要并能接受的，且与时俱进的有关财富的观念体系，具体包括了辨财（识财）、爱财、生财（或造财）、得财、理财、用财、护财、舍财等方面的观念和思想，是利益的具体表现和实际呈现。新财富观与传统的"发财"、斥财等观念截然不同。此处所倡导的新财富观主要是从社会大众维度所谈，没有结合全球化等重点讨论国家的新财富观。

在财富中，财是实质和价值，富是形式和数量。财的形式多种多样，也有真伪优劣之分，需要仔细甄别，财富与法律有关，但财富本身无害，也与道德并无直接的关联。爱财，可解释为"君子亦爱财"，即社会各方面、各层次均承认财富的价值性——都是人类劳动的成果和对人类有益的资源，承认人的利益的必要性、合理性，不能总是从道德等方面去丑化财富和创财、有财之人，全社会都能保持一种健康、积极向上的财富心态。造财，既通过劳动为社会为人类创造财富的理念、追求和行为，即便是出于当下现实存在的"发家致富""发财"等狭隘动机，但创造财富的理念和行为是正当、正常和合法合理的，应该给予充分的肯定和积极评价。得财，从主体角度来说就是"取之有道"——劳动所得、正当所得和合法所得，获得财富的方式方法要合法、合规、合理，获得财富的代价要小、支付的成本要低。理财，是指通过正常的社会途径，如金融市场、专业代理机构等，对已有的财富进行合理的投资或盘活以求保值和增值，即"让死钱变活钱""让钱生钱"。用财，即财富获得后不在于持有、存放而在于合理使用和运用财富（如转为善款用于慈善、转为资本用于投资、转为资金用于生产经营等），不能去炫耀、去破坏等，而要合法、要适度、要节约，文明用财，且必须担负和完成应有的财富责任，实现经济（财富）增长与人的全面发展的有机统一。护财，有两层含义：一是法律意义上的保护，即各类主体的合法财富均应得到法律保护和社会保护，不能随意侵犯、侵占、毁坏；二是技术意义上的保护，即通过一定的技术和管理来保护财富不致贬损或流失，这是因为没有实质技术和管理所支撑的财富，即使再多也可能成为虚幻。舍财，即把财富通过适当的形式归还、返还、派送给社会适当的个体和组织，一切财富来自于社会最终又回到社会。